STEPHAN KUNZE

zen style

**BEWUSST,
MINIMALISTISCH
UND SELBSTBESTIMMT
LEBEN**

arkana

Sollte diese Publikation Links auf Webseiten Dritter enthalten, so übernehmen wir für deren Inhalte keine Haftung, da wir uns diese nicht zu eigen machen, sondern lediglich auf deren Stand zum Zeitpunkt der Erstveröffentlichung verweisen.

Penguin Random House Verlagsgruppe FSC® N001967

1. Auflage
Originalausgabe
© 2021 Arkana, München
in der Penguin Random House Verlagsgruppe GmbH,
Neumarkter Straße 28, 81673 München
Lektorat: Pascal Frank
Textauszug mit freundlicher Genehmigung: S. 7 aus:
Shunmyō Masuno, Zen your life. Kleine Veränderungen mit
großer Wirkung. In der Übersetzung von Nora Bartels © 2019,
S. Fischer Verlag GmbH, Frankfurt am Main
Umschlaggestaltung: ki 36 Editorial Design, München,
Daniela Hofner
Umschlagmotiv: © Dreava Bogdan / Westend 61
Satz: Satzwerk Huber, Germering
Druck und Bindung: Pustet, Regensburg
Printed in Germany
ISBN 978-3-442-34288-4

Besuchen Sie den Arkana Verlag im Netz
 SINN SUCHER

Inhalt

1. Zen Style 9
2. Im Zentrum 17
3. Die Denkmaschine denkt 23
4. Neustart 31
5. Kuration des Alltags 39
6. Freiwillige Einfachheit 49
7. Über Minimalismus 55
8. Die Wurzeln der Bewegung 67
9. Die ewige Weisheit 75
10. Praktische Philosophie 83
11. Wahre Lebenskunst 93
12. Das Ende der Suche 101
13. Wende zum Weniger 109
14. Zu Fuß gehen 117
15. Ultraleicht reisen 131
16. Ignoriere die Nachrichten 137
17. Die Ökonomie der Aufmerksamkeit 143
18. Wirf dein Smartphone weg 153
19. Exkurs: Digitale Unsichtbarkeit 165

20. Das Vertiefungsjahr   175

21. Die Fortschrittslüge   183

22. Dunkle Ökologie   195

23. Von Suburbia nach Utopia   205

24. Kulturelle Strahlung   215

25. Analoges Leben in einer digitalen Welt   223

26. In Stille   229

27. Wie man komplett verschwindet   235

28. Social Distancing   243

29. Meine Geschichte   251

Anhang   269

Dank   271

Literaturverzeichnis   273

Quellenverzeichnis   283

*»Sich nicht von Wertvorstellungen anderer beeinflussen
zu lassen, unwichtige Dinge ausblenden zu können,
Überflüssiges abzuwerfen und möglichst
einfach zu leben – das ist der ›Zen-Style‹.«*[1]

Shunmyō Masuno, Zen your life.
Kleine Veränderungen mit großer Wirkung

Zen Style

Mit 30 begann ich zu grübeln. Dabei war mein Leben bis dahin ein einziger Durchmarsch gewesen. Ich – ein weißer privilegierter Hetero-Cis-Mann – war in einem bürgerlichen Haushalt von mich liebenden, unterstützenden 68er-Eltern großgezogen worden. Ich hatte keine Diskriminierungserfahrungen, schlimme familiäre Tragödien, Armut oder sonstige Traumata zu verarbeiten. Mein Studium hatte ich halbwegs erfolgreich abgeschlossen und parallel dazu erste Berufserfahrungen gesammelt. Nun arbeitete ich in meinem vermeintlichen Traumjob: in Vollzeit und mit Festanstellung, unbefristet, branchenübliches Gehalt. Mit meiner Freundin lebte ich in einer geräumigen Altbauwohnung in einer gentrifizierten Gegend von Berlin.

Ich hätte glücklich sein müssen. Doch stattdessen fühlte ich mich oft ausgebrannt und müde, litt unter Panikattacken und depressiven Verstimmungen. Zur Verdrängung nutzte ich Arbeit und Alkohol, kaufte teure Markenkleidung und ging ständig essen oder feiern.

Mein junges Erwachsenenleben war wie im Rausch vorbeigezogen: Umzug von einer Großstadt in die nächste,

Auslandssemester, Praktika und Jobs, Clubs und Partys. Doch irgendwie blieb da immer diese leise, hintergründige Ahnung: War das wirklich alles, was das Leben für mich bereithielt? Da musste doch mehr sein – etwas anderes, Unbestimmtes, Aufregendes, was ich noch nicht entdeckt hatte. Ging es den anderen auch so? Oder hatten sie alle längst verstanden, worum es eigentlich ging? Meine ganze Existenz wurde von der Angst beherrscht, etwas zu verpassen.

Vielleicht geht es dir so ähnlich wie mir damals: Dein Leben ist bislang ohne größere Katastrophen verlaufen. Man könnte mit Fug und Recht behaupten, dass du in dem, was du machst, einigermaßen erfolgreich bist. Du bist kein Überflieger, der schon im Sandkasten das erste Start-up gegründet hat, aber auch kein lethargischer Taugenichts. Du warst moderat ehrgeizig und hast alles berücksichtigt, was dir die Karrierewebseiten geraten haben, aber du willst dich auch selbst verwirklichen und vor allem glücklich werden. Doch obwohl es vordergründig irgendwie läuft, bleibt trotzdem dieser Zweifel bestehen. Der Zweifel daran, ob du deine Lebenszeit richtig nutzt.

Sollte man nicht jetzt noch einmal ein Jahr Auszeit vom Beruf nehmen und um die Welt reisen? Sich selbstständig machen mit der eigenen Firmenidee? Mehr Zeit für jene Dinge finden, die einem wirklich wichtig sind – Partner*in, Familie, Freund*innen? Oder ist jetzt nicht eher die Zeit, um richtig Gas zu geben und wirklich erfolgreich zu werden? Sollte man nicht ein wenig Zeit investieren, um finanzielle Unabhängigkeit zu erreichen und früh anzufangen, den Vorruhestand vorzubereiten? Dann hätte man später immer noch genug Zeit für die Weltreise und all die anderen wichtigen Dinge ... andererseits: Weißt du, wie lange du leben wirst? Wie dein Leben in zehn, 20 oder 30 Jahren aussehen wird? Willst du Kinder bekommen, und wenn ja, wann und wie viele? Und wie soll das alles in ein Leben passen, wenn doch der Alltag schon kaum zu bewältigen erscheint, vor lauter unerledigten To-dos? Vielleicht also doch erst mal feiern gehen. Oder ein paar Sneaker im Internet kaufen. Oder ein paar Minuten durch Instagram-Accounts scrollen, um sich zu versichern, dass es bei den anderen auch um nichts Weltbewegendes geht.

Wenn dir solche Gedanken bekannt vorkommen: Willkommen im Club. Dann weißt du vermutlich auch aus eigener Erfahrung, dass man sich derart in diese Gedanken hineinsteigern kann, dass sie alles dominieren. Sie können dich blockieren, frustrieren und vom Glück fernhalten. Trotzdem kannst du sie nicht einfach verschwinden lassen. Du kannst dich nur ablenken, und für ein paar Jahre kann das durchaus gut gehen: Du stürzt dich Hals über Kopf in deine Arbeit oder ins Nachtleben, in häufig wechselnde Beziehungen oder in impulsives Shopping, also in irgendeine Form von Beschäftigung, die dir kurzfristige, oberflächliche Befriedigung verschafft.

Dieses angenehme Gefühl wird dich für eine Zeit von den Stimmen in deinem Kopf befreien. Sie werden kurz verstummen, doch irgendwann kehren sie zurück und fragen ungläubig: »Denkst du wirklich, wir würden so einfach verschwinden? Und glaubst du immer noch, die nächste Gehaltserhöhung, das nächste Tinder-Match, der nächste Städtetrip oder der nächste limitierte Sneaker-Drop werden dich endlich glücklich machen?« Und dann werden sie dich auslachen.

Es mag Menschen geben, die sich damit zufriedengeben, ihr Leben lang auf der Jagd nach Geld, Status und Anerkennung zu sein, und dabei niemals ganz glücklich werden. Psychologen nennen dieses Phänomen die hedonistische Anpassung. Das ist evolutionär bedingt – und es ist ganz normal, dass wir unserer Psyche und ihren Mechanismen immer wieder auf den Leim gehen. Wir werden darauf später zurückkommen. Aber wir sind der Evolution nicht schutzlos ausgeliefert. Wir können wahres Glück finden – nur eben nicht dort, wo wir es suchen.

An dieser Stelle lohnt sich ein Disclaimer: Ich bin kein Guru, kein Lifecoach und kein pathologischer Selbstoptimierer, sondern ein Journalist, der über Jahre eine intensive Recherche betrieben hat. Dabei habe ich mich mit allen möglichen Disziplinen beschäftigt – mit Kunst und Wissenschaft, Religion und Spiritualität, Philosophie und Psychologie, Soziologie und Literatur. Und ich glaube, einen gemeinsamen Nenner in bestimmten Denkschulen dieser Disziplinen gefunden zu haben, der seit 2000 Jahren immer wieder auftaucht. Man kann ihn schwer greifen, doch im Kern geht es um die Erkenntnis, dass der Schlüssel zum Glück in uns selbst liegt. Dass wir nichts brauchen, sondern alles Wesentliche schon da ist. Der Weg zur Erkenntnis führt über einen Prozess der Reduktion auf allen Ebenen. Wir häuten uns, um an einen Punkt zu gelangen, an dem wir klar sehen können, was uns wirklich wichtig ist.

Das klingt im ersten Moment abstrakt und weltfremd. Es riecht nach esoterischem Aussteigertum, nach Typen mit verfilzten Dreadlocks, die auf La Gomera in Höhlen hausen. Oder nach dem ungewaschenen Wagenburgpapa aus der alten LBS-Werbung, an den du dich vielleicht noch erinnern kannst. Dessen Tochter verkündet zum Ende des Spots, sie würde lieber eine Spießerin werden, um eines Tages in einer lichtdurchfluteten Doppelhaushälfte leben zu können. Doch diese Assoziationen sind unsinnig. Die Erkenntnis, dass uns materieller Wohlstand und Konsum nicht glücklich machen, muss nicht dazu führen, dass wir künftig unter einer Brücke schlafen. Im Gegenteil: Das Ende der ewigen Suche ist nah, wenn wir uns von einengenden Dogmen und Glaubenssätzen befreien. Wobei das leichter gesagt als getan ist. Immerhin werden wir seit Jahrzehnten von Gesellschaft, Familie, Medien und Werbung indoktriniert. Und ja, es mag sein, dass uns Menschen aus unserem Umfeld für Spinner halten, wenn wir unseren (und damit mittelbar auch ihren) Lebensstil infrage stellen. Aber wenn wir aufhören, unser Lebensglück und unsere Selbstliebe von der Anerkennung anderer abhängig zu machen, verbessern wir unser Wohlbefinden wesentlich.

In den letzten zehn Jahren habe ich mich intensiv mit indischer und chinesischer Philosophie befasst und an mehreren Meditationskursen und Retreats teilgenommen, vor allem in den Traditionen des Vipassana und des Zenbuddhismus. Ich habe mich für die zeitgenössische Minimalismusbewegung begeistert und nach ihren Wurzeln geforscht. Auf dem Weg stolperte ich über die Transzendentalisten des späten 19. oder die Beatniks des mittleren 20. Jahrhunderts. Und ich habe in allen möglichen anderen Epochen ebenfalls Künstler*innen und Denker*innen gefunden, die sich dem Rattenrennen um Geld, Ruhm und Status versagt haben. Sie alle eint die Suche nach dem guten Leben, jenseits der Anhaftung an rein materiellen Zielen.

Dies ist kein Buch über den Zenbuddhismus. Das stünde mir gar nicht zu. Ich bin selbst nur ein Zenschüler und stehe noch am Anfang meiner spirituellen Entwicklung. Ich gehöre überhaupt keiner Glaubensgemeinschaft an. Ich bezeichne mich nicht als Buddhist, wenn ich nach meiner Religion gefragt werde. Denn was ich praktiziere, hat mit dem, was in weiten Teilen der Welt darunter verstanden und gelebt wird, wenig zu tun – auch wenn meine persönliche Alltagspraxis Außenstehenden durchaus buddhistisch anmuten würde.

Als ich mich für diese Themen zu interessieren begann, befand ich mich gesundheitlich wie geistig in einer desolaten Phase: Ich war unsicher und ratlos bezüglich meiner Zukunft, empfand kaum noch genuine Lebensfreude und fragte mich ununterbrochen, was mich eigentlich glücklich stimmt. Man könnte es eine verfrühte Midlife-Crisis nennen, vielleicht auch einen leichten Burn-out oder die milde Vorstufe einer Depression. Auf der Suche nach Heilung stieß ich auf alte fernöstliche Weisheit und lernte zunächst die Praxis der Vipassana-Meditation und schließlich den Zenbuddhismus kennen. Im Zen geht es, kurz gesagt, um praktische Ideen und einfache Weisheiten für ein glückliches Leben.

Was erwartet dich also in diesem Buch? Nun, ich trage aus verschiedenen philosophischen, literarischen und psychologischen Lehren ein grobes Lebenskonzept zusammen und stelle es dir vor. Dieses nenne ich in Anlehnung an den Zenmeister Shunmyō Masuno »Zen Style« und übertrage damit die Weisheit der alten Zenmönche in unsere Zeit, nutze sie im Hier und Jetzt und wende buddhistische (und verwandte) Prinzipien in allen möglichen Alltagsbereichen an. Dabei ist die Auswahl der zitierten Texte, durch die wir in diesem Buch flanieren, streng subjektiv. Mir geht es darum, das Wissen alter Philosoph*innen, Dichter*innen, Psycholog*innen und spiritueller Lehrer*innen für unseren Alltag im 21. Jahrhundert nutzbar zu machen.

Zen Style hilft uns, glücklicher zu werden, ohne uns komplett aus der Gesellschaft zu verabschieden. Äußerlich kann vielleicht sogar vieles so bleiben, wie es momentan ist. Aber unsere innere Einstellung zu den Dingen wird sich verändern – so sehr, dass sich die grübelnden Stimmen im Kopf immer seltener melden und irgendwann vielleicht sogar ganz verstummen.

Um ein berühmtes Bild aus dem Zen zu gebrauchen, das der Gelehrte D. T. Suzuki oft benutzte: Dieses Buch kann lediglich der Finger sein, der auf den Mond zeigt, aber niemals der Mond selbst. Ich lade dich ein mitzukommen auf einen faszinierenden Spaziergang durch die Geistesgeschichte, der dir helfen könnte, dein Leben anders zu betrachten. Vielleicht erzählen wir zunächst sogar niemandem von unseren Erkenntnissen, sondern nehmen kleine Veränderungen sukzessive und quasi unsichtbar vor. Die antiken Stoiker verfolgten schließlich auch das Ideal, in Gesellschaft möglichst gar nicht als Philosophen erkannt zu werden.

Ich würde mich heute als zufriedenen Menschen bezeichnen. Ich muss niemandem mehr beweisen, wie gut es mir geht. Ich will nichts mehr erreichen und lebe nicht mehr für die Arbeit, dennoch mache ich sie sehr gern, bin erfolgreich dabei und werde von meinen Kolleg*innen geschätzt. Und trotz all der schauerlichen Ungerechtigkeiten und Unsicherheiten auf der Erde, die auch mich jeden Tag aufs Neue sprachlos machen, bin ich an den allermeisten Tagen dankbar für alles, was sich auf meinem Weg entfaltet. Denn alles, was ich brauche, war immer schon da.

2

Im Zentrum

Um 4.45 Uhr klingelt der Wecker. Ich liege in einem schmalen Holzbett. Draußen ist es noch dunkel. Mein Zimmer enthält nicht mehr als einen einfachen Kleiderschrank, einen Tisch und einen Stuhl. Es gibt keine Bilder an der Wand und keine Dekoration im Zimmer. Ich stehe auf, nehme meine Zahnbürste, Seife und ein Handtuch, öffne vorsichtig die Tür und schließe sie leise hinter mir. Ich gehe den Gang hinunter zum Gemeinschaftsbad. Im Gebäude herrscht Stille.

Eine Viertelstunde später stehe ich ein Stockwerk tiefer im Speisesaal. Ich zapfe mir aus einem großen Thermosbehälter eine Tasse Tee und schaue aus dem Fenster in den Innenhof. Die Sonne geht langsam auf hinter dem ehemaligen Benediktinerkloster, das heute ein sogenanntes spirituelles Zentrum beherbergt. Ein paar andere Bewohner*innen gehen spazieren oder stehen vereinzelt im Speisesaal. Niemand spricht. Ich bin müde.

Ich stelle meine Teetasse ab und trete hinaus in den Hof. Etwa zehn Frauen und Männer bewegen sich mit raschen Schritten in einem großen Kreis um den Brunnen, ohne zu sprechen. Bei jedem Schritt knirscht der Kies auf dem Boden. Ich richte mich auf, lege meine linke Hand vor der Brust in die rechte und ordne mich ein. Jeder geht zügig, aber in der eigenen Geschwindigkeit. »Schnelles Kinhin«, so heißt die Gehmeditation im Zenbuddhismus, ist der erste Punkt auf der strengen Tagesordnung im Retreat.

Nach rund 25 Minuten erscheint eine Frau im Hof und läutet eine Zimbel. Wir beenden unsere Runde und bewegen uns mit raschen Schritten zum Eingang des Zentrums. Wortlos ziehen wir unsere Schuhe aus, greifen uns aus den Schränken am Eingang zum Dojo, dem Meditationssaal, ein Kissen und bewegen uns zu dem Platz, der uns am Anfang der Woche zugeteilt worden war. Die Sitzplätze befinden sich in U-Form am Rand eines großen, mit Holzparkett ausgelegten Saals. Hier verbringen wir unsere Tage. Wir tragen lockere Kleidung in gedämpften Farben. Niemand bringt sein Smartphone, seine Wasserflasche oder sonstige persönliche Dinge mit in den Raum. Im Dojo sind wir allein mit uns und unseren Gedanken.

In der Mitte des Raumes steht ein Tisch mit einem Gong, einer kleinen Buddhastatue und einer Schale mit Räucherstäbchen. Als wir vor unseren Plätzen stehen und Stille in den Raum eingekehrt ist, hören wir die Schritte des Zenmeisters vor der Tür. Der Mann – mittleres Alter, schlank, kurze graue Haare, barfuß – tritt in den Raum, verbeugt sich einmal kurz und schreitet dann zu dem Tisch in der Mitte. Dort kniet er sich hin, berührt mit der Stirn kurz den Boden und entzündet das Räucherstäbchen. An seinem Platz, der bislang frei geblieben war, verbeugt er sich erneut. Auch wir verbeugen uns, dann nehmen wir unsere Sitzhaltung ein.

Die Geübten gehen in den vollen oder halben Lotussitz, die meisten jedoch in den burmesischen Sitz, bei dem die Beine angewinkelt und parallel voreinander liegen. Manche hocken auf einem Meditationsbänkchen oder einem hohen Kissen, andere sitzen auf der Kante eines Stuhls, weil ihnen die klassischen Meditationshaltungen zu große Schmerzen bereiten oder es ihnen körperlich nicht möglich ist, sie einzunehmen. Dann ertönt zum ersten Mal am heutigen Tag die Klangschale. Wir beginnen mit der ersten Zazen-Einheit des Tages. Es ist jetzt Viertel vor sechs.

Diese Sitzmeditationen dauern in der Regel zwischen 15 und 35 Minuten. Viele halten es zu Beginn nicht aus, länger als ein paar Minuten ruhig in einer Position zu verharren, ohne sich zu bewegen. Sie kratzen sich an juckenden Stellen, rutschen auf ihrem Kissen herum, bewegen ihre Beine oder den Oberkörper. Manchmal löst sich jemand mitten im Zazen verzweifelt aus dem Meditationssitz, um ein Bein auszustrecken und sich auf diese Weise Erleichterung zu verschaffen. In der absoluten Stille hört man jedes Husten, jedes Stöhnen, sogar den Atem der Sitznachbarin.

Zum Frühstück versammeln wir uns eineinhalb Stunden später im Speisesaal, bleiben vor unserem zugewiesenen Platz stehen und warten wieder, bis alle da sind und der Gong ertönt. Wir essen in Stille, reichen uns gegenseitig wortlos das Müsli oder das Obst und achten auf körperliche Signale unserer Sitznachbar*innen, falls sie etwas benötigen. Wer mit dem Essen fertig ist, steht einfach auf, verneigt sich und verlässt den Speisesaal. Als uns nach dem Frühstück eine kurze Zeit zur eigenen Verfügung gegeben wird, habe ich immer noch kein Wort gesprochen.

Ich wollte eine eigene Erfahrung in einem Sesshin machen – so heißt ein intensives, zenbuddhistisches Retreat von mehreren Tagen Dauer. Tatsächlich ist ein solches Retreat kein Wochenende im Wellnesshotel. Einige Teilnehmer*innen brachen den Aufenthalt ab, weil sie sich ganz einfach falsche Vorstellungen davon gemacht hatten. Die Mahlzeiten sind einfach und vegetarisch, die Zimmer spartanisch. Es kann passieren, dass dir bei der Arbeit die Toilettenreinigung zugeteilt wird. Auf dem Gelände gibt es weder WLAN noch Mobilnetz. Die Zeit auf dem Kissen kann körperlich wie geistig mühsam, anstrengend und schmerzhaft sein. In der Meditation begegnen dir nicht nur angenehme Dinge. Abends war ich meist so erledigt, dass ich schon gegen 21 Uhr das Licht löschte.

Wir meditieren gute acht Stunden am Tag, am Nachmittag gibt es eine feste Arbeitsperiode. Manche räumen die Tische ab und spülen das Geschirr, andere wischen die Gänge des Zentrums, putzen die Waschräume oder die Fenster. Abends, vor der letzten Meditation des Tages, hält der Zenmeister einen Vortrag. Meist sind es kurze, prägnante Reden zu den Schwierigkeiten der Praxis und wie man ihnen begegnen kann. Oder es geht um die Geschichte der Zenschule, die sich durch Verschmelzung des indischen Buddhismus mit der chinesischen Philosophie des Taoismus entwickelt und ab dem 6. Jahrhundert erst in China und später in Japan ausgebreitet hat. Rückfragen sind nicht erlaubt, sondern nur im Einzelgespräch erwünscht, zu dem wir mehrfach während des Retreats Gelegenheit bekommen.

Traditionell gilt Zen als Schule der Strenge und Disziplin. Auf Außenstehende kann das einschüchternd wirken. Die Tagesabläufe im Retreat sind dem traditionellen Leben der Mönche in einem Zenkloster nachgebildet. Es gibt viele Regeln: Man spricht nicht miteinander, grüßt sich nicht, schaut sich nicht einmal in die Augen – der Blick soll sich vollständig nach innen richten. Man erscheint pünktlich zu jeder Übung, sonst ist die Tür geschlossen. Lesen oder Schreiben wird als schädliche Ablenkung verstanden. Laptops und Mobiltelefone sind nicht erwünscht. Doch gerade diese Beschränkungen führen zu einer großen Freiheit, denn die Zeit im Retreat findet außerhalb der Regeln unserer Gesellschaft und der Zwänge unseres Alltags statt. Der freiwillige Verzicht dient dazu, unsere üblichen Vermeidungs- und Verdrängungsstrategien abzuschalten.

Eine der beeindruckendsten Übungen in meinem ersten Retreat war die Gehmeditation im Garten der Stille. Wir bewegten uns langsam gehend durch einen üppigen Sommergarten, doch sobald unser Lehrer eine Zimbel erklingen ließ, hielten wir in unserer aktuellen Position inne und versuchten, unsere Umgebung möglichst genau, aber ohne jede Bewertung wahrzunehmen. Aus Vogelzwitschern, Wasserplätschern, leisem Geschirrklappern, dem weit entfernten Klang eines Rasenmähers und einem plötzlich am Himmel auftauchenden Flugzeug wurde eine überwältigende Symphonie. Es ist schwer zu beschreiben, was diese Erfahrung mit einem macht. Das Wort Dankbarkeit kommt mir in den Sinn.

Der Religionswissenschaftler Alan Watts schrieb einmal, dass es im Zen um die Entrümpelung des Geistes gehe – um eine Befreiung von Beschränkungen durch Sprache, Sinneseindrücke, Gedanken, Wünsche und Vorstellungen. Zen beginne an einem Ort, an dem es nichts mehr zu suchen oder zu gewinnen gebe, so Watts.[2] Allein durch die hohe Frequenz der Übungen beginnen wir im Retreat allmählich die Konzepte und Vorstellungen, die wir uns von der Welt machen, zu durchschauen. Wir lassen alle To-do-Listen ruhen, denn nichts muss getan werden. Wir müssen nichts erreichen, nicht produktiv sein und nichts leisten. Wir sind einfach nur gegenwärtig im Moment, nehmen den Körper, den Atem und das Leben wahr – und stellen fest, dass es reicht. Wir genügen.

Die Denkmaschine denkt

Wie schon gesagt, geht es mir nicht darum, dich zum Zenbuddhismus zu bekehren. Ich bin der Meinung, dass jede spirituelle Praxis zu einem glücklichen und erfüllten Leben beiträgt. Allerdings glaube ich mittlerweile auch, dass irgendeine Form der spirituellen Praxis zwingend notwendig ist, um Glück und Erfüllung zu erfahren.

Zen ist eine Geistesschule, die für mich ganz persönlich funktioniert. Aber ich habe genau so viel Achtung vor anderen spirituellen Praktiken wie dem tibetischen Buddhismus, der christlichen Kontemplation, allen möglichen Formen von Yoga (wenn es nicht nur als körperliche Ertüchtigungsmethode für den kapitalistischen Überlebenskampf begriffen wird) oder den Derwischtänzen der muslimischen Sufimystiker. Jede dieser Praktiken enthält eine Komponente, die man im weitesten Sinne als »Meditation« bezeichnen könnte. Dein ganz persönlicher Zen Style könnte so gesehen auch beinhalten, sonntags in die katholische Kirche zu gehen und zu beten.

Täglich zu meditieren ist einer der wichtigsten Bausteine für ein Leben im Zen Style. Nun ist Meditation in aufgeklärten Kreisen der westlichen Großstädte längst im Alltag angekommen. Jeder praktiziert sie oder kennt jemanden, der damit gute Erfahrungen gemacht hat. Viele benutzen dazu Smartphone-Apps oder hören sich geführte Meditationen von Life-Coaches und »Social Media«-Influencer*innen an. Andere stürmen in Kurse und Einzelstunden von angesagten Meditationslehrer*innen. Das ist völlig in Ordnung, aber eigentlich nicht notwendig. Jeder kann für sich sofort, in dieser Sekunde, in diesem Moment, ohne jegliche Hilfsmittel, die lebensverändernde Kraft der Meditation erfahren. Die einfachste Meditation ist jene, die seit über 2000 Jahren im Buddhismus praktiziert wird. Sie konzentriert sich auf den Atem und wird »Einsichtsmeditation« genannt.

Bei dieser Form des Meditierens bleibst du mit deiner Aufmerksamkeit, solange es geht, ausschließlich bei deinem Atem. Du änderst dabei deine Atmung nicht, sondern lässt sie ganz natürlich fließen und bist dir ihrer nur ganz gewahr. Sobald du mit deinen Gedanken vom Atem abschweifst, was ganz normal ist, machst du dir diesen Umstand bewusst und lenkst deine Aufmerksamkeit wieder zurück auf den Atem. Am Anfang wirst du häufig abgelenkt sein. Das bedeutet nicht, dass du versagst oder dass die Meditation nicht funktioniert. Achtsamkeit bedeutet, sich das Abschweifen zu vergegenwärtigen, die Gedanken als solche zu erkennen und ihnen dann nicht weiter zu folgen, sondern sie einfach ziehen zu lassen. Sitze für den Anfang 15 bis 20 Minuten, nicht länger. Später kannst du die Meditation immer noch ausdehnen.

Für die geistige Gesundheit wirkt diese uralte Form der Meditation tatsächlich Wunder. Wenn du sie regelmäßig (lies: täglich, gern mehrfach) praktizierst, wirst du dich im Alltag ausgeglichener erleben, weil dein Gehirn mit der Zeit begreift, dass du nicht ständig auf jeden Reiz reagieren musst. Du trainierst dir auf diese Weise auch ab, das ständige Geplapper deines eigenen Geistes besonders ernst zu nehmen. Denn unser Gehirn produziert Zehntausende Gedanken pro Tag. Das ist sein Job, den ihm die Evolution zugewiesen hat. Immer wenn sich meine Gedankenspirale mal wieder anfängt zu drehen, benenne ich diesen Umstand mit einem einfachen Satz: »Die Denkmaschine denkt.« Dann muss ich schmunzeln.

In gewissen Kreisen ist es heute angesagt, nach der 14-Stunden-Agenturschicht noch zum Meditations- oder Yogakurs zu rennen. Für viele Menschen funktioniert Spiritualität scheinbar wie eine Art Ablasshandel: Man arbeitet und feiert sich kaputt, dann geht man für zwei Wochen zum Meditieren nach Bali, um anschließend zur Selbstausbeutung von Körper und Geist zurückzukehren. Diese Schuld-und-Sühne-Logik ist die Basis einer ganzen Industrie geworden.

Oft genug ist ein körperlicher oder mentaler Erschöpfungszustand aber auch der Ausgangspunkt für ein echtes Erwachen. Einmal saß ich bei einem Meditationslehrer, der lachend von seinem ziellosen Vorleben als depressiver Barkeeper erzählte, in dem er »jede erdenkliche Droge der Welt« probiert habe. Heute sei er clean und vor allem glücklich. Für ihn war Meditation kein kurzfristiger Ausgleich zu einem toxischen Lebensstil, vielmehr führte sie ihn zu einer harmonischeren Lebensweise.

Dieser Lehrer wies uns auf den Umstand hin, dass wir uns nach der Meditation immer besser fühlen als vorher. Dass sie funktioniert, daran bestand für ihn empirisch kein Zweifel. Mich erinnerte das an ein Buch des Fernsehjournalisten Dan Harris mit dem Titel *10% Happier*. Darin berichtete Harris, der zuvor lange unter Panikattacken gelitten hatte, dass Meditation zu einer (immerhin) zehnprozentigen Steigerung seines Glücksempfindens geführt habe. Wissenschaftler haben tatsächlich Veränderungen im Gehirn bei Langzeitmeditierenden festgestellt, vor allem an der Amygdala, die wahrscheinlich für unseren Emotionshaushalt und insbesondere das Angstempfinden zuständig ist.

Doch am Ende kannst du die Wirkung von Meditation nicht rational verstehen, sondern nur praktisch erfahren. Nur das Erleben der Meditation zählt, nicht die intellektuelle Beschäftigung mir ihr. Ich habe mich dem Thema lange auf Verstandesebene nähern wollen, bis ich einsehen musste, dass sich die echte Arbeit nicht vermeiden lässt. Man muss viele Stunden auf dem Kissen verbringen, bevor man Meditation »begreift«.

Ganz am Anfang meiner Reise in die Spiritualität stand Eckhart Tolle. Ein Kollege aus der Musikindustrie teilte in den sozialen Netzwerken immer wieder Zitate aus seinen Büchern und weckte damit mein Interesse. Wenn Menschen in der Auseinandersetzung mit spirituellen Lehrern wie Tolle besonders abgeklärt wirken wollen, sprechen sie gern verächtlich von »Kalendersprüchen« oder »Glückskeksweisheiten«.

Ich selbst habe mich gern hinter dieser Art von feigem Zynismus versteckt. Vor allem war ich skeptisch, weil ich mich bis dahin als Atheist oder zumindest Agnostiker, jedenfalls aber als nicht sonderlich spirituellen Menschen definiert hatte. Allerdings war ich auch an einem Punkt in meinem Leben angekommen, an dem ich mit meinen gelernten Rezepten nicht weiterzukommen schien.

Meine Skepsis bezog sich konkret vor allem auf den Personenkult um Eckhart Tolle, auch empfand ich wie viele westliche Intellektuelle eine gewisse Abscheu gegen jeglichen Eindruck von Esoterik. Trotzdem besorgte ich mir aus Neugier seine Bücher, echte Klassiker der spirituellen Literatur. Mein erster Versuch, sie zu lesen, scheiterte auf ganzer Linie. Ich ahnte zwar eine gewisse Tiefe hinter den Worten, doch es war mir unmöglich, ihren wahren Sinnzusammenhang zu erschließen. In meiner Wahrnehmung reihte sich ein Allgemeinplatz an den nächsten. Alles hatte ich schon mal gehört: Man solle im Hier und Jetzt leben und nicht zu viele Gedanken an die Vergangenheit und Zukunft verschwenden. Ich beendete die Lektüre damals nicht, denn ich war noch nicht bereit dafür.

Jahre später meldete ich mich am Zentrum für alternative Medizin der Berliner Charité für einen sogenannten MBSR-Kurs an. MBSR steht für »Mindfulness Based Stress Reduction« und ist ein von Prof. Jon Kabat-Zinn in den 1970er-Jahren entwickeltes Kursprogramm, das sich über acht Wochen erstreckt und mit einem »Tag der Achtsamkeit« endet. Für mich war dieser Kurs ein extrem hilfreicher Einstieg in die Welt der Meditation, losgelöst von jeglichem weltanschaulichen Kontext, verpackt als Maßnahme zur Förderung der Gesundheit. Durch diesen Akt der Isolierung gelang es Kabat-Zinn, diese Lehren von ihrem religiösen Ballast zu befreien, der für viele Interessierte beim Einstieg eher hinderlich sein kann.

Zu Hause übte ich weiter und besuchte ein paar Wochen später mein erstes buddhistisches Retreat. Dort erlebte ich zum ersten Mal die von Eckhart Tolle beschriebene Kraft der Gegenwart als reale Erfahrung, ohne sie verstandesmäßig begreifen zu wollen. In der Meditation stieß ich auf unverheilte Wunden und tief liegende Ängste aus meiner Kindheit. Ich ertrug körperliche Schmerzen, die mich beinahe aufgeben ließen. Doch irgendwann, es muss am dritten oder vierten Tag gewesen sein, überkam mich in einer Meditation am späten Nachmittag plötzlich ein warmes Gefühl grundloser Freude. Anfangs ganz zart, dehnte es sich binnen Sekunden in meinem Körper und in meinem Geist aus, bis ich vollkommen davon umschlossen und erfüllt war. Ich wusste, dass mir nichts passieren kann. Ich fühlte mich unendlich sicher und geborgen in mir selbst. Ich begriff, dass ich keine externen Anlässe brauchte, um glücklich zu sein. Ich hatte keine Angst mehr vor dem Tod, weil ich mich mit dem ganzen Universum verbunden fühlte. Ich begann mich auf die Meditationen zu freuen.

Nun begriff ich auch endlich, was Tolle damit gemeint hatte, wenn er davon sprach, dass wir unser Ego transzendieren, unseren »Schmerzkörper« loswerden und zu einem erwachten Bewusstsein finden können. Jeder der Sätze, der sich vor einiger Zeit noch oberflächlich und phrasenhaft angefühlt hatte, bekam nun eine bedeutsame Schwere.

Heute weiß ich mehr darüber, wo Eckhart Tolle die Grundlagen für seine Lehren gefunden hat. Seine Art zu schreiben erinnert mich an die Sampling-Technik der Popkultur: Er nimmt sich aus zahlreichen Schulen der Vergangenheit jene Elemente, die er für nützlich hält, und montiert sie zu einer ganzheitlichen Lehre. Diese kuratierte Lehre ist nur scheinbar neu, denn sie ist letztlich nicht mehr und nicht weniger als ein kurzweiliges Best of Vedanta, Sufismus und Zenbuddhismus, übersetzt in die Sprache von heute, losgelöst von den jahrhundertealten kulturellen Traditionen, denen diese Lehren und Praktiken entstammen. Natürlich ist das eine Form der kulturellen Aneignung. Ich finde das nicht weiter schlimm, wenn sie uns dazu bringt, uns im weiteren Verlauf respektvoll mit den Wurzeln und Ideen der dahinterstehenden Kulturen auseinanderzusetzen. Yoga wurde nicht von weißen westlichen Fitnessfreaks entwickelt und Einsichtsmeditation nicht von tätowierten Ex-Barkeepern in Berlin-Neukölln. Das sollte uns jederzeit bewusst sein, wenn wir uns mit diesen Themen beschäftigen und uns mit ihren Ursprüngen und kulturellen Zusammenhängen befassen.

Mindestens genauso wichtig ist der Umstand, dass in unserer spirituellen Entwicklung niemand von uns verlangt, perfekt zu sein. Tatsächlich zählt im Buddhismus nur das »rechte Bemühen« um eine rechtschaffene Lebensweise. Natürlich kann man auch diesen Baustein des eigenen Lebens noch der Optimierung unterziehen und sich dann selbst dafür abwerten, dass man nicht »richtig« meditiert und die Meditation bei einem selbst nicht »funktioniert«.

Ich finde es aber viel wichtiger, dass du eine Praxis des Mitgefühls dir selbst gegenüber entwickelst. Und dazu gehört, bei Rückschlägen und Verfehlungen nachsichtig mit dir zu sein, dich nicht dafür abzuwerten, zu verurteilen oder in Depression zu verfallen, sondern am nächsten Tag ganz einfach einen neuen Versuch zu wagen.

Neustart

Wir müssen alle noch irgendwas: den Müll runterbringen, die Präsentation vorbereiten, die Steuererklärung machen, mehr Zeit mit den Kindern verbringen, endlich gesünder essen, mal wieder Freunde treffen, Sport treiben, regelmäßig meditieren. Der Soziologe Hartmut Rosa spricht treffend von einer »Rhetorik des Müssens«, die unseren postmodernen Alltag beherrscht. Am Ende des Tages fühlen wir uns immer schuldig, weil wir die Erwartungen (von anderen wie auch von uns selbst) mal wieder nicht erfüllt haben. Unsere To-do-Listen werden nicht kürzer, das E-Mail-Postfach quillt über, Deadlines rücken näher, und die Konkurrenz schläft nie.

Doch wohin geht all die Zeit eigentlich? Gute acht Stunden pro Wochentag verbringen wir im Büro, dazu kommen eine Stunde Mittagspause und eine Stunde Pendelzeit. Sieben bis acht Stunden sollten wir im Idealfall schlafen – bleiben sechs bis sieben Stunden »Freizeit«. Doch in dieser müssen wir uns auch um die Familie kümmern, Kinder großziehen, Freundschaften pflegen, kochen und einkaufen, die Wohnung putzen, das Auto in die Werkstatt bringen, zur

Zahnreinigung gehen, Sport treiben, uns fortbilden, ausgehen, unsere sozialen Netzwerkprofile bespielen, ein gutes Buch pro Woche lesen und so weiter und so fort. Ein Gefühl der Überwältigung und Ohnmacht macht sich dann schnell breit, denn unser Tag hat nun mal nur 24 Stunden. Neben all den Verpflichtungen kann es unmöglich erscheinen, genug Zeit für sich selbst und die eigenen Bedürfnisse zu finden. Und wenn dieses Gefühl über einen längeren Zeitraum anhält und sich aufstaut, nimmt man sich als unglücklich und nicht selbstwirksam wahr.

Wenn ein System überlastet ist, hilft nur eins: Neustart. Die Festplatte einmal plattmachen und das System neu aufsetzen. Denn die unbequeme Wahrheit ist, dass unsere Lebenszeit stetig verrinnt und irgendwann einfach aufgebraucht sein wird. Dann schauen wir zurück und fragen uns vorwurfsvoll: »Waren all diese Stunden, die ich auf Instagram oder TikTok verbracht habe, wirklich sinnvoll investiert? Wenn ich noch einmal jung wäre, würde ich dann wieder so viel Zeit in Nachtclubs verbringen?« Wenn man alte Menschen an ihrem Lebensende fragt, was sie bereuen, dann sagen sie fast alle dasselbe: Sie bedauern, zu ängstlich gewesen zu sein und sich nicht getraut zu haben, konsequenter nach ihren Werten zu leben. Sie drücken aber nie aus, dass sie gern noch mehr Zeit vor dem Fernseher verbracht hätten.

Wie eine Antwort auf die von Hartmut Rosa beschriebene »Rhetorik des Müssens« erscheint die Songzeile »Du musst gar nix!« der Hamburger Band »Die Sterne« aus dem gleichnamigen 2020 veröffentlichten Lied. In den Strophen führen sie diesen Freiheitsimperativ weiter aus: Man müsse nicht essen, nicht trinken, nicht rauchen, nicht doppelt so viel machen wie die anderen, nicht anrufen, nicht chatten, keine E-Mails abrufen, keine Turnschuhe kaufen, keine Ideen haben, überhaupt nicht denken, nicht reden, nicht arbeiten gehen und so weiter.³ Was wie ein absurdes Kinderlied klingt, das die meisten verantwortungsvollen Eltern ihren Kindern niemals vorspielen würden, kann man auch als gar nicht mal so subversive Kritik am gesellschaftlichen Zwang zur Geschäftigkeit, Effizienz und Produktivität lesen, mit dem wir von klein auf sozialisiert werden.

Der Philosoph Bertrand Russell forderte bereits 1932 in seinem Essay *Lob des Müßiggangs* eine Verkürzung der allgemeinen Arbeitszeit um die Hälfte. Im Zeitalter der Automatisierung schien ihm das möglich und angebracht. Er war der Meinung, dass diese einfache Maßnahme zu einem explosionsartigen Anstieg von Glück und Wohlbefinden führen und sogar Kriege verhindern könne.⁴

Die Lösung unserer Probleme liegt, wenn man Russell und andere Philosophen fragt, eigentlich auf der Hand: weniger Arbeit, weniger Konsum, weniger Termine, weniger Erwartungen – an andere wie an uns selbst. Das fühlt sich merkwürdig an, denn permanente Geschäftigkeit gilt dank ausdauernder Glorifizierung in Werbung, Medien und Arbeitswelt als begehrenswerter Lebensstil. Es klingt aber auch einfacher, als es tatsächlich ist. Denn es bedeutet, Prioritäten zu setzen, auf Unverständnis zu stoßen und damit leben zu lernen.

Die erste Erkenntnis lautet daher: Wir sind nicht allein. Viele von uns empfinden vage, dass eine Entschleunigung des Alltags notwendig ist. Die ist jedoch so einfach nicht möglich, weil in einer kapitalistischen Wirtschaft alles auf Wettbewerb, Leistung und Wachstum ausgerichtet ist. In allen Lebensbereichen, sei es im Arbeitsalltag oder in den sozialen Medien, wird unser Status permanent ausgehandelt. Allein mitzuhalten erfordert immer mehr Energie, weil alle im selben Hamsterrad gefangen sind. Selbst der Wunsch nach Entschleunigung ist längst zum Geschäft geworden. Doch entsprechende Maßnahmen stellen letztlich nur unsere Funktionsfähigkeit innerhalb des Systems sicher: Kurzaufenthalte in Wellnessoasen, Retreats für gestresste Manager*innen oder von Konzernen finanzierte Sabbaticals verheißen doch nur die Aussicht, anschließend erholt, gestärkt und noch produktiver in den Wettbewerb zurückzukehren.

Der buddhistische Mönch Ajahn Brahm erzählt in einem seiner Bücher eine Geschichte von einem Mönch, der von einem Mitglied seiner Gemeinde angerufen und gebeten wird, für eine Segnung zu ihm nach Hause zu kommen.[5] Der Mönch antwortet, er habe leider keine Zeit. Auf die Frage, was er denn Wichtiges zu tun habe, sagt er, er habe nichts zu tun, denn das sei nun mal, was Mönche tun sollten, und beendet das Gespräch. Am nächsten Tag ruft der Mann wieder an und fragt, ob der Mönch denn heute kommen könne. Der Mönch erwidert, das gehe nicht, denn er müsse nichts tun, worauf der Mann ausruft: »Aber das haben Sie doch gestern schon getan!« Der Mönch: »Richtig, aber ich bin noch nicht fertig damit.«

Wir lernen daraus: Nicht mal ein buddhistischer Mönch, von dem man gemeinhin annimmt, er diene vollkommen altruistisch seiner Gemeinde, lässt sich die Prioritäten anderer Menschen überstülpen. Denn das Leben ist kurz und die zur Verfügung stehende Zeit begrenzt. Der stoische Philosoph Seneca schrieb schon vor 2000 Jahren: »Es findet sich keiner, der sein Geld austeilen möchte; sein Leben dagegen, unter wie viele verteilt es ein jeder! Ihr Vermögen zusammenzuhalten, sind sie immer eifrig beflissen; handelt es sich aber um Zeitverlust, so zeigen sie sich als die größten Verschwender da, wo der Geiz die einzige Gelegenheit hat, in ehrbarer Gestalt aufzutreten.«[6]

Was will uns Seneca damit sagen? Wir sollten nicht allzu verschwenderisch und freigiebig mit unserer Lebenszeit umgehen, sondern sie mindestens genauso sorgfältig hüten wie unser Vermögen. Wir sollten sie nutzen, um Tätigkeiten nachzugehen, die dazu beitragen, dass wir ein erfülltes und glückliches Leben führen – auch wenn das, was uns glücklich macht, Müßiggang und Nichtstun ist. Zen Style bedeutet, zum*zur Kurator*in des eigenen Lebens zu werden und aufzuhören, zu viel Zeit mit Tätigkeiten zu verbringen, die unser Leben und unseren Alltag nicht bereichern.

Deshalb ist meine Standardantwort auf Anfragen jeglicher Art heute ein höfliches, aber beherztes »Nein« – es sei denn, die Aufgabe dient meinen eigenen Prioritäten. Bei der Begründung der Absage darf man ruhig ehrlich sein: Man hat eben etwas anderes vor. In Marcel Prousts *Auf der Suche nach der verlorenen Zeit* antwortet Monsieur de Guermantes auf eine unerwünschte Einladung per Depesche: »Kommen unmöglich, Lüge folgt.«[7] Und Steve Jobs sagte in einer Konferenz vor Entwicklern 1997: »Viele Menschen glauben, dass Fokus bedeutet, ›Ja‹ zu der einen Sache zu sagen, auf die du dich konzentrieren musst. Aber das bedeutet es gar nicht. Fokus bedeutet, ›Nein‹ zu sagen. Du musst ›Nein, Nein, Nein‹ sagen, und wenn du ›Nein‹ sagst, dann stößt du Menschen vor den Kopf.«[8]

Früher war ich sehr schlecht darin, Nein zu sagen. Ich konnte mich schwer abgrenzen und niemandem einen Wunsch abschlagen. Ich wollte, dass die Menschen mich mögen. Vor allem jedoch wollte ich niemanden zurückweisen, weil ich selbst Angst vor Zurückweisung hatte. Also verharrte ich zu lange in toxischen Beziehungen und Arbeitsbedingungen und wurde davon krank und unglücklich.

Meine Unfähigkeit, Nein zu sagen, beschäftigte mich zeitweise so sehr, dass ich ganze Bücher über das Thema las. Der Ethnologe und Kommunikationsexperte William Ury hat mehrere hervorragende Bücher über die Kunst geschrieben, respektvolle, aber bestimmte Ablehnungen zu formulieren. Man startet mit einer positiven Affirmation der eigenen Werte, dann kommt die klare und eindeutige Absage und schließlich ein Lösungsvorschlag, zum Beispiel eine Empfehlung eines*r Kolleg*in oder einer Ressource im Internet.

Mir fällt es immer noch nicht leicht, Nein zu sagen, aber solche Methoden helfen mir dabei. Mehrmals am Tag finde ich mich inzwischen in der Situation wieder, etwas ablehnen zu müssen: eine Anfrage, ein Kontaktangebot, eine Versuchung, eine Ablenkung. Ich habe lange gebraucht, bis ich es einigermaßen beherrsche. Man kann es lernen, doch dazu muss man üben. Heute sehe ich jede neue ungebetene Anfrage als Übungsfeld.

Natürlich ist es nicht die Lösung all unserer Probleme, immer nur Nein zu sagen. Wir möchten schließlich einfach nur Zeit schaffen für die Dinge und Tätigkeiten, Projekte und Beziehungen, die uns wirklich wichtig sind. Wie entscheiden wir also, wann wir Ja oder Nein sagen? Ich glaube, dass wir die richtige Antwort finden, wenn wir lernen, auf unsere innere Stimme zu hören. Wenn wir es schaffen, das Geschnatter und Geplapper unseres Geistes zu überhören und stattdessen tief in uns hineinhorchen. Das, was wir umgangssprachlich als »Bauchgefühl« bezeichnen, ist meist die richtige Antwort: Jedes Projekt, dem wir nicht unsere volle Begeisterung, Leidenschaft und Aufmerksamkeit widmen, sollten wir lieber gar nicht erst beginnen.

Vernünftige Argumente für ein Ja gibt es viele: Wir könnten Spaß oder Freude haben, eine interessante Erfahrung machen, etwas lernen oder einfach nur viel Geld verdienen. Wenn allerdings nichts davon realistisch in Aussicht steht, können wir stattdessen vorziehen, in Stille zu sitzen. Ich kann aus Erfahrung sagen, dass diese Zeit niemals vertan sein wird. Wenn also jemand etwas von uns will, uns aber im Gegenzug keinen der oben genannten Nutzen in Aussicht stellt, müssen wir uns sehr genau fragen, ob dies nicht eine Gelegenheit ist, in der wir Nein sagen sollten. Entgegen landläufiger Meinung sind wir nämlich nicht nur dann etwas wert, wenn wir anderen Menschen nützen.

Wenn wir glauben, wir müssten eine unangenehme Sache erledigen, weil wir es dieser oder jener Person schuldig sind, dann sollten wir dieses Gefühl einmal genauer untersuchen: Will dieser Mensch wirklich, dass wir uns schlecht fühlen und unsere Zeit mit etwas verschwenden, was wir eigentlich nicht tun wollen? Und wenn das so sein sollte, warum ist es uns dann eigentlich so wichtig, was diese Person über uns denkt?

Hin und wieder überkommt mich noch heute das Gefühl, das früher einmal allgegenwärtig war: Dass ich vor lauter Arbeit, Verpflichtungen und Aufgaben gar nicht mehr weiß, wo ich anfangen soll, dass die To-do-Listen immer länger werden und ich heillos überfordert bin von den Anforderungen meines Berufs und meines sozialen Umfelds.

Meine Antwort im Zen Style darauf: Zunächst einmal lasse ich alles stehen und liegen, was kein akuter Notfall ist, und meditiere eine halbe Stunde. Dann öffne ich meinen Kalender und sage jeden Termin in den nächsten drei Tagen, der nicht dringend und überlebensnotwendig ist, per E-Mail oder Sprachnachricht ab. Ich lösche oder verschiebe die entsprechenden Kalendereinträge, atme tief durch, schaue auf die drei fast leeren Tage, die vor mir liegen, und fertige anschließend eine Liste all jener Dinge an, die mir gerade wirklich guttun würden: ein Spaziergang mit einer guten Freundin. Ein Nachmittag im Garten. Diesen Essay beenden, der seit Monaten angefangen in der Schublade liegt. Ein Lieblingsalbum von Anfang bis Ende anhören, ohne Unterbrechungen. Ruhige Open-End-Zeit am Computer. Bisher hat diese Strategie noch immer geholfen.

Kuration des Alltags

Wir tendieren dazu, unsere grundsätzlichen Ansichten nur selten zu ändern, weil wir als beständige Charaktere wahrgenommen werden wollen. Dieser Hang kann aber auch zur Last werden: Wir halten an Geschichten fest, obwohl wir wissen, dass sie nicht (mehr) das repräsentieren, was wir wollen. So handeln wir gegen unser natürliches Selbst, weil diese Geschichten uns dazu zwingen. Sie engen uns ein und machen uns auf Dauer unglücklich. Warum? Vor allem, weil unser soziales Umfeld, unsere Familie und Freund*innen es von uns erwarten.

Doch welche Erwartungen haben sie konkret an uns? Zur Schule zu gehen, eine handfeste Ausbildung oder ein zukunftsträchtiges Studium zu absolvieren. Zu heiraten, ein oder zwei Kinder zu bekommen und ein Haus zu kaufen. Wählen zu gehen, Steuern zu zahlen und bei der Fußballweltmeisterschaft für die deutsche Nationalmannschaft zu jubeln. Acht Stunden am Tag in einem Büro an einem Computer zu sitzen und alle paar Jahre befördert zu werden oder die Firma zu wechseln. Zweimal im Jahr mit der Familie in den Urlaub zu fliegen und sich nicht zu beschweren, weil es andere anderswo weitaus schlechter haben.

Das ist jedenfalls die übliche Geschichte, die man als weißer Hetero-Cis-Mann aus der Mittelschicht in Deutschland erzählt bekommt. Natürlich ändern sich die Geschichten und Werte je nach Sozialisation, Identität und Herkunft. Doch wir alle lernen von unserem Umfeld, was uns vermeintlich glücklich machen wird. Und es sorgt sich um uns, wenn wir von diesem vorgezeichneten, erwünschten Weg abweichen, denn dann befinden wir uns auf dem Pfad der Einzelgänger und Eigenbrötler – und diese haben einen schlechten Ruf.

Der Wunsch unserer Umgebung, die alten Geschichten zu bewahren, führt zu Konflikten, wenn wir uns von ihnen ablösen. Doch nur indem wir ebendiese infrage stellen, werden wir zu selbstständigen Wesen. Es kann sein, dass wir im Zuge dieses Prozesses manche der alten Geschichten, die von Generation zu Generation weitergegeben werden, zu den Akten legen müssen. Wir müssen herausfinden, ob sie für uns überhaupt noch sinnvoll und passend sind. Erst nach sorgfältiger Prüfung sollten wir uns entscheiden: Halten wir an ihnen fest, oder suchen wir nach neuen?

Wir sind längst erwachsen und können selbst entscheiden, ob die alten Geschichten noch zu unserem Leben passen. Doch wir haben Angst, von anderen als inkonsistent, sprunghaft oder wankelmütig wahrgenommen zu werden. Die Wahrheit ist jedoch: Nichts bleibt gleich, alles unterliegt dem stetigen Wandel von Wachsen und Vergehen. Warum nur fällt es uns so schwer, zu unseren wahren Werten und Träumen zu stehen? Warum möchten wir unbedingt unsere Familie und unser soziales Umfeld nicht enttäuschen, selbst wenn das bedeutet, dass wir uns ein Leben einrichten, das wir eigentlich weder wollen noch zu uns passt? Weil wir denken, dass wir sonst verstoßen werden und wir einsam und unglücklich enden. »Du hast dich verändert«, sagten frühere Freunde manchmal, augenscheinlich, um mich zu verletzen. Ich hatte jedoch viel mehr Angst davor, »ganz der Alte« zu bleiben.

Sobald wir aus der Herde ausscheren, wird unser altes Umfeld nach Wegen suchen, uns zurück in die Gruppe zu führen – manchmal durch gutes Zureden, oft mithilfe von Manipulation, seltener mit Gewalt. Sie werden uns immer wieder an die alten Geschichten erinnern. Sie werden unsere Urteilsfähigkeit anzweifeln. In solchen Situationen müssen wir uns verteidigen und kämpfen. Je nach den Umständen kann das auch bedeuten, sich der Situation zu entziehen und den Kontakt abzubrechen. Ich habe das schon mehrmals tun müssen, wenn Menschen nicht bereit waren, eine Veränderung in meinem Selbstbild zu akzeptieren. Es war zu attraktiv und komfortabel für sie, am gewohnten Bild festzuhalten.

Auch Siddharta Gautama, der junge Buddha, musste zunächst seine Frau, seinen Vater, seinen neugeborenen Sohn und all seine Besitztümer zurücklassen, um nach sechs Jahren Einsamkeit und Stille die Erleuchtung zu erreichen. Er löste sich von jeglicher Anhaftung und sogar von den wichtigsten Menschen in seinem Leben. Seine Geschichte ist eine Parabel. Sie soll uns lehren, dass nichts und niemand unserem Leben zu einem Sinn verhelfen kann – kein*e Partner*in, kein Kind, kein Job, kein Kontostand, kein Auto, keine Uhr und kein anderer Gegenstand, den wir Eigentum nennen, der uns aber niemals vollständig und für immer gehört. Und ganz sicher auch keine der alten Geschichten aus unserer Vergangenheit.

Die Suche nach den neuen Geschichten, die unser Leben von nun an leiten sollen, kann sich allerdings genauso schwierig gestalten, wie sich von den alten abzulösen. Wer wollen wir eigentlich sein, wie wollen wir wahrgenommen werden, und was sind unsere wahren Werte? »Ich probiere Geschichten an wie Kleider«[9], sagt der Protagonist von Max Frischs Roman *Mein Name sei Gantenbein*, der in einer leeren Wohnung mit abgedeckten Möbeln sitzt. Er habe eine Erfahrung gemacht und suche nun die Geschichte dazu. Diese Sätze haben sich in mein Gedächtnis eingebrannt, als ich den Roman zum ersten Mal gelesen habe.

Eine der Geschichten, die der namenlose Ich-Erzähler anprobiert, ist die von Theo Gantenbein, der einen Autounfall überlebte. In Wahrheit kann er sehen, doch die Welt glaubt, er sei blind. Eine andere Geschichte ist die vom Milchmann, dessen Identität sich »aufgebraucht« hat und dem unter allen Umständen keine neue einfallen will. Noch eine ist die vom Lottogewinner, der sein Geld lieber wieder verliert, als sein mühsam erschaffenes Selbstbild als Pechvogel aufgeben zu müssen.

Zehn Jahre zuvor veröffentlichte Max Frisch mit *Stiller* einen seiner bekanntesten Romane. Der Protagonist, dessen Pass auf den amerikanischen Namen »James Larkin White« lautet, wird bei der Einreise in die Schweiz festgenommen, weil man ihn für den verschollenen Bildhauer Anatol Stiller hält. In der Folge identifizieren ihn Freunde, Verwandte und seine verlassene Ehefrau, doch er wehrt sich beharrlich gegen deren Identitätszuschreibung: »Ich bin nicht Stiller!«[10]

Die einen lesen Frischs Romane als literarisch-psychologische Analysen von Persönlichkeitsstörungen. Für mich ging es in seinen Texten jedoch immer um etwas anderes: die Identitätssuche des Menschen. Denn letztlich ist unser Ich eine Konstruktion und alles, woran wir glauben, nur eine Geschichte: Religion, Volk, Nation, Gender, »race« (als soziales Konstrukt), Familie, Karriere, Geld, Selbstverwirklichung. An welche dieser Geschichten wir glauben, hängt von der Gesellschaft ab, in der wir aufwachsen. Solche Identitäten können ein Gefühl der Zugehörigkeit, Verbundenheit und Heimat schaffen. Sie können aber auch zu Vorurteilen, Ausgrenzung und Diskriminierung führen.

Die Fähigkeit, Geschichten zu erzählen und weiterzugeben, unterscheidet den Menschen von anderen Lebewesen. Gleichzeitig führen die Sprache wie auch das Bewusstsein zu einer Erfahrung der Abtrennung. Im Zen wird immer wieder darauf hingewiesen, dass wir sprachliche Begriffe vor allem zur Differenzierung benutzen. »Ich probiere Geschichten an wie Kleider« bedeutet vor diesem Hintergrund nichts anderes als: Ich bin auf der Suche nach meiner wahren Heimat. Und dieser Prozess wird vielleicht nie abgeschlossen sein. Identität ist nach buddhistischer Vorstellung nichts Festes, Beständiges, sondern bleibt stets wandelbar, formbar.

Ich glaube, womit wir unser Leben und unseren Alltag füllen, liegt weitgehend in unserer Hand, und wir sollten uns dabei so wenig wie möglich von anderen Menschen beeinflussen lassen. Genau deswegen beschütze ich jenen Teil meines Lebens, den man gemeinhin als »Freizeit« bezeichnet, inzwischen rigoros. Warum ich diesen Begriff in Anführungszeichen setze? Nun, genau wie die Schriftstellerin

Ursula K. Le Guin bin ich der Ansicht, gar keine Freizeit zu haben. In einer Gesellschaft, die von protestantischer Arbeitsethik geprägt ist, hat dieser Begriff fast etwas Anrüchiges. Aber ist »freie« Zeit etwa weniger wert als jene, in der man arbeitet? Oder am Ende sogar mehr? Oder sind im Idealfall beide, unsere Arbeits- und Freizeit, gleichwertige Teile unseres Lebens? Und wie stellt man die oft zitierte Balance zwischen ihnen her?

In einem Blogeintrag echauffierte sich die damals 80-jährige Schriftstellerin einmal über einen Fragebogen, den sie von ihrer früheren Universität geschickt bekommen hatte. Darin wurde unter anderem die Frage gestellt, womit sie ihre Freizeit verbringe. An siebter Stelle in der Liste von 27 möglichen Antworten – neben Golf, Shopping, Fernsehen und Bridge – stand »Kreative Beschäftigungen (Malen, Schreiben, Fotografieren etc.)«. Le Guin fühlte sich beleidigt davon, dass ihr Lebenswerk für die Fragebogenersteller nur eine »kreative Beschäftigung« darstellte, also ein Hobby, mit dem man seine Freizeit ausfüllt. Als Feministin war sie stolz darauf, eine arbeitende Frau zu sein, die ihren Lebensunterhalt stets selbst verdient hat. Doch nach 20 Romanen, 100 Erzählungen und zahlreichen Gedichtbänden in 60 Jahren literarischer Karriere fehlte ihr inzwischen die Energie für längere Texte. Also stellte sich die bloggende Rentnerin die Frage: »Wenn alle Zeit, die man hat, Freizeit ist, nicht weiter verplant, was macht man dann damit?«[11]

Le Guin erinnerte sich an ihre Kindheit und verglich ihren Tagesablauf mit dem Pensum eines heutigen Mittelschichtskinds. Sie kam zu dem Schluss, dass Kinder früher neben der Schule kaum Verpflichtungen und daher viel Zeit hatten, um Gedanken nachzuhängen und Gefühle zu entwickeln. Inzwischen schien ihr der Terminkalender von Kindern ähnlich überfüllt zu sein wie der ihrer Eltern, sodass sie sich ihre Freiräume erkämpfen müssen. Auch ich kann mich an ganze Sommer erinnern, in denen ich nichts Bestimmtes zu tun hatte. Jeder Tag war ein Abenteuer. Bis heute genieße ich es, meine sogenannte Freizeit so unbeschränkt zu verbringen wie als Kind. Ich schalte das Telefon in den Flugmodus und lasse es irgendwo in der Wohnung liegen. Ich lese, recherchiere, schreibe, höre Musik, treffe mich spontan mit einem Freund im Café oder entscheide mich zu einem langen Spaziergang zum See oder einem Ausflug in die Stadt. Deshalb hasse ich es auch, Termine zu machen. Sie vernichten den Zauber der freien Zeit.

Ursula K. Le Guin war eine weise Frau. Sie beschäftigte sich in ihrem Leben ausgiebig mit der alten chinesischen Philosophie des Taoismus und übersetzte sogar deren heiliges Buch, Laotses *Tao-Te-King,* in einer eigenen Fassung. Einer der Kerngrundsätze des Taoismus lautet »Wu Wei«, was gemeinhin unübersetzbar ist, aber ungefähr so viel bedeutet wie »Handle nicht« oder »Tu nichts«. Das ist allerdings keine Aufforderung zum Faulenzen oder zur Passivität, sondern es bedeutet, dass wir uns niemals gegen den Fluss des Tao stellen sollten. Das Tao wiederum ist die allumfassende Kraft im Kosmos, das Prinzip des Lebens selbst. Wer ihm folgt, benutzt die Arbeit nicht zur Flucht oder zur Kompensation von Mängeln im Leben. Sie bringt ihm Spaß und Erfüllung, er widmet sich jeder Aufgabe und jedem Moment mit voller Aufmerksamkeit, lässt sich jedoch nicht unter Druck setzen. Trotzdem ist er oft erfolgreicher als andere, die fahrig zwischen Aufgaben hin und her springen, zu viele Verpflichtungen annehmen und am Ende alle einschließlich sich selbst nur enttäuschen.

Auch das Leben und Werk von Ursula K. Le Guin sind ein Beispiel für kreative Schaffenskraft, die nicht von egoistischer Ruhmsucht getrieben ist. Da sie nie einen klassischen »Brotjob« hatte, von dem sie sich in den Ruhestand hätte verabschieden können, führte sie ihr Leben selbst im hohen Rentenalter immer noch in jener Balance, wie sie dem Zen Style eigen ist: Sie hatte keine Freizeit, sondern stets genug zu tun mit allerlei Tätigkeiten zwischen Schreiben und Schlafen, Korrespondenz und Kommunikation, aber auch mit Meditation, Chi-Gong-Übungen oder Gedichtinterpretation, mit Gesprächen mit Freund*innen und Familie, mit Haus- und Gartenarbeit.

Wie viel Lebenszeit uns noch bleibt, wissen wir alle nicht. Vielleicht haben wir morgen einen tödlichen Unfall, vielleicht erhalten wir in einigen Jahren eine schlimme Diagnose, vielleicht leben wir noch viele Jahrzehnte glücklich und gesund. Wir dürfen Letzteres hoffen und können dafür auch einiges tun, aber es ergibt wenig Sinn, sich darüber den Kopf zu zerbrechen. Es ist hingegen äußerst sinnvoll, jeden Moment so zu gestalten, dass wir am Ende unseres Lebens nicht das Gefühl haben müssen, es verschwendet zu haben. Wie wir das schaffen können? Ich glaube, wir müssen unseren Alltag, unseren Terminkalender und unsere Beziehungen sorgfältig kuratieren.

Wenn wir erst wissen, welche Werte und Ziele uns wichtig sind, können wir darüber nachdenken, welche Verhaltensweisen, Gewohnheiten und Beziehungen uns bei ihrer Verwirklichung hilfreich sind – und welche nicht. Ich bin der Ansicht, dass wir alles, was diesen Werten und Zielen nicht dient, recht rigoros aus unserem Leben streichen sollten. Grundvoraussetzung dafür sind eine gewisse Konsequenz, eine Ehrlichkeit mit unserer Umwelt und vor allem eine tiefe Kenntnis unserer selbst.

6

Freiwillige Einfachheit

Zenmönche besitzen traditionell nichts außer ihren Gewändern, ihren Reisschalen, ein paar Bücher, einem Rasierer und einer Decke. Sie schlafen in großen Schlafsälen auf Tatamimatten aus Reisstroh und führen ein schlichtes Leben aus harter körperlicher Arbeit, geistiger Schulung und Meditation. Diesen Lebensstil verfolgen Anhänger des Zen, weil sie sich bewusst von jeglicher Besitzgier befreien wollen, die sie für einen großen Teil des Elends in der Welt verantwortlich machen. Der japanische Zengelehrte D. T. Suzuki interpretierte das Ideal des freiwillig armen Zenmönches sogar als »stumme[n], wenn auch unwirksame[n] Protest des Buddhisten gegen die heutige Gesellschaftsordnung«[12].

Zen will einen Weg zu einem guten Leben aufzeigen. Das mag widersprüchlich klingen, wenn man sich die vielen Entbehrungen vor Augen führt, die ein Zenschüler ertragen muss. Laut den alten Zenmeistern muss man jedoch klar unterscheiden zwischen gefühlsmäßiger, situativer Freude und Lebensfreude im tiefsten Sinn. Erstere bereiten uns alle als »angenehm« empfundenen Dinge, beispielsweise Erfolg, Reichtum, Gesundheit, Vergnügen und Beziehungen. Wenn wir an diesen Dingen anhaften, ist unser Lebensglück abhängig von vielen äußeren Umständen, die wir oft nicht beeinflussen können. Doch wenn wir verstehen, dass unserer tieferer Lebenswert nicht auf ihnen beruht, kann ihre Abwesenheit uns auch nicht mehr unglücklich machen.

Was zählt also stattdessen wirklich? Fragen wir die Zenmeister, so kann sich unser wahrer Wert nur auf das in sich ruhende Selbst beziehen, aus dem wir unsere Lebensfreude und unseren Lebensmut schöpfen. Der buddhistische Priester Kamo no Chōmei, der sich mit 60 Jahren in eine einsame Berghütte zurückgezogen hatte, schrieb im Jahr 1212: »Mein Körper ist eine treibende Wolke. Ich bitte um nichts, ich will nichts. Meine größte Freude ist ein stilles Nickerchen; mein einziger Wunsch in diesem Leben ist es, die Schönheit der Jahreszeiten zu sehen.«[13]

Im Zen Style zu leben bedeutet, mit Ruhe, Gleichmut und Akzeptanz auf das zu schauen, was sich auf unserem Weg entfaltet. Oder einfacher formuliert: Der einzige Sinn des Lebens ist, es zu leben – es wahrhaftig zu *erleben*, egal was da auch kommen mag oder womit wir im Verlauf unseres Lebens konfrontiert werden. Was wir jedoch stets vermeiden sollten, ist, unser Leben aus der Perspektive eines Dritten zu betrachten. Dann ist die Gefahr groß, dass es an uns vorbeizieht.

Von Zenmönchen können wir lernen, wie Beschränkung und Verzicht zur absoluten Freiheit führen können. Freiheitsliebende Menschen tendieren allgemein eher dazu, Regeln als etwas Negatives, Einschränkendes zu empfinden, vor allem wenn sie uns auferlegt werden. Wenn wir uns aber freiwillig an sie halten, weil sie logisch aus unseren Werten folgen, fühlt es sich anders an. Heute versuche ich mindestens einmal im Jahr, an einem längeren Retreat teilzunehmen, aber auch mein Alltag ist von festen Routinen und Gewohnheiten geprägt, die mir guttun: Beispielsweise meditiere und laufe ich schon vor dem Frühstück. Ich esse nach makrobiotischen Grundsätzen, betreibe Intervallfasten, trinke keinen Kaffee und keinen Alkohol. Für mich fühlt sich das nicht wie Verzicht an, sondern wie ein konsequentes Leben nach meinen Werten. Das ist meine Art, das Leben zu genießen.

Es ist schwer genug, sich im Alltag an bestimmte Regeln halten zu wollen. Noch schwerer machen es uns allerdings unsere Mitmenschen. Denn sobald du kein Fleisch mehr isst, wollen sie mit dir über ihren eigenen Fleischkonsum diskutieren. Willst du früh ins Bett gehen, versuchen sie dich zu überreden, doch noch zu bleiben. Und obwohl du nichts mehr trinkst, musst du heute mal eine Ausnahme machen. Die Argumente klingen stets ähnlich: »Sei nicht so hart zu dir selbst«, »Hab doch mal ein bisschen Spaß«, »Man muss nicht alles im Leben kontrollieren«. Oder sie versuchen, deine Bemühungen um positive Veränderung in deinem Leben kleinzureden: »Wo kämen wir hin, wenn alle plötzlich vegan leben würden?«, »Und wer denkt an die Arbeitsplätze, wenn keiner mehr Auto fährt?« oder »Und warum hat dein Tofu die Form einer Wurst?«

Menschen, die so etwas sagen, verfolgen damit einen einfachen Zweck: Sie wollen ihr eigenes Verhalten rechtfertigen. Sie wissen um ihre Unzulänglichkeiten und haben das Gefühl, dass du ihnen, indem du konsequent im Einklang mit deinen Werten lebst, den Spiegel vorhältst. Und sie freuen sich insgeheim, wenn sie dich zu einem Regelverstoß überreden können, weil sie sich so vergewissern, dass du auch nicht besser bist als sie. Der Anthropologe David Graeber nennt dieses Phänomen treffend »moralischen Neid« und spricht davon, dass demonstrativ gutes Verhalten von Mitmenschen als Bedrohung oder zumindest als Herausforderung wahrgenommen wird – selbst wenn man eigentlich bescheiden und zurückhaltend auftritt. Tatsächlich kann eine offensive Bescheidenheit den moralischen Neid unserer Mitmenschen sogar noch anheizen.

Die moralischen Neider verstecken ihre Absichten hinter wohlmeinenden, freundschaftlichen Ratschlägen, aber in Wahrheit geht es ihnen nie darum, dich tatsächlich auf ein übertriebenes Verhalten hinzuweisen. Schließlich sind wir alle viel eher gefährdet, unseren selbstschädigenden Neigungen nachzugeben, als dass wir uns ernsthaft darüber sorgen müssten, es mit den positiven Gewohnheiten zu übertreiben. Schauen wir uns nur die Zenmönche an: Sie leben nach dem striktesten Regel- und Wertekodex. Sie besitzen nichts, ihr Leben besteht aus harter körperlicher und geistiger Arbeit. Aber sie sind keine unglücklichen Menschen. Im Gegenteil: Sie entscheiden sich freiwillig für diesen Lebensstil, weil sie wissen, dass diese Form der Beschränkung auf das Wesentliche zu innerer Freiheit führt.

Selbstdisziplin hat in unserer genusssüchtigen Kultur leider einen schlechten Ruf. Dabei kann sie der Schlüssel zu einem erfüllten Leben sein. Wer sich hingegen immer von seinen Impulsen steuern lässt, treibt rastlos durch einen Ozean von Möglichkeiten, immer auf der Suche nach dem nächsten Kick, der nächsten Erfahrung, ohne je zufrieden zu sein. Ich plädiere nicht dafür, dass wir alle zu Zenmönchen werden, bin aber mittlerweile der festen Überzeugung, dass Reduktion unser Leben extrem vereinfachen kann.

Viele Psychologen warnen schon seit Langem davor, dass uns die Wahlmöglichkeiten des Alltags in einer Konsumgesellschaft oft überfordern. Bei Überforderung wählt unser Gehirn den Weg der Gewohnheit, der Routine. Wenn wir uns aber vorab bereits dazu entschlossen haben, nie Alkohol zu trinken, dann haben wir heute Abend zu diesem Thema keine Entscheidung mehr zu treffen – sondern wir trinken ganz einfach nicht, wie immer.

Ähnlich funktioniert es mit Alltagsuniformen. Der Musiker und Komponist Nils Frahm trägt beinahe jeden Tag dasselbe Outfit; auch Mark Zuckerberg freut sich darüber, dass er morgens beim Griff in den Kleiderschrank nur eine einzige Option hat: ein schlichtes graues T-Shirt (wohlgemerkt ein schickes, gut geschnittenes Designerstück für dreihundert Dollar). Er trägt es jeden Tag, und es passt zu jedem Anlass, der in seinem Leben eine Rolle spielt, sodass er sich nie überlegen muss, welche Kleidung heute die richtige sein könnte.

Solche Regeln sind kein Ausdruck von Zwang, sondern im Gegenteil eine Manifestation von Freiheit und Autonomie. Wir wählen selbst, ob wir ständig verkatert sein und unser halbes Leben auf Zuckerbergs Facebook verschwenden wollen, ob wir morgens eine halbe Stunde damit zubringen wollen, die passende Garderobe zusammenzustellen, oder ob wir unseren Körper mit Fleisch aus industrieller Massentierhaltung vergiften wollen.

Entscheiden wir uns dagegen, müssen wir nur darauf gefasst sein, dass es Menschen geben wird, die es uns ausreden wollen. Uns bleibt dann allein die Freiheit, ihre Gesellschaft zu meiden. Auch solche Entscheidungen gehören zu einem Leben im Zen Style.

Über Minimalismus

Mitte der 90er-Jahre waren die Beastie Boys eine der erfolgreichsten Bands der Welt. Und doch lebte ihr heimlicher Kopf, der Rapper und Musiker Adam »MCA« Yauch, in einem winzigen Ein-Zimmer-Apartment in Little Italy, New York, in dem nicht mehr als ein Bett und ein Sofa standen. Der Regisseur Spike Jonze, ein Freund der Band, berichtete einmal, dass in Yauchs Apartment nur wenige teure Gegenstände vorzufinden waren: sein Instrument, ein E-Bass, und ein Videobeamer für Filme. Yauch lebte extrem spartanisch und einfach, »fast wie ein kreativer Mönch«[14].

Man muss dazu wissen, dass die Beastie Boys damals auf dem Höhepunkt ihres Erfolges standen. Yauch hätte sich vermutlich problemlos ein überdimensioniertes McMansion in den Hamptons leisten können, aber er hatte daran offensichtlich kein Interesse. Für ihn war etwas anderes wichtiger: die Freiheit, mitten in Downtown Manhattan zu leben, sich nicht mit Dingen und Ausgaben zu belasten, sondern sich einfach nur mit dem Notwendigsten zu umgeben – und jederzeit zu einem spontanen Snowboardtrip nach Utah oder Alaska aufbrechen zu können.

Als Adam Yauch 2012 mit nur 47 Jahren an Krebs starb, setzte ich mich intensiv mit seinem Leben und den Werten auseinander, die er verkörpert hatte. Er gab mir eine mögliche Antwort auf die zentrale Frage, mit der ich mich beschäftigte: Wie kann ein modernes Leben im 21. Jahrhundert konkret aussehen, das sich an den Werten und Vorbildern der Zenmönche orientiert? Adam Yauch lebte den Zen Style.

Zen Style bedeutet im Kern, sich von seiner Anhaftung an materiellem Besitz zu lösen. Nun gibt es seit einigen Jahren eine Bewegung im Internet, die sich einem ähnlichen Ideal verschrieben zu haben scheint: die Minimalist*innen. Doch wenn wir von Minimalismus reden, dann denken viele an weiße Wände und leere Regale, an Wohnungen ohne Möbel, aber mit reichlich Ethnokitsch. Diese Bilder repräsentieren eine Form minimalistischen Lebens, die in den sozialen Medien inszeniert wird und viele von uns langweilt oder abschreckt. Doch sie steht nicht für die Essenz des Minimalismus. Denn hierbei handelt es sich um nichts anderes als die zeitgemäße Verpackung alter Weisheiten, die heute noch genauso zutreffend sind wie vor 2000 Jahren.

Wenn wir von Minimalismus sprechen, dann meinen wir damit oft ganz unterschiedliche Dinge. Diese Unklarheit kann mitunter zu Vorurteilen führen. Der Begriff ist im allgemeinen Sprachgebrauch mehrfach belegt und bezeichnet einerseits eine Stilrichtung in Kunst und Design, andererseits einen Lebensstil, der auch als einfaches Leben, freiwillige Einfachheit oder Downshifting bezeichnet wird.

Die künstlerische Stilrichtung des Minimalismus hat ihre Wurzeln in der klassischen Moderne, vor allem im Konstruktivismus des frühen 20. Jahrhunderts. Sie orientierte sich an einer reduzierten, klaren und geometrischen Formensprache und verzichtete auf ausschmückende, dekorative Elemente. Minimalistische Maler mieden gegenständliche Objekte und erschufen abstrakte Kompositionen aus Formen und Farben. Diese Künstler ließen ganz bewusst Elemente weg, die bis dahin als wichtige Merkmale bildender Kunst betrachtet worden waren.

Mit dem Bauhaus wurde 1919 eine minimalistische Architekturschule gegründet. Walter Gropius und seinen Schülern ging es um die Wechselwirkung zwischen Form und Funktionalität. Nach dem Zweiten Weltkrieg entwickelte sich der Minimalismus in der Kunst zu voller Blüte: Maler malten ohne Motiv, Komponisten komponierten ohne Noten, und Schriftsteller schrieben Stücke ohne Protagonisten, Handlung und Text. So enthält John Cages Partitur zu »4'33« nur die Anweisung »*tacet*« (»Schweigen«), und Samuel Becketts Theaterstück *Atem* besteht aus nichts weiter als zwei Schreien, die für Geburt und Tod stehen, einigen Atemgeräuschen und einem Bühnenbild aus verstreutem Unrat, der das sinnlose Chaos des Lebens symbolisieren soll.

Der Lebensstil des einfachen Lebens meint etwas anderes: Er rückt Besitzreduktion und Konsumverzicht in den Mittelpunkt einer selbstbestimmten, erfüllten Existenz. Seine Wurzeln gehen weit zurück, bis zu den antiken Stoikern und zu alten indischen und chinesischen Gelehrten, doch solche Lehren stellten im Westen über Jahrhunderte kein vorherrschendes Ideal dar. Erst seit der Industrialisierung spielt dieser Lebensstil wieder eine größere Rolle, nämlich als Antwort auf die negativen Auswirkungen des Konsumkapitalismus.

In den 1960er- und 1970er-Jahren griffen die Hippies und die Umweltbewegung diese Vorstellungen wieder auf und versuchten, sie in einen konkreten Lebensstil umzusetzen. Sie erprobten neue Lebensmodelle, feierten die sexuelle Befreiung und nahmen bewusstseinserweiternde Drogen. Doch hinter diesen hedonistischen Idealen trat die Idee des Konsumverzichts irgendwann zurück. 1981 veröffentlichte der Autor und Aktivist Duane Elgin sein programmatisches Buch *Voluntary Simplicity*. Darin fasste er entsprechende Strömungen aus dem gegenkulturellen Spektrum unter einem griffigen Schlagwort zusammen und verlieh ihnen damit wieder einen größeren Identifikationsrahmen.

Als Minimalismus bezeichnet man die einfache Lebensweise erst seit Ende der 2000er-Jahre. Im Internet wurde der Begriff durch Blogger*innen wie Joshua Fields Millburn und Ryan Nicodemus (The Minimalists), Leo Babauta (Zen Habits), Courtney Carver (Be More With Less) oder Joshua Becker (Becoming Minimalist) verbreitet. In der ersten Hälfte der 2010er-Jahre entwickelte sich vor allem in den USA eine rege Szene um diese Blogger*innen und »Social Media«-Aktivist*innen, die bis heute fortbesteht. Allerdings bleibt die Definition des Minimalismus dabei oft unscharf und offen – so wird die prominente Aufräumkönigin Marie Kondō in den Medien gern als Minimalistin tituliert, obwohl sie sich nicht einmal selbst so sieht.

Auch wenn die Stilrichtung und Lebensform des Minimalismus auf den ersten Blick nicht viel miteinander verbindet, so gab es doch schon lange vor den genannten Bloggern andere Vordenker*innen, die den künstlerischen Ansatz mit dem Lebensstil und der Philosophie zusammenführten. Der Braun-Designer Dieter Rams ist ein gutes Beispiel dafür. Er gestaltete seine Produkte genau so, wie er auch sein Leben kuratiert hat: Auf die Essenz reduziert, nur mit dem Notwendigsten ausgestattet. Weniger, aber besser. »Gutes Design ist so wenig Design wie möglich«[15], sagte er als junger Mann. Im Alter fügte er hinzu: »Heute würde ich kein Designer mehr werden wollen. Es gibt schon zu viele unnütze Produkte in dieser Welt.«[16]

Um Anhänger*in des Minimalismus zu werden, muss man nicht konvertieren, denn er ist keine Religion und erst recht keine Sekte. Und doch gibt es einen Initiationsritus: Das sogenannte Decluttering, die Trennung von allem nutzlosen Besitz. The Minimalists empfehlen zu diesem Anlass eine »Packing Party«: Alle Gegenstände, die sich in der Wohnung befinden, werden an einem Tag in Umzugskartons verpackt und erst wieder herausgeholt, wenn sie gebraucht werden. Was in den nächsten Monaten nicht ausgepackt wird, ist offensichtlich nicht notwendig für den Alltag. Diese Kartons werden entsorgt, der Ballast abgeworfen.

Wenn Minimalist*innen einen abgegrenzten Lebensbereich wie etwa den Kleiderschrank ausmisten, dann nehmen sie jedes einzelne Teil heraus und sortieren es auf einen von drei Haufen: 1. Behalten, 2. Wegwerfen und – ganz wichtig – 3. Verkaufen/Spenden. Denn hinter dem Minimalismus steht auch die Überzeugung, dass Dinge, die einem selbst nichts mehr bedeuten, jemand anders noch einen Dienst erweisen können. Das gelesene Buch, das sinnlos im Regal steht, kann unsere Mitmenschen zu einer Erkenntnis verhelfen – oder einfach nur gut unterhalten. Das Kleidungsstück, das einem selbst nicht steht, auch wenn man sich den Fehlkauf nicht eingestehen will, sieht an jemand anders fantastisch aus. Angehende Minimalist*innen verkaufen ihre Sachen über Onlineauktionen, Secondhandshops und Internethändler, einen Teil spenden sie an soziale Einrichtungen.

Natürlich ist eine extreme Reduktion in Zeiten der Digitalisierung einfacher als noch vor 20 Jahren: Da Minimalist*innen physischen Gegenständen keinen emotionalen Wert zubilligen, brauchen sie keine Bücher und CDs mehr. Die Rolle der Bibliothek übernimmt der E-Book-Reader, die der Musiksammlung die Festplatte oder gleich der Streamingdienst. Alle wichtigen Fotos und Unterlagen werden digitalisiert. Minimalist*innen kleiden sich in schlichten Farben und klassischen Schnitten, manche entwickeln sogar echte Alltagsuniformen. Sie vermeiden große Logos, laute Farben und auffällige Designs. Besonders beliebt ist bequeme einfarbige Funktionskleidung von auf Nachhaltigkeit bedachten Herstellern. Die Bloggerin Courtney Carver entwickelte die minimalistische Mode-Challenge Project 333, in deren Zentrum eine »Capsule Wardrobe« aus 33 Teilen steht, die jeweils für drei Monate reichen müssen.

Viele Dinge, auf die Minimalist*innen häufig verzichten, scheinen für die meisten Menschen immer noch unverzichtbar: das Auto, das man in Städten dank öffentlichen Nahverkehrs und Fahrrad eigentlich nicht mehr braucht. Der Fernseher, der gerade in der jüngeren Generation längst vom Streaminganbieter verdrängt wurde. Die meisten Küchengeräte, die eigentlich schon immer Staubfänger waren. Auch dekorative Gegenstände, die streng genommen überflüssig sind, genau wie Dinge, die man aufbewahrt, weil man sie eventuell einmal brauchen könnte oder sie einen an etwas erinnern. All diese Besitztümer empfinden Minimalist*innen als Ballast, der den Blick aufs Wesentliche versperrt und belastend auf die Seele wirkt. Tatsächlich wissen Psychologen heute, dass die Dinge, mit denen wir uns visuell umgeben, einen großen Einfluss auf unser Wohlbefinden haben. Von Laptop und Handy trennt sich allerdings fast kein*e Minimalist*in – sie sind Nonkonformisten, aber keine Technologiefeinde. Ob man jedes Jahr ein neues Smartphone braucht, steht für sie jedoch auf einem anderen Blatt.

Die Entrümpelung ist nur der erste Schritt. Vielleicht folgt ein Umzug in eine kleinere Wohnung oder ein kleineres Haus, dafür in einer schöneren Gegend. Man gibt monatlich weniger Geld aus, befreit sich von Schulden, Hypotheken und Verpflichtungen. Parallel dazu wird der Terminkalender, das Telefonbuch und die Timeline entschlackt. Nach dem Wohn- und Lebensraum wird auch der Alltag entmüllt und alles Unwichtige aus dem Zeitplan gestrichen. So wird Platz für die essenziellen Dinge geschaffen, aber auch für jene Menschen, die einem wichtig sind: Lebenspartner*in, Familie, gute Freunde. Es geht darum, die persönliche Freiheit zurückzugewinnen und sich nicht der Tyrannei der Erwartungen zu unterwerfen.

Doch der Minimalismus will nicht nur die individuelle Lebensqualität verbessern. Die großen Umweltprobleme unserer Zeit wie Klimawandel, Luft- und Wasserverschmutzung sind nur zu lösen, wenn wir uns vom Mantra des permanenten Wachstums lösen und zurück zu einer einfacheren Lebensweise finden, die im Einklang mit der Natur und Welt steht. Die größten Auswirkungen auf die Umwelt hat jedes Produkt bei seiner Herstellung. Wenn man den ökologischen Fußabdruck seines Konsums minimieren möchte, muss man also darauf hinwirken, dass weniger Produkte hergestellt werden. Denn das Schicksal jedes Konsumgutes ist ohnehin früher oder später der Mülleimer. Der Journalist Adam Minter, der über zwei Jahrzehnte lang die globalen Abfallkreisläufe studiert hat, rät daher dazu, über jede Anschaffung zweimal nachzudenken, und – wenn überhaupt – nur hochwertige Produkte mit einem langen Lebenszyklus zu kaufen. Je länger ein Produkt hält, desto unwahrscheinlicher ist es, dass man innerhalb seiner Lebensdauer ein neues kauft. Wenn wir verantwortlich konsumieren wollen, dürfen wir nicht der Fast Fashion auf den Leim gehen, auch nicht den minderwertigen Technologieprodukten mit geplanter Obsoleszenz, die ständig erneuert werden müssen und nur durch teures Marketing begehrlich wirken. Das Ziel muss sein, dass Dinge so lange wie möglich benutzt werden – ob von dir oder jemand anders.

Aus volkswirtschaftlicher Sicht ist der gesellschaftliche Trend zu Konsumverzicht und Minimalismus, der sich während der Coronapandemie 2020 noch verstärkt hat, natürlich problematisch. Allerdings nur, solange man am klassischen Modell einer Wachstumswirtschaft festhält, die sich allein am Bruttosozialprodukt messen lässt. In Deutschland hat sich vor allem der Volkswirt Niko Paech mit seiner Forderung nach einer Postwachstumsökonomie hervorgetan. In seinen Büchern und Vorträgen legt er dar, dass unser Wirtschaftssystem auf permanentes Wachstum ausgelegt ist, dabei jedoch die natürlichen Rohstoffgrenzen außer Acht lässt. Pragmatisch schlägt er vor, dass wir weniger arbeiten sowie aufhören sollten, über unsere Verhältnisse zu leben, und stattdessen anfangen, die industrielle Infrastruktur rückzubauen. Dinge sollten repariert anstatt neu gekauft werden.

Auch der Direktor des Deutschen Museums in München, der Physiker Wolfgang M. Heckl, ist der Ansicht, dass eine nachhaltige zukünftige Gesellschaft sich vom Wachstum als oberstem Ziel lösen muss. Er hält sich mit Vorliebe in Repair-Cafés auf und diskutiert mit anderen Reparierer*innen über die Lösung von technischen Problemen. Er plädiert dafür, nicht nur betriebswirtschaftliche Argumente anzuführen, wenn es darum geht, ob sich die Reparatur eines Produkts lohnt. Stattdessen sollten wir auch die wahren Kosten eines Produktneukaufs in diese Erwägungen miteinbeziehen, vor allem hinsichtlich der Auswirkungen auf die Umwelt und der Ausbeutung von Arbeitskräften in ärmeren Ländern.

Der britische Journalist und Umweltaktivist George Monbiot ist der Meinung, wir müssten in der Zukunft zu einem Modus der privaten Genügsamkeit finden, und zwar bei gleichzeitigem Luxus der öffentlichen Sphäre. In einem ergänzenden Kommentar zu seiner Kolumne im *Guardian* schrieb er 2018, dass wir von der Werbung, den Medien und der Politik seit Jahren dazu verführt würden, immer mehr private Güter anzuhäufen.[17] Doch für immer größere Häuser und Autos gebe es weder den physischen noch den ökologischen Raum. Gleichzeitig hätten wir durchaus genug dieses Raums, sodass wir alle öffentlichen Luxus genießen können: Platz für ausladende Parks und Schwimmbäder, ein starkes öffentliches Verkehrssystem und ein reiches kulturelles Leben, das unsere innere Leere füllt, die der Konsumismus nicht zu füllen imstande ist.

Monbiot betont: Konsum funktioniert nicht dauerhaft als Glücksquelle. Tatsächlich kommt die Psychologie zum selben Schluss. Das Problem ist die sogenannte hedonistische Anpassung. Wir gewöhnen uns relativ schnell an jeden Luxus, bestimmen ihn zum neuen Status quo und streben nach mehr. Doch der positive Effekt des Konsums auf unser Wohlbefinden wird immer geringer und kurzlebiger, daher befinden wir uns in einem Zustand stetiger Enttäuschung. Psychologen haben herausgefunden, dass diese besonders stark bei Dingen ins Gewicht fällt, die eigentlich länger halten: Autos, Häuser, Schmuck, teure Kleidung, Computer, Telefone. Der kurze Enthusiasmus nach dem Kauf schwindet bald, aber die Konsumartikel bleiben – als mahnende Erinnerung, dass sie ihr Glücksversprechen nicht dauerhaft einlösen konnten.

Die hedonistische Anpassung ist durch die menschliche Evolution so tief in die Psyche eingeschrieben, dass wir sie kaum austricksen können. Selbst wenn wir über diese psychologischen Prozesse genau Bescheid wissen, scheint es beinahe unmöglich, unser Handeln und unsere Erwartungen danach auszurichten. Evolutionär ergab dieser Mechanismus einmal Sinn: Wer schnell mit etwas zufrieden war, strebte nicht nach mehr und hatte dementsprechend einen Wettbewerbsnachteil gegenüber anderen Vertretern seiner Spezies. Wer hingegen schnell wieder nach der nächsten Befriedigung Ausschau hielt, war im Überlebenskampf archaischer Gesellschaften überlegen. In heutigen Wohlstandsgesellschaften erfüllt dieser Mechanismus nicht mehr seinen Zweck. Doch weil die Evolution sehr langsam fortschreitet, unterscheidet unsere Psyche sich nicht allzu viel von jener unserer Vorfahren vor einigen Tausend Jahren. Daher fällt es uns so schwer, aus der hedonistischen Tretmühle auszusteigen.

Spannend ist in diesem Zusammenhang auch folgende Feststellung des Anthropologen David Graeber: Wir lassen nur deshalb zu, dass unser Beruf zum Mittelpunkt unseres Lebens wird, weil wir mit den Entbehrungen im Arbeitsleben unseren ausschweifenden privaten Konsum rechtfertigen. Laut Graeber konsumiert man wiederum eigentlich nur noch, um den Umstand zu verdecken, dass wir nicht mehr besonders viel Leben übrig haben, wenn man die Arbeitszeit abzieht. Dies gelte besonders, wenn man in einem »Bullshit-Job« arbeitet – so nennt Graeber all jene Jobs, die unser kapitalistisches System entwickelt hat, um den sinkenden Bedarf an menschlicher Arbeitskraft durch Automatisierung und Digitalisierung abzufangen. Sie erfüllen offenkundig keinen gesellschaftlichen Nutzen und können denjenigen, die sie ausüben, daher auch kein Gefühl sinnstiftender Befriedigung vermitteln.[18]

Was können Menschen also tun, wenn sie nach Jahren in einem stressigen Bullshit-Job plötzlich merken, dass ihnen weder die weitgehend sinnfreie Tätigkeit im mittleren Management eines Großunternehmens noch die als Kompensation erworbenen materiellen Dinge die erhoffte Befriedigung bringen werden? Nun, sie richten ihren Fokus nicht mehr darauf, Besitz anzuhäufen, sondern auf Erfahrungen und Beziehungen. Der Minimalismus kann uns dabei helfen, unsere psychische Anhaftung an Gegenständen und Besitz aufzugeben und uns auf das Wesentliche in unserem Leben zu konzentrieren. Es ist sinnvoll, jeglichen überflüssigen Ballast abzuwerfen.

8

Die Wurzeln der Bewegung

Die Lehre des Minimalismus, wie sie seit Ende der 2000er-Jahre von Blogger*innen verbreitet wird, ist nicht revolutionär neu. In vielen geistigen Schulen werden Konsumverzicht und ein einfaches, bescheidenes Leben seit Jahrtausenden als alltagstauglicher Weg zur Erleuchtung gepredigt. Die tieferen philosophischen Wurzeln des heutigen Minimalismus liegen, wie schon angedeutet, im Buddhismus, genauer gesagt in der Zenschule. Schon der japanische Zenmeister Shunryu Suzuki lieferte eine relativ exakte Definition dessen, was uns heute unter dem Stichwort des Minimalismus von Blogger*innen als neue Lebensphilosophie präsentiert wird.

Wenn wir Buddhismus studieren, so Suzuki, sollen wir unseren Geist wie unsere Wohnung betrachten, in der wir einen Frühjahrsputz machen. Dazu tragen wir erst mal alles aus den Zimmern heraus, um sie gründlich zu säubern. Wenn wir dabei allerdings feststellen, dass wir bestimmte Dinge gar nicht mehr brauchen oder haben wollen, dann sollten wir sie an Ort und Stelle entsorgen, anstatt sie bloß abzustauben und anschließend wieder zurück in die Stube zu stellen. Wir sollen die Dinge genau untersuchen und ermitteln, ob es sich um etwas Wertvolles oder bloß um »alten, nutzlosen Plunder«[19] handelt.

Der Zenbuddhismus ging im China des 6. Jahrhunderts aus der Begegnung des Buddhismus und der chinesischen Philosophieschule des Taoismus hervor. Dessen Gründungsschrift ist das *Tao-Te-King*, ein Buch von Spruchkapiteln, das vom chinesischen Weisen Laotse (6. Jh. v. Chr.) stammen soll, doch erst Jahrhunderte später aufgeschrieben wurde. Ob es Laotse wirklich gab, weiß man nicht. Der Taoismus jedenfalls wurde eine der drei großen Lehren der klassischen chinesischen Philosphie – neben dem Buddhismus und dem Konfuzianismus.

Im *Tao-Te-King* heißt es an einer Stelle:

»Denk dir ein kleines Land mit wenigen Menschen. Es gibt dort mancherlei Gerät, doch wird es nicht gebraucht. Die Menschen wissen um ihre Sterblichkeit und wollen nicht darüber hinaus. Obwohl sie Boote und Wagen haben, fahren sie nicht darin; obwohl sie Waffen haben, zeigen sie diese nicht. Sie führen die Knoten in Schnüren wieder ein (anstelle der Schrift). Sie haben Genüge an ihrer Nahrung, sie freuen sich ihrer Kleider, ihre Häuser sind angenehm und ihre Sitten fröhlich. Sind die Nachbarstaaten auch in Sichtweite, das Schreien ihrer Hähne und das Gebell ihrer Hunde in Hörweite, werden die Menschen ihr Lebzeit nicht außer Landes gehen.«[20]

Der britische Religionsphilosoph Alan Watts ist der Ansicht, dass es Laotse in der zitierten Passage um folgende Feststellung ging: Wir alle wären gut beraten, unser Lebenstempo zu drosseln und unseren beruflichen wie privaten Ehrgeiz zu zügeln.[21] Gleichzeitig meint er, dass Laotse uns dazu anhält, ein ordentliches Pensum körperlicher Arbeit zu verrichten. Hier nimmt Laotse offenbar die Forderungen des modernen Minimalismus vorweg. Diese präsentieren sich nach der Industrialisierung freilich noch einmal in anderer Dringlichkeit als im chinesischen Altertum. Vor allem jedoch handelt es sich um ein Lebensideal, das den Werten des Kapitalismus diametral entgegenzustehen scheint.

In der Moderne griffen verschiedene Künstler wieder auf dieses Lebensideal zurück. Einer von ihnen war der Schweizer Philosoph und Autor Denis de Rougemont, der sein Leben tatsächlich auf das absolut Wesentliche reduzierte. Als er in seinem *Tagebuch eines arbeitslosen Intellektuellen* sein Haus auf der Atlantikinsel Ré beschrieb, das er in den späten 1920er-Jahren bewohnte, betonte er die Einfachheit der Einrichtung, mit wenigen Möbeln, nackten Wänden und Fußböden. Später bezog er ein Haus in einem Bergdorf in Frankreich und entfernte dort sämtliche Insignien von Bürgerlichkeit, etwa Wandgemälde, Teppiche und sonstige Verzierungen. Die Vorstellung, dass das Leben durch Annehmlichkeiten lebenswerter wird, nannte er einen »bürgerlichen Aberglauben«. Er war nicht der Ansicht, dass die Zufriedenheit von irgendwelchen vermeintlichen Verbesserungen des Lebensstils abhängt. Schließlich gebe es keinen Beleg dafür, dass Bürger grundsätzlich glücklicher als Arbeiter seien. Er selbst sei mit seiner Petroleumlampe und Wasserpumpe zufriedener als die meisten Stadtbewohner, die er kenne.

Auch der amerikanische Meditationslehrer Jack Kornfield hält das Gefühl der Einfachheit, einhergehend mit

Wunschlosigkeit, für revolutionär befreiend. Einfachheit und Glück, so schreibt er in seinem Buch *Das weise Herz*, scheinen direkt miteinander zu korrelieren. Zur Illustration erzählt er eine Geschichte von seinem Freund Joseph Goldstein, einem anderen legendären westlichen Buddhismuslehrer: Als dieser in Indien lebte, kam ihn einmal seine amerikanische Mutter besuchen. Nach 24 Stunden umständlicher Reise erreichte sie den Tempel, in dem Goldstein damals sein Dasein verbrachte, und fand ihr »Hotelzimmer« vor – eine kleine Hütte mit nichts als einem Bett und einem Stuhl darin. Nach einem Monat intensivem Achtsamkeitstraining kehrte sie in die USA in ihr luxuriöses Zuhause zurück und erzählte fortan jedem, dass die Zeit in Indien die glücklichste ihres Lebens gewesen sei. Die Einfachheit, so Kornfield, habe ihr gezeigt, dass nur ihre innere Fülle zählte.[22]

Ein Schlüsselroman der Einfachheit stammt ausgerechnet vom vergessenen deutschen Autor Ernst Wiechert. Sein Roman *Das einfache Leben* ist eine ostpreußische Variante der Aussteigersaga. Der Protagonist, der 45-jährige Kapitän Thomas von Orla, ist ein Kriegsheimkehrer, der eine Meuterei auf seinem Schiff überlebt hat. Diese Erfahrung lässt ihn alles infrage stellen: seine Ehe mit Gloria, die ihren hedonistischen Hauptstadtalltag weiterführt, die richtige Erziehung seines Sohnes Joachim, seinen ganzen Lebensentwurf.

Eines Nachmittags fällt sein Augenmerk bei der Bibellektüre auf den Psalm 90:9, dessen Worte ihn nicht mehr loslassen: »Darum fahren alle unsere Tage dahin durch deinen Zorn; wir bringen unsre Jahre zu wie ein Geschwätz.«[23] Angetrieben von dem Wunsch, sein Leben nicht mehr »wie ein Geschwätz« zu verbringen, aber auch um die Schrecken des Krieges endgültig hinter sich zu lassen, verlässt er seine Familie mit dem Zug Richtung Ostpreußen und sucht sich einen Ort, an dem er fortan leben möchte: ein kleines einfaches Haus auf einer einsamen Insel inmitten der masurischen Seenplatte, wo er sich als Fischer niederlässt.

Fortan führt Orla ein entsagungsreiches Leben mit wenig Kontakt zu anderen Menschen und harter körperlicher Arbeit. Abends liest er und schreibt über Moral und Ethik. Seine Karriere interessiert ihn nicht mehr, den Adelstitel verschweigt er, Besitz lehnt er weitgehend ab. Einmal sagt er zu einem jungen Mädchen: »Das Letzte, was man im Leben gewinnen kann, ist, nichts haben zu wollen.«[24] Und später zu derselben Figur: »Wir brauchen keinen Besitz. Wir brauchen Arbeit, Armut und ein bisschen Zeit.«[25]

Wiechert selbst hielt *Das einfache Leben* für seinen wichtigsten Roman. Er habe auf keine seiner Veröffentlichungen so viele positive Rückmeldungen erhalten. In Deutschland geriet sein Werk nach seinem Tod 1950 allerdings in Vergessenheit. Viele Intellektuelle taten Wiecherts sprachgewaltige Zivilisationsmüdigkeit als neoromantischen Kulturpessimismus ab. Verständlich, denn solche Ideen hatten gerade erst – ideologisch missbraucht – in die schlimmste Katastrophe geführt. Man kann Wiechert aus heutiger Perspektive jedoch anders lesen, eher in einer literarischen Verwandtschaft zu Hermann Hesse und Henry David Thoreau stehend.

Auch der Psychoanalytiker Erich Fromm hatte sich mit dem Zenbuddhismus beschäftigt und vertrat Grundsätze, wie sie später im Minimalismus aufgegriffen wurden – nachzulesen in seinem Buch *Haben oder Sein* aus dem Jahr 1979.

Wenn Fromm darin den seit dem Ersten Weltkrieg vorherrschenden Lebensstil als seltsame Kombination aus Disziplin (Arbeit, Fließband, Bürokratie) und Faulheit (Fernsehen, Urlaub, Auto) beschreibt, dann könnten diese Passagen direkt von einem Minimalismusblog stammen. Auch die Feststellung, dass sich die Verheißungen des Kapitalismus und des Hedonismus – nämlich Wohlstand und Glück für alle – nicht erfüllt haben, steht immer wieder im Mittelpunkt individueller Geschichten von Minimalist*innen. Um seine Forderung nach einer neuen Ethik zu untermauern, entwickelt Fromm eine Theorie vom *Haben* und *Sein* als entgegengesetzte »Existenzweisen«.[26]

Natürlich brauchen wir alle, selbst die überzeugtesten Minimalist*innen, durchaus Dinge zum Leben: Nahrung, Kleidung, eine Wohnung und bestimmte Werkzeuge. Dieses »existenzielle Haben« ist für Fromm nicht das Problem. In Konflikt mit dem Sein gerät für ihn nur das »charakterbedingte Haben«. Nicht der Besitz als solcher steht uns also im Weg, sondern unser Anhaften an ihm. Wie auch der Umstand, dass wir an den Dingen hängen, weil wir irrig glauben, dass sie uns Sicherheit, Kontinuität oder Stabilität verleihen. Eine äußerst buddhistische Haltung.

Viele gehen davon aus, dass die Orientierung am Haben unveränderlich dem Menschen eingeschrieben ist. Fromm hingegen glaubt, jeder trage ein angeborenes Verlangen nach dem Sein in sich. Wir alle hätten ein Bedürfnis zu geben und zu teilen und seien generell bereit, anderen zu helfen, ja: für andere Opfer zu bringen. Durch solche Tätigkeiten würden wir ein Gefühl des »Einsseins« mit anderen Menschen und dem Kosmos erleben. Diese Einheit mit der Menschheit und Natur hätten wir im Industriezeitalter lediglich aufgegeben und verdrängt, Gemeinsinn sei durch Selbstsucht ersetzt worden.

Um eine neue Gesellschaft zu erschaffen, müssten wir aufhören, uns am Haben zu orientieren und uns stattdessen dem Sein zuwenden: uns zu Nächstenliebe und Solidarität bekennen, zu Unabhängigkeit und Aktivität, zu kritischer Vernunft und »gottloser Religiosität«. Dafür müssten wir jedoch erst einmal erkennen, dass ein gesteigerter materieller Konsum keine höhere Lebensqualität nach sich ziehe. Hier verweist Fromm auf volkswirtschaftliche Theorien zu einer »Wirtschaft ohne Wachstum«. Außerdem müsse eine neue Gesellschaft die Existenzgrundlage eines jeden Einzelnen sichern, ohne ihn von Behördenwillkür abhängig zu machen, ihm also letztlich ein bedingungsloses Grundeinkommen zusichern. Der »neue Mensch« müsse verstehen und annehmen, dass niemand (und nichts) außer ihm selbst dem Leben einen Sinn gibt, so Fromm. Ein »gesunder und vernünftiger Konsum«, der sich am menschlichen »Wohl-Sein« orientiert, sei das Ziel.[27]

Eine gemeinsame Lehre zieht sich von den antiken Stoikern über die christlichen Mystiker, die Transzendentalisten wie Emerson und Thoreau, den Befreier Indiens, Mahatma Gandhi, zu den modernen Philosophen wie Erich Fromm und spirituellen Lehrern wie Eckhart Tolle: sich von überflüssigen Dingen zu befreien, im Jetzt ein gutes, einfaches Leben zu führen und das Glück nicht in übermäßigem Konsum oder der Anhäufung von Kapital zu suchen. Zu begreifen, dass sich alles ständig wandelt und es im Universum keine Sicherheit außer dieser Tatsache geben kann – und ihre Schönheit zu begreifen. Zen Style ist die Essenz all dieser Lehren.

Die ewige Weisheit

Schon im 16. Jahrhundert prägte ein italienischer Bischof den Begriff der *philosophia perennis* und meinte damit eine Art gemeinsamen Kern aller Weltreligionen. Später wurde er vom Philosophen Gottfried Wilhelm Leibniz aufgegriffen. Leibniz glaubte, dass die »ewige Philosophie« und deren Wahrheiten bereits von den alten Weisen ausgedrückt worden waren. Nach seiner Auffassung bestand die Aufgabe der zeitgenössischen Gelehrten in erster Linie darin, diese Wahrheiten aus ihren Schriften herauszuarbeiten und in ein zeitgemäßes sprachliches Gewand zu kleiden.

Genau dies begriff auch der Schriftsteller Aldous Huxley als seinen Auftrag. Er definierte die *philosophia perennis* als die »konvergierende religiöse Weisheit aller Kulturen«[28]. Dabei ging es ihm nicht um konkrete Praktiken, sondern um die allgemeine Erkenntnis, dass es einen allumfassenden Weltgeist gebe – in den Religionen Gott, Allah, Brahman, Tao, Shiva oder Jahweh genannt –, der unseren Sinneswahrnehmungen unzugänglich sei. Deswegen würden sich die meisten Menschen in einem Zustand des Getrenntseins von ihm befinden, was wiederum zu Leiden führe. Indem wir uns mit unserem Inneren beschäftigen, würden wir jedoch die Verbindung zum Weltgeist wiederfinden können, etwa durch Meditation oder Kontemplation. Am Ende dieser Entwicklung stehe die vollständige Befreiung vom egozentrischen Denken.[29]

Huxley war 1937 als britischer Kriegsgegner in die Vereinigten Staaten ausgewandert. Mit ihm kam sein Freund, der Autor Gerald Heard, der ihn in Kontakt mit Spiritualität, Meditation und vegetarischer Ernährung brachte. In Kalifornien lernte Huxley den indischen Lehrer Jidda Krishnamurti kennen, der auf einer Selbstversorgerfarm nördlich von Los Angeles lebte. Sie waren sich einig in ihrer starken Ablehnung von Krieg und Nationalismus und wurden darüber enge Freunde. Außerdem wurde Huxley Mitglied in der von einem indischen Mönch gegründeten Vedanta Society of Southern California. Bis zu seinem Tod 1963 lebte er in Los Angeles.

Obwohl er mit dem Hinduismus und Buddhismus sympathisierte, blieb Huxley sein Leben lang Agnostiker und scheute jeden institutionalisierten Glauben. Seine Weltanschauung legte er im 1946 erschienenen Buch *The Perennial Philosophy* dar, in dem er Gemeinsamkeiten westlicher und östlicher Mystik herausarbeitete – zwischen den Schriften des Taoismus und des Mahayana-Buddhismus, der Vedanta und den Sufis, den katholischen Mystikern des späten Mittelalters (allen voran Meister Eckhart), den Radikalreformern und frühen Quäkern im 16. und 17. Jahrhundert.

Die meisten dieser Lehren rufen zu Achtsamkeit, Gewaltlosigkeit und zu mitfühlendem Handeln gegenüber allen Lebewesen auf. Nach dem Zweiten Weltkrieg suchten Intellektuelle im Westen unter dem direkten Eindruck der erlebten Gräuel Zuflucht in solchen Gedanken – so zum Beispiel auch der Schriftsteller J. D. Salinger, der als Soldat zwei Jahre lang an der Front gekämpft hatte. Auch wenn man von Salinger wegen seiner zurückgezogenen Lebensweise generell wenig Kenntnis hat, so weiß man aus seinem Werk und den Berichten von Familienmitgliedern, dass er sich intensiv mit indischer Philosophie und Zenbuddhismus beschäftigte. In seinem Hauptwerk *Der Fänger im Roggen* spielen diese Einflüsse noch keine Rolle; in seinem Spätwerk jedoch treten sie umso deutlicher hervor. Die beiden Erzählungen *Franny* und *Zooey*, die 1955 und 1957 im *New Yorker* veröffentlicht wurden, zeigen in vielen kleinen philosophischen Referenzen, womit Salinger sich in dieser Zeit beschäftigte. Angeblich soll er sich sogar ein spezielles Meditationskissen angefertigt haben, um im Lotussitz an seiner Schreibmaschine sitzen zu können.

Aldous Huxley hatte versucht, einen gemeinsamen philosophischen Nenner für eine weltweite Gemeinschaft von Pazifisten und Humanisten herauszuarbeiten, die das Jahrhundert der Weltkriege überwinden wollten. Schon um die Jahrhundertwende hatte es Bewegungen gegeben, die sich dem immer mehr Lebensbereiche dominierenden kapitalistischen Konsumgeist widersetzten, der seit der industriellen Revolution die westlichen Gesellschaften durchzog. Hierzu zählen beispielsweise die sogenannten Lebensreformer um den Maler Karl Wilhelm Diefenbach. Sie lebten vegetarisch, praktizierten Yoga und beschäftigten sich mit Naturheilkunde und ökologischer Landwirtschaft. In der Nazizeit wurden diese Bemühungen teilweise verboten, teilweise ideologisch vereinnahmt. Viele Lebensreformer wanderten in die USA aus.

Erst nach Ende des Zweiten Weltkrieges tauchten ihre Ideen wieder auf, diesseits wie jenseits des Atlantiks. In den 1950er-Jahren wurde die amerikanische Literatur von den Beatpoeten dominiert, einem losen Verbund von Dichtern und Autoren, die durchs Land trampten, Jazzmusik hörten, sich dem bürgerlichen Leben verweigerten und Zenbuddhismus praktizierten. Der Schriftsteller Jack Kerouac nannte seine Dichterfreunde und deren Boheme-Umfeld liebevoll die »Zen Lunatics«. Sie verfolgten nicht den amerikanischen Mittelklassetraum aus Karriere, Einfamilienhaus und den immer gleichen Fernsehsendungen. Stattdessen lebten sie in Hütten, meditierten, feierten Orgien und wanderten mit dem Rucksack durchs Land.

Japhy Ryder, die Hauptfigur seines Schlüsselromans *The Dharma Bums*, war Kerouacs Freund Gary Snyder nachempfunden. Ryder lebt in einer 13-Quadratmeter-Hütte in Berkeley und führt ein nahezu mönchisches Leben ohne Eigentum. Er schläft auf Strohmatten, hat sich einen Tisch aus Obstkisten gebaut, trägt Secondhandkleidung von der Heilsarmee und übersetzt chinesische Gedichte. Seine Vorbilder sieht Ryder in den fernöstlichen Zenmeistern, und er verweigert sich dem ewigen Kreislauf aus Arbeit und Konsum, jener deprimierenden Tretmühle, in der wir uns alle irgendwann gefangen sehen, wenn wir an den kapitalistischen Traum glauben.

Gary Snyder war einer der jungen Schriftsteller, die von den buddhistischen Essays von D. T. Suzuki beeinflusst waren. 1952 schrieb er sich an der Universität von Berkeley ein, um dort orientalische Sprachen zu studieren. Er las chinesische und japanische Gedichte und beschäftigte sich mit den Verbindungslinien zwischen Maoismus, Buddhismus und Hinduismus. Er las Gandhi, Thoreau und Kropotkin, doch noch viel wichtiger war für ihn die direkte Erfahrung der Lebenskraft, die er durch die Aufnahme einer intensiven Meditationspraxis erfuhr.

Die Beatpoeten um Kerouac und Snyder beeinflussten auch die nachfolgenden Generationen amerikanischer Schriftsteller. Unter diesen befand sich ein junger Mann namens Peter Matthiessen, der Mitte der 70er-Jahre seinen Freund, den Biologen George Schaller, auf einer Himalaja-Expedition in die entlegene Dolpo-Region im Nordwesten Nepals begleitete. Die Forschungsreise zur Beobachtung von Blauschafen und Schneeleoparden sollte nur einige Wochen dauern, zog sich jedoch aufgrund verschiedener Komplikationen über zweieinhalb Monate hin. Über die Expedition schrieb Matthiessen das preisgekrönte Reportagebuch *Der Schneeleopard* – eins der wichtigsten spirituellen Bücher, die ich je gelesen habe.

Kurz vor der Abreise nach Nepal war Matthiessens erste Frau Deborah an Krebs gestorben. Ihre zehnjährige Beziehung war von vielen Höhen und Tiefen gekennzeichnet gewesen, mehr als einmal standen sie kurz vor der Scheidung. Doch als Deborah die Diagnose bekam, rückten sie für ein paar Monate noch einmal so eng zusammen wie nie zuvor. Gemeinsam entdeckten sie den Zenbuddhismus, wobei Deborah mit größerer Ernsthaftigkeit praktizierte als ihr Mann.

In der Trauerphase nach ihrem Tod kommt die Einladung Schallers, mit ihm in den Himalaja zu reisen. Was für Schaller eine Forschungsreise ist, stellt für Matthiessen eher eine Pilgerfahrt dar. In Nepal trägt er eine Ausgabe des *Bardo Thödol* mit sich: *Das Buch vom Leben und vom Sterben* – auch als *Tibetisches Totenbuch* bekannt – ist eine Kernschrift des tibetischen Buddhismus aus dem 8. Jahrhundert. Als er von einem nepalesischen Biologen gefragt wird, warum er eigentlich auf die Reise mitgekommen sei, kann Matthiessen diese Frage nicht beantworten. Die Blauschafe und Schneeleoparden allein sind es nicht.

Tagsüber haben Matthiessen und Schaller gut zu tun: Die steilen Wege durch Westnepal sind beschwerlich, das Wetter zum Ende der Monsunzeit unberechenbar, die lokalen Träger unzuverlässig. Die Wanderer kämpfen mit Schneeblindheit und Höhenkrankheit. Abends, in ihren Zelten, versucht sich Schaller als Haikudichter, während Matthiessen das alte Wissen aus Indien und Tibet studiert. Am nächsten Morgen müssen beide sich trotzdem wieder damit auseinandersetzen, dass ein Bergpass gesperrt oder eine Gruppe Träger desertiert ist.

Schaller, den Matthiessen als autistischen Einzelgänger porträtiert, übernimmt die Rolle des streng rationalen Wissenschaftlers. Matthiessen hingegen sucht den Rückgriff auf alte Weisheit, die jenseits der reinen Verstandeswelt zu finden ist. So wird Schaller manchmal zum Sprachrohr des skeptischen Lesers, der die indische und chinesische Mystik für unvereinbar mit unserer Wirklichkeitserfahrung hält.

Matthiessen entgegnet, dass die moderne Wissenschaft uns heute lediglich lehre, was die indische Veda der Menschheit schon seit 3000 Jahren vermittelt: Wir sehen das Universum nicht so, wie es ist, sondern sitzen einer kollektiven Illusion auf – erschaffen durch unser Bewusstsein, das der Erfahrung des Lebens erst den gemeinsamen Nenner verleiht. Die sinnlich erfahrbare, wissenschaftlich messbare Welt sei mithin nur ein kleiner begrenzter Ausschnitt der

Wirklichkeit. Die Meditation ermögliche uns dabei durch jahrelanges intensives Training, für einen kurzen Moment durch einen kleinen Türspalt einen Blick auf den Rest der Wirklichkeit zu erhaschen.

Nach einigen Monaten trennen sich die Wege von Matthiessen und Schaller. Letzterer versucht weiterhin, einen Blick auf einen Schneeleoparden zu erhaschen; Matthiessen wird spätestens auf dem Rückweg klar, dass es ihm auf dieser Reise nicht um die seltenen Tiere, sondern um die Verarbeitung von Deborahs Tod geht. Nach seiner Rückkehr lässt sich Matthiessen mit seiner zweiten Frau auf Long Island nieder und wird Zenmeister.

10
Praktische Philosophie

Als der japanische Landwirt und Philosoph Masanobu Fukuoka noch jung war, arbeitete er als Laborwissenschaftler in Yokohama. Eines Tages erlebte er eine Erweckung. In diesem Moment verstand er, dass menschliches Wissen und Bemühen vollkommen unbedeutend sind. Ihm wurde klar, dass alle Ideen und Begriffe, ja all die Konzepte, die ihm bis dahin vermeintlichen Halt gegeben hatten, nichts als Erfindungen des Menschen waren. Doch anstatt nun plötzlich in ein tiefes Loch zu fallen und depressiv zu werden, tanzte Fukuoka vor Freude. Denn mit einem Mal verschwanden nicht nur die Illusionen, sondern auch die Zweifel und Fragen, die ihn so lange umgetrieben hatten. Ihm offenbarte sich etwas, was er als die »wahre Natur« des Lebens begriff.

Fukuoka kündigte seinen Job und reiste eine Zeit lang ziellos umher, um seine Erkenntnisse als Wanderprediger weiterzugeben. Doch er scheiterte am Desinteresse seiner Landsleute. Enttäuscht zog er sich auf den Hof seines Vaters auf der einsamen südjapanischen Insel Shikoku zurück. Dort begann er ein einfaches Leben als Zitrusfrucht- und Getreidebauer und entwickelte die Landwirtschaftslehre der Permakultur, die auf alten Prinzipien aus dem Taoismus und Zenbuddhismus beruht.

Nach seiner Erfahrung als Wanderprediger ging er davon aus, dass es ein besserer Weg sei, seine Philosophie ganz einfach zu praktizieren, anstatt die Menschen intellektuell von ihr überzeugen zu wollen. In den nächsten Jahrzehnten wurde der Landwirt zu einem international angesehenen Autor und Philosophen. Aus der ganzen Welt pilgerten Menschen zu seinem Hof auf Shikoku, um von ihm die Prinzipien der Permakultur zu lernen. Und wenn sie ihm genau zuhörten, lernten sie nicht nur etwas über Gemüseanbau, sondern auch etwas über das Leben und die Welt.

Heute findet Philosophie fast ausschließlich im akademischen Elfenbeinturm statt. Wer nicht zumindest ein geisteswissenschaftliches Fach studiert hat, wird philosophischen Debatten nur selten in der Tiefe folgen können. Wenn sich ein*e Philosoph*in einmal herablässt, in einem gewöhnlichen Zeitungsfeuilleton einen Text zu veröffentlichen, so wird nur eine geringe Zahl von Leser*innen überhaupt verstehen, wovon sie spricht. Und hier reden wir nur von den Leser*innen, die öfter mal ein Feuilleton in die Hand nehmen.

Dem Zenbuddhismus ist jegliche Bildungshuberei fremd. Obwohl es immer heißt, Zen sei mystisch, paradox und irrational, sind viele Zentexte sehr leicht zugänglich, und die meisten Autoren bemühen sich um eine einfache, wenn auch exakte Alltagssprache.

Der japanisch-amerikanische Zenautor Philip Toshio Sudo schrieb am liebsten über ganz alltägliche Dinge, zum Beispiel die tägliche Wäsche. Denn diese ist eine schöne Metapher für das Leben: Wir sind niemals »fertig« mit ihr, denn immer wartet schon die nächste Wäsche auf uns. Wir nehmen jeden Tag neue Kleidung aus dem Schrank, tragen sie, verschmutzen sie und werfen sie abends in den Wäschekorb, von wo sie in die Maschine gelangt. Es ist ein Kreislauf, der niemals unterbrochen wird, solange wir Kleidung tragen. Es ist Zen.

Sudo schrieb auch über die Dusche und den Toilettengang, über das Kochen, Putzen, Geschirrspülen und den Müll zu entsorgen. Undogmatisch erklärte er, warum der Zenschüler die Zeit, in der er fernsieht, auf ein Minimum beschränken und er nicht sofort aufspringen sollte, nur weil das Telefon klingelt. Er schrieb darüber, warum Zenschüler für ihre Arbeit immer dankbar sein sollten: Immerhin verschafft sie uns Wohnung und Nahrung, zwei der wichtigsten Bedürfnisse jedes Menschen. Sudo empfahl uns daher, unsere Arbeit niemals gering zu schätzen. Er sah sie als festen Bestandteil eines spirituellen Lebenswandels.

Dieser praktische Ansatz verbindet den Zenbuddhismus mit einer antiken Philosophieschule, die für fast 2000 Jahre ein wenig aus der Mode gekommen war: der Stoa. Tatsächlich kann man bei genauerer Betrachtung erstaunliche Parallelen zwischen beiden Geistesschulen feststellen, die sich unabhängig voneinander im Westen und im Osten entwickelt haben.

Man muss dazu wissen, dass die Philosophie in der Antike noch keine sterile Wissenschaft war, die hinter hohen Universitätsmauern betrieben wurde und zu der gewöhnliche Bürger keinen Zugang hatten. Im Gegenteil: Philosophenschulen lehrten ganz normale Menschen, was es ihrer Ansicht nach hieß, ein gutes Leben zu führen. Dabei konkurrierten die Lehrer stark miteinander und buhlten regelrecht um ihre Schüler, ähnlich wie es heutige Gurus und Lifecoaches mit ihren Onlinekursen, Workshops und Vortragsreihen tun.

Die Stoa hatte auf den ersten Blick keine attraktiven Lebensregeln entwickelt. Im Gegensatz zu den Kyrenaikern, die schon damals für einen mehr oder weniger aufgeklärten Hedonismus standen, wirkten ihre praktischen Anweisungen eher asketisch. Ihr Reiz erklärt sich daraus, dass sie eine praktische Lebensphilosophie war, deren Schwerpunkt nicht auf wissenschaftlichem Erkenntnisgewinn, sondern auf ihrer Umsetzung im täglichen Leben lag. Sie bot ihren Anhängern eine kohärente Lebensphilosophie mit klaren Regeln.

Im Kern ging es den Stoikern darum herauszufinden, wie man glücklich und erfüllt leben kann. Sie glaubten nicht, dass das Streben nach materiellem Reichtum und gesellschaftlichem Ansehen zum Glück führen könne. Es war ihren Schülern keineswegs untersagt, berühmt oder wohlhabend zu werden, doch sollte beides nie das Hauptziel ihrer Bemühungen sein. Stattdessen sollten sie ein tugendhaftes, maßvolles Leben im Einklang mit der Natur führen, ihren sozialen Pflichten nachkommen und dem Gemeinwohl dienen. Sie wollten negative Gefühle und Gedanken hinter sich lassen und durch Vernunft und Tugend zu einem positiven Leben finden. Ärger, Wut, Neid, Enttäuschung, Angst oder Trauer sollten nicht etwa unterdrückt werden, sondern nach Möglichkeit gar nicht erst aufkommen. Erklärtes Ziel war es, sich über weite Strecken des Lebens in einem Zustand der Freude und des Glücks zu befinden – ohne diesen auf weltlichen Genuss zu beziehen oder sich gar von ihm abhängig zu machen.

Wie das in der Praxis aussah, darüber gibt es sehr unterschiedliche Berichte. Jedenfalls lebten die Stoiker, wenn auch in verschiedenen Abstufungen, eher sparsam und bescheiden. Der als Sklave geborene Philosoph Epiktet zählte kaum mehr als einfaches Essen, schlichte Kleidung und eine simple Behausung zu den Notwendigkeiten eines glücklichen Lebens und lebte damit fast wie ein buddhistischer Mönch. Sein wohlhabender und einflussreicher Kollege Seneca war dagegen in diesem Punkt nicht ganz so strikt: Er lebte zeitweilig im Kaiserpalast, später auf einem Weingut nordöstlich von Rom, arrangierte sich jedoch auch acht Jahre lang mit dem abgeschiedenen Exil auf Korsika.

Jegliche Form von Luxus war den Stoikern suspekt. Dabei waren sie aber nicht so radikal wie die Kyniker, eine andere antike Philosophenschule, die ein Leben in faktischer, selbst gewählter Armut pries. Die Stoiker rieten nicht zum absoluten Verzicht, aber hin und wieder entsagten sie bestimmten Annehmlichkeiten, ohne dass hierfür eine Notwendigkeit bestand. Zum Beispiel schliefen sie eine Nacht auf dem harten Boden, obwohl eine weiche Matratze verfügbar war. Diese Askeseübung sollte Disziplin, Dankbarkeit und Selbstgenügsamkeit lehren.

Generell beschäftigten die Stoiker sich wenig mit der Vergangenheit. Sie akzeptierten und würdigten den gegenwärtigen Moment und richteten ihre Gedanken auf den einzigen zeitlichen Bereich, den sie beeinflussen konnten: die Zukunft. Außerdem beschäftigten sie sich nicht mit den Rahmenbedingungen, die sich ihrem direkten Einfluss entzogen, und dafür mehr mit den eigenen Gedanken und Einstellungen, die sie in größerem Maß kontrollieren konnten.

Auch wenn sie generell ein positives Menschenbild pflegten, rieten sie davon ab, sich mit Menschen zu umgeben, die nicht die eigenen Werte teilen oder negative Charakterzüge wie ausgeprägtes Selbstmitleid oder Missgunst tragen. Ihre Lehre untersagte es auch, sich an Klatsch, Gerüchten und übler Nachrede zu beteiligen oder darüber nachzudenken, was andere von einem halten. Auf Angriffe, Beschimpfungen oder Beleidigungen reagierten sie entweder gar nicht oder höchstens mit Humor.

Die Stoiker waren keine Missionare. Epiktet wies seine Schüler an, in ihrer Praxis so unauffällig und unaufdringlich zu sein, dass andere sie niemals als Stoiker (nicht einmal als Philosophen) erkennen würden. Auch Sokrates, der zwar kein Stoiker, aber in dieser Hinsicht Epiktets Vorbild war, hielt sich bezüglich seiner Weltanschauung öffentlich äußerst bedeckt. Seneca schrieb einmal: »Ziehe dich in dich selbst zurück, so viel du kannst; verkehre mit denen, die dich besser machen, und verstatte solchen den Zutritt, die du besser machen kannst.«[30]

Zu den berühmtesten Stoikern gehört Marc Aurel, den wir heute den »Philosophenkaiser« nennen. Obwohl ihm als Kaiser des Römischen Reichs alle weltlichen Genüsse offenstanden, lehnte er Prunk und Ruhm weitgehend ab. Statt für Leidenschaft und Genuss stand er für Vernunft, Gemeinwohl und Selbstdisziplin. Er mochte keine Angeberei und legte auf materiellen Besitz keinen übermäßigen Wert. Schon sein Lehrer, der Stoiker Rusticus, habe ihn »vor jedem rhetorischen und poetischen Wortgepränge, jeder Schönrednerei, vor Kleiderluxus und all derartigem«[31] bewahrt, wie er in seinen *Selbstbetrachtungen* schreibt.

Von seinem Adoptivvater, dem Kaiser Antoninus Pius, berichtet Marc Aurel, dass er maßvoll genießen, aber auch entbehren konnte. Ein Herrscher ohne Hochmut sei er gewesen, der den üblichen Prunk römischer Staatsoberhäupter abgelehnt und stattdessen wie ein einfacher Privatmann gelebt habe. In den *Selbstbetrachtungen* bezeichnet Marc Aurel weltliche Güter wie Reichtum und Status als »Scheingüter« und verweist auf Werte wie Gerechtigkeit, Genügsamkeit und Dankbarkeit: »Tue weniges, (...) wenn du zu innerem Frieden gelangen willst. (...) Frage dich drum bei allem: Gehört dies zu den unnötigen Dingen? Aber man muss nicht nur unnütze Handlungen, sondern auch unnütze Gedanken vermeiden; so allein werden diesen keine unnützen Taten folgen.«[32]

Marc Aurel nannte Epiktet einen der wesentlichen geistigen Einflüsse für seine Philosophie. Dieser hatte keine Bücher geschrieben, aber sein Schüler Arrian hatte das *Handbüchlein der Moral* und insgesamt acht Bücher voller *Unterredungen* aufgezeichnet. Wenn man diese Texte liest, vergisst man leicht, dass sie über 2000 Jahre alt sind. Auch Epiktet war der Ansicht, dass Reichtum und Status weder zu Glück noch zu innerer Freiheit führen. Er riet dazu, dass die Menschen sich auf die Dinge konzentrieren sollten, die sie beeinflussen und lenken können: ihr Denken und Handeln, ihre Begierden und Abneigungen. Letztere sollten bewusst gezügelt werden, denn beide können zu Unglück führen – Begierden, wenn sie unerfüllt bleiben; Abneigungen, wenn man mit dem Objekt der Abneigung konfrontiert wird. Beides können wir oft nicht kontrollieren.

Stolz könne man nicht auf Besitz sein oder auf andere Dinge, die einem nicht dauerhaft gehören, sondern nur darauf, im Einklang mit den eigenen Werten zu leben. Auf öffentliches Ansehen und die Meinung anderer Menschen über einen selbst solle man keinen Wert legen – weder auf Anerkennung noch auf Abwertung. In der Öffentlichkeit solle man stets eine würdige und gesetzte Haltung bewahren, ohne schroff zu sein. Man solle die meiste Zeit über schweigen und nur sprechen, wenn es notwendig ist, nicht oft lachen (und wenn, dann nicht zu laut) und niemals prahlen, auch nicht mit Bescheidenheit. Seine Schüler wies Epiktet an, nicht zu klagen und zu jammern, nicht zu lügen und ihre Ehefrauen nicht zu betrügen. Das Glück suchte Epiktet nur in sich selbst und in der Natur. »Verlange nicht, dass alles so geschieht, wie du es willst«, lehrte er, »sondern wolle, dass alles so geschieht, wie es geschieht, und du wirst in Frieden leben.«[33]

Seneca ergänzte die Lehren Epiktets noch, indem er feststellte, dass es im Leben nicht darum gehe, perfekt zu sein, sondern sich lediglich ernsthaft zu bemühen und zu streben. Er beobachtete, dass viele Römer ihr Leben mit der Befriedigung von Begierden füllten, mit Gier, Neid und Ehrgeiz, mit übertriebener Geschäftigkeit, dem Sammeln von Gegenständen, dem Betrachten von Wettkämpfen, mit Körperpflege, Spielen und Sport, mit unbedeutender Kunst, sinnlosen Forschungen und dem Anhäufen von unnützem Wissen. Seneca hielt all das für Verschwendung. Stattdessen plädierte er für ein Leben in Muße. Die erstrebenswerte Gemütsverfassung der *euthymia* (etwa: »Seelenruhe«) könne man nur erreichen, indem man zunächst die Vergeblichkeit allen Wollens erkennt, jedoch ohne darüber lebensmüde zu werden. Stattdessen empfahl er ein streng geregeltes Leben nach den eigenen Grundsätzen: Ordnung und Mäßigung, Anstand und Disziplin, Pflichtgefühl und Verzicht. Man müsse sich mit den gegebenen Verhältnissen arrangieren und stetig an sich selbst arbeiten. Nur durch praktische Übung könne ein Gleichgewicht der Seele erreicht werden.

So erstaunlich es ist, dass diese lebensklugen Weisheiten bereits vor über 2000 Jahren im antiken Rom und Griechenland wie auch in Indien, China und später Japan kursierten, so merkwürdig ist es, dass sie in den folgenden Jahrhunderten zumindest im Westen keine Rolle mehr spielten. Gleichzeitig scheint diese alte Philosophie heute so praktisch und lebensnah, dass sie zwei Jahrtausende nach ihrer Blütezeit eine Renaissance im Internet erlebt: Blogs wie The Daily Stoic sind seit Jahren extrem populär, das gleichnamige Buch des Promicoaches Ryan Holiday befand sich monatelang in den Bestsellerlisten. Auch in Tom Wolfes zweitem Roman *A Man in Full* entdeckt der junge Protagonist die Texte der stoischen Philosophen und findet darin nicht nur Halt und Kraft, sondern Lebensregeln, die ihm im weiteren Verlauf seines Lebens zum Glück verhelfen. Es scheint, als wären die alten Stoiker einem Geheimnis auf der Spur gewesen, das heute noch verfängt.

Wahre Lebenskunst

Die Philosophie der Stoa war nach Marc Aurels Tod für lange Zeit nicht mehr besonders relevant. Erst im 19. Jahrhundert gab es eine literarische Bewegung, die von ihr inspiriert wurde. Wir nennen sie heute die Transzendentalisten, nach dem Transcendental Club, den ihr Begründer, der Schriftsteller Ralph Waldo Emerson, ins Leben gerufen hatte. Zu den Mitgliedern gehörte auch Henry David Thoreau.

Die Transzendentalisten strebten nach der *art of life*, doch waren sie keine reinen Hedonisten. Lebenskunst bedeutete für sie nämlich nicht, sich nur dem Genuss und der Schönheit zu widmen, sondern ihr eigenes Leben durch Lektüre und Arbeit an sich selbst zu einem Kunstwerk zu formen. Sie lasen nicht, um sich zu zerstreuen und zu unterhalten, sondern um zu lernen und sich zu entwickeln.

Einem streng religiösen Elternhaus in New England entstammend, studierte Ralph Waldo Emerson in Harvard und wurde zunächst selbst Priester. Später wandte er sich von der Kirche ab, hielt Vorträge an Universitäten und veröffentlichte philosophische Schriften, etwa seinen zentralen Essay *Natur* aus dem Jahr 1854. Auch wenn er der Zivilisation nie ganz den Rücken kehrte, entzog er sich doch immer wieder für kurze oder auch längere Zeit gesellschaftlichen Verpflichtungen und Ablenkungen, ähnlich wie wir es heute noch bei einem Meditationsretreat oder Zensesshin machen.

Natur gilt gemeinhin als wichtigstes Manifest des Transzendentalismus – ein schwer verständlicher, komplexer und kunstvoller Haufen von Aphorismen, der auf den Laien beinahe unzusammenhängend wirkt. Im letzten Abschnitt mit dem Titel »Ausblicke« beschreibt Emerson einen Grundsatz der stoischen wie auch der indischen und chinesischen Philosophie: Das Wesen der Dinge liegt im (vermeintlich) Einfachen. Merkmal der Weisen sei es, »das Wunderbare im Alltäglichen zu sehen«. Nicht die »prunkenden Fabeln« der Menschen, sondern die Tatsachen seien die »wahre Poesie«: »Diese Wunder liegen vor unserer eigenen Tür.«[34] Um einen tieferen Sinn im Leben zu finden, müsse man daher einfach und spartanisch leben – ohne Exzess, nur auf das Wesentliche konzentriert, mit und in der Natur. Jeder Mensch könne sich seine eigene Welt konstruieren, so Emerson – ganz unabhängig davon, ob man ein Handwerk ausübe, einen Hof bewirtschafte oder Forschung betreibe. Nicht der Ruf in der Gesellschaft oder der äußere Schein sei wichtig, sondern es gehe ausschließlich darum, das eigene Leben »mit der reinen Idee in deinem Geist in Einklang zu bringen«[35].

Gerade sein Aufruf, man solle sich seine eigene Welt bauen, fiel im gespaltenen Amerika kurz vor dem Bürgerkrieg auf fruchtbaren Boden. Es heißt, dass Henry David Thoreau diese Idee auf ihre Praxistauglichkeit testen wollte. Er zog sich für zwei Jahre aus der Gesellschaft zurück und lebte einsam in einer selbst gezimmerten, spartanischen Holzhütte am Waldensee, nur mit dem Allernötigsten ausgestattet.

Allein am See, wollte er herausfinden, was ihn wirklich glücklich macht. In den zwei Jahren bewegte sich Thoreau achtsam im Wald, beobachtete die Tiere, baute Gemüse an, sammelte Beeren und angelte Fische, hin und wieder empfing er Besuch. Nicht zuletzt las er Bücher, vor allem die antiken Klassiker von Homer oder Vergil. Man könnte sagen, dass Thoreau mit seinem Roman *Walden*, den er über diese Zeit schrieb, so etwas wie die moderne Blaupause zum einfachen Leben schuf.

Was eine derartige Existenzform, die uns zurück in Kontakt mit der Essenz bringt, in letzter Konsequenz konkret bedeuten kann, veranschaulicht uns auch die außergewöhnliche Lebensgeschichte von Helen und Scott Nearing. Die Nearings verließen New York Anfang der 1930er-Jahre, als die Große Depression die USA schüttelte, um auf eine Farm in Vermont zu ziehen. Die überzeugten Antikapitalisten, Pazifisten und Vegetarier sehnten sich nach einem autarken Leben als Selbstversorger. Ihren Lebensunterhalt sicherten sie durch eine kleine Produktion von Ahornsirup (und später Blaubeeren) im Direktvertrieb. 20 Jahre später, als Vermont langsam, aber sicher von Skitouristen überrannt wurde, zogen sie noch einmal um, in eine noch einsamere Gegend: Maine. Dort lebten sie bis ans Ende ihrer Tage zurückgezogen im Einklang mit ihren Werten. Scott wurde 100 Jahre alt und beendete sein Leben dann selbstbestimmt, indem er die Aufnahme von Nahrung verweigerte. Helen, die 20 Jahre jünger als Scott war, starb mit 91 bei einem Autounfall.

Über die Jahrzehnte entwickelten die Nearings ein weltweites Netz von Gleichgesinnten, ab den 1960er-Jahren wurden sie von der Hippie- und Umweltbewegung gleichermaßen als Vorreiter verehrt. Ihre Farm in Maine glich zeitweise einem Wallfahrtsort. Der Beatpoet Allen Ginsberg verewigte Scott Nearing in seinem Gedicht »America«. In ihren beiden Büchern *Living the Good Life* (1954) und *Continuing the Good Life* (1979) skizzierten Helen und Scott Nearing ihre Bemühungen um ein friedliches, autonomes Leben in der Natur für potenzielle Nachahmer in großer Detailtreue.

Helen Nearing war eine außergewöhnliche Frau. Schon in den 1920er-Jahren beschäftigte sie sich mit Theosophie und indischer Philosophie, studierte Violine und reiste nach Europa und Asien. Scott Nearing, der von Haus aus eigentlich Ökonom war, bezeichnete in seinen Memoiren Laotse, Emerson und Thoreau, aber auch Marx, Tolstoi und Lenin als seine wichtigsten Lehrer. Als sie 1932 gemeinsam in Vermont ankamen, fanden sie ein Grundstück mit vielen heruntergekommenen Gebäuden, das sie von einer Witwe günstig kaufen konnten. Manche Häuser rissen sie ab oder verkauften sie, andere funktionierten sie zu Werkzeug- und Materiallagern um. Ihr neues Haupthaus bauten sie selbst, und zwar an einen großen Felsen, mit Blick auf den gegenüberliegenden Berg. Was die Inneneinrichtung anging, hielten sie sich an den Architekten Frank Lloyd Wright, der ein Ideal organischer Einfachheit propagierte. Er verbot jeglichen Wandschmuck, aber auch Teppiche und sonstige Dekorationen; bürgerliche Insignien wie Vorhänge, Tapeten und Bilderrahmen waren ihm ein Gräuel.

Ihr Haus statteten die Nearings stattdessen mit selbst gebauten Holzmöbeln aus, die überwiegend als Einbaumöbel konzipiert waren. Tapeten oder Teppiche gab es bei ihnen nicht. Die Wände zeigten Holz und nackten Beton, der Boden den einfachen Stein. Das Steinhaus hatte gute klimatische Eigenschaften für eine Gegend, in der es vier klar abgegrenzte Jahreszeiten gab: Im Sommer hielt es angenehm kühl, im Winter blieb die Wärme lange in den Räumen. Geheizt wurde mit dem Holzofen, das Holz schlugen sie auf dem eigenen Grundstück. Wasser kam aus der Quelle, Elektrizität gab es zunächst keine – Licht kam von Kerosin oder Kerzen.

Trotz des widrigen Vermonter Klimas bauten die Nearings in ihrem Garten alles Notwendige an und ernährten sich ausschließlich vegetarisch, regional und saisonal. Sie pflegten ihren Garten nach Prinzipien der Permakultur, lange bevor es diese Wortschöpfung gab. Etwa 80 Prozent ihrer Nahrung erzeugten sie selbst, ohne Einsatz von künstlichem Dünger und Pestiziden. Einmal pro Woche fuhren sie in den nächsten Ort und deckten sich mit den Vorräten und Dingen ein, die sie selbst nicht herstellen konnten. Durch die körperliche Arbeit und ganzheitliche Ernährung erfreuten sie sich bis ins hohe Alter bester Gesundheit. Worauf sie bereitwillig verzichteten: Süßigkeiten, Fleisch, Alkohol, Tee, Kaffee, Tabak, Strom, Radio, Telefon, gekaufte Möbel, extravagante Kleidung. Doch dies empfanden sie nicht als Verlust.

Sie zitierten Mark Twain, der Zivilisation »als unbegrenzte Vervielfältigung von unnötigen Notwendigkeiten«[36] bezeichnet hatte. Sie selbst waren der Ansicht, dass im Kapitalismus nur künstliche Bedürfnisse erschaffen werden, um die Menschen in einen Kreislauf aus Lohnarbeit und Konsum zu zwingen. Hier bestand eine Geistesverwandtschaft zum Denken der Beatniks. Denjenigen, die ihr eremitisches, entsagungsreiches Leben für eine abwegige Schrulle hielten, entgegneten sie auf sehr klare, rationale Weise, dass sie im Gegenteil die exzessive Verschwendung in Städten wie New York, wo sie vorher gelebt hatten, als unnatürlich empfanden. Sie begriffen sich in Vermont zum ersten Mal als selbstwirksam, als sie all die Vergeudung und den überflüssigen Konsum hinter sich lassen konnten. Sie hatten sich erfolgreich von der Abhängigkeit befreit, die uns alle im Kapitalismus an unsere Jobs und unser Leben kettet. Plötzlich hatten sie Zeit und Energie für Projekte, die ihre wahren Leidenschaften ausdrückten. Auf teure Kleidung, Industriefleisch und die Unterhaltungen am Broadway waren sie dafür gern bereit zu verzichten.

Durch ihre Projekte lernten die Nearings autodidaktisch die wichtigsten Grundsätze von Architektur und Landwirtschaft. Oft lebten bei ihnen Freund*innen und Gleichgesinnte, die für einige Tage, Wochen oder Monate blieben und ihnen bei Bauprojekten halfen. Neben der Arbeit reservierten sie genug Zeit für intellektuelle und soziale Projekte oder Müßiggang – nämlich etwa die Hälfte des Tages. Ihnen ging es nie darum, Gewinne zu erwirtschaften. Sie nahmen immer nur so viel Geld ein, wie sie zum Leben brauchten. Den Rest des Tages nutzten sie dafür, sich fortzubilden oder einfach nur das Leben zu genießen.

Die Nearings lehnten das Lohnprinzip ab und arbeiteten mit Nachbarn und Freunden stets in Kooperativen zusammen. Sie tauschten Produkte und Arbeitskraft, sodass niemand ausgebeutet wurde. Man vertraute sich, dem Leben und der Natur. Trotz ideologischer und religiöser Gräben kamen sie mit ihren Nachbarn gut zurecht. Nachdem sie festgestellt hatten, dass politische Diskussionen mit den überwiegend republikanischen Talbewohnern nirgends hinführten, veranstalteten sie an Sonntagen kurzerhand Musikstunden, bei denen man zum gemeinsamen Musizieren und Plattenhören zusammenkam.

Sie waren Idealisten, aber keine Utopisten; sie hofften zwar auf ein besseres Leben im Einklang mit ihren Werten, glaubten jedoch nicht, dass es ihnen gelingen würde, eine echte soziale Alternative zum städtischen Kapitalismus zu etablieren. Sie sahen ihr Projekt als »Notbremse«, um »Selbstachtung zu bewahren« und zu zeigen, »dass das Leben in einer sterbenden Konkurrenzgesellschaft persönlich und sozial sinnvoll, kreativ, konstruktiv und erfüllend sein kann, vorausgesetzt, dass eine ökonomische Liquidität und ein geistiges Gleichgewicht erhalten bleiben«[37].

Sowohl auf ihrer Farm in Vermont als auch in Maine empfingen die Nearings stets viele Besucher. Dabei handelte es sich oft um Suchende aus der Stadt, die von ihrem Experiment gehört hatten und neugierig auf das alternative Leben waren. In Maine waren es teilweise über 20 Besucher täglich, Tausende über das Jahr verteilt. Die Nearings lebten einen Spagat: Einerseits wollten sie in Ruhe ihrer Arbeit nachgehen, andererseits sahen sie eine moralische Verpflichtung darin, ihr Wissen und ihre Erfahrungen weiterzugeben. Allein durch ihre Bücher und Vorträge inspirierten sie unzählige Menschen – und ihre Ideen vom guten Leben wirken immer noch fort.

Das Ende der Suche

Die alten Taoisten und Zenmönche lebten asketisch in ihren Klöstern, Henry David Thoreau mit seinen antiken Klassikern in der selbst gezimmerten Holzhütte am Waldensee und die Nearings ohne jeglichen Luxus auf ihrem Selbstversorgerhof in Maine. Doch ich bin davon überzeugt, dass wir nicht zu gesellschaftlichen Aussteigern werden müssen, um ein besseres Leben zu führen als jenes, das uns der Kapitalismus verspricht. Ich glaube, dass wir uns von den Taoisten und Zenmönchen, aber auch von Thoreau und den Nearings inspirieren lassen können, um im Hier und Jetzt einen einfachen, bescheidenen Lebensstil zu wählen, der uns mit tiefer Zufriedenheit erfüllt: Zen Style.

Auch ich bin dem Heilsversprechen der Geschäftigkeit jahrelang nachgejagt. Die ersten zehn Jahre meines Berufslebens verbrachte ich damit, nach Erfolg, Ruhm, Anerkennung, Geld und Macht zu streben. Morgens fiel der erste Blick aufs glühende Display, wo bereits unzählige Nachrichten und Benachrichtigungen auf mich warteten. Tagsüber hetzte ich von Termin zu Termin, abends saß ich stundenlang am Computer, und nachts ließ ich keine vermeintlich wichtige Veranstaltung und Party aus. Ich erlebte den Aufstieg der sozialen Medien, betrieb Accounts bei Facebook, Twitter und Instagram, dazu kamen WhatsApp und andere Instant-Messenger, über die ich rund um die Uhr kontaktiert werden konnte. Stets antwortete ich auf jede Nachricht so schnell wie möglich, einfach aus Angst, eine Gelegenheit zu verpassen.

Jedes Jahr kaufte ich das neueste iPhone und schlief mit dem Telefon als Wecker auf dem Nachttisch. Ich war rund um die Uhr online und geradezu neurotisch, wenn ich mal für eine Zeit vom Internet abgeschnitten war, etwa im Flugzeug. Irgendwann schlief ich keine einzige Nacht mehr durch, befand mich in einem permanenten Zustand der Aufregung, hatte chronisch erhöhten Blutdruck und war oft grundlos traurig und deprimiert. In diesen Zuständen flüchtete ich mich in Genuss und Konsum: »gutes« Essen und teure Klamotten, Alkohol und Marihuana. Ich war übergewichtig und häufig krank. Dieser Lebensstil begann mich zu zerstören.

Nachdem ich zu grübeln begonnen und erste Erkenntnisse durch meine Recherche gewonnen hatte, versuchte ich, einen anderen Umgang mit meiner Arbeit und meinem Leben zu finden. Bald merkte ich, dass sich etwas veränderte, was nicht mehr rückgängig zu machen war. Es dauerte nur etwa ein Jahr, dann kündigte ich meinen nervenaufreibenden Job. Mir wurde immer deutlicher bewusst, dass ich mich zuletzt auf die falschen Ziele fokussiert hatte. Und wenn wir in unserem Leben immer wieder auf die gleichen Probleme stoßen, kann uns das veranlassen, neue Lösungen zu probieren. Die tröstende Botschaft: In unserer Suche nach Bewältigungsstrategien sind wir nicht allein. Seit

Jahrtausenden beschäftigen sich Menschen mit denselben Fragen. Wir müssen ihnen nur zuhören.

Um diese Erkenntnis zu gewinnen, müssen wir zum Glück nicht mehr für Jahre in eine einsame Blockhütte ziehen. Ich selbst lebte während meines gesamten Reduktionsprozesses weiterhin in der Großstadt, arbeitete weiterhin in der Musik- und Medienindustrie und nahm auch weiterhin am gesellschaftlichen Leben teil – wenn auch mit bewusst gewählten Einschränkungen.

Was sich veränderte, waren vor allem innere Tatsachen wie meine Einstellung und meine Prioritäten. Früher hatte ich nach finanziellem Erfolg, beruflicher Anerkennung und privatem Lebensglück gestrebt, doch nichts davon wollte sich dauerhaft einstellen. Obwohl ich immer gestresst war und viel arbeitete, verdiente ich nie außergewöhnlich viel Geld. Zeitweise bekam ich durchaus Anerkennung für meine Arbeit, doch der bescheidene Ruhm trug wenig zu meiner langfristigen Zufriedenheit bei. Obwohl ich mir nichts sehnlicher wünschte, als in einer festen Beziehung glücklich zu sein, musste ich mir schließlich eingestehen, dass meine erste Ehe gescheitert war. Erst als ich die Suche aufgab, schienen mir Erfolg, Anerkennung und Glück automatisch zuzufliegen. Die Buddhisten haben dazu ein schönes Sprichwort: Wenn der Schüler bereit ist, erscheint der Lehrer.

Als in meinem Leben einmal alles, also wirklich alles, ins Wanken geraten war und ich mich mitten in einer handfesten Sinnkrise befand, landete ich eines Abends auf einem Lifestyleblog mit dem Titel »Zen Habits«. Dort schrieb der kalifornische Autor Leo Babauta in einfacher, klarer Sprache über eine neue Bewegung, die mich auf Anhieb magisch anzog: Minimalismus. Downsizing. Voluntary Simplicity. Simple Living. Life Edited. Schlagworte, die mich in meiner Verfassung komplett erreichten. Die vage Vorstellung, den ganzen unnötigen und überflüssigen Krempel in meinem Leben endgültig hinter mir zu lassen, und zwar auf allen denkbaren Ebenen, schien mir unendlich reizvoll.

Ich recherchierte weiter und stellte fest, dass Babauta nur die Spitze des Eisbergs war und die Minimalismusbewegung im Internet schon seit einiger Zeit boomte. Ich fand The Minimalists, Joshua Becker, Courtney Carver, Colin Wright und wie sie alle hießen und geriet vollkommen in den Bann und Sog ihrer Texte und Ideen. Ich verschlang über die nächsten Monate jeden Blog, jeden Artikel und jedes Buch am Markt zum Thema. Doch irgendwann spürte ich, dass ich nicht noch einen Blogeintrag über die perfekte Declutteringstrategie lesen musste, sondern die Zeit für mein eigenes großes Decluttering gekommen war. Ich wusste, dass die Zeit reif war, meinen über viele Jahre angehäuften Besitz zu großen Teilen loszuwerden, um wirklich ein neues Kapitel in meinem Leben aufschlagen zu können.

Nun saß ich also in einer plötzlich zu groß gewordenen Wohnung mit viel zu vielen Gegenständen, als dass eine einzelne Person irgendetwas damit anfangen konnte. Ich wusste, dass ich umziehen wollte, nein: musste. Und ich wollte künftig weniger Platz brauchen, allein wegen meines ökologischen Fußabdrucks. Außerdem, und das war entscheidend, erinnerten mich die meisten Dinge an mein altes Leben, das unwiederbringlich vorbei war. Es war Zeit, ins Handeln zu kommen.

Natürlich las ich die üblichen Ratgeber, auch Marie Kondos berühmtes Buch *Magic Cleaning*. Am Ende fügte ich mir aus verschiedenen Methoden meine ganz eigene, individuelle Strategie zusammen, die sich wie eine Spirale zunächst in einem großen Radius um den Kern der Sache bewegte und schließlich immer enger und enger wurde. Die ersten Tage und Wochen wanderte ich immer wieder mit großen Müllsäcken durch die Wohnung und warf alles hinein, was auf Anhieb als unnötiger Krempel zu identifizieren war, den man in keiner Weise mehr verwerten konnte: Deko-Objekte, überflüssige Papiere, abgelaufene Lebensmittel und Medikamente, unbrauchbare und beschädigte Kleidung, die nicht mal mehr für die Altkleidersammlung taugte.

Ich bekam langsam wieder Luft zum Atmen. Es wurde Frühling. Ich begann nun damit, jeden Raum und damit jeden Lebensbereich systematisch einer eigenen, sorgfältigeren Kontrolle zu unterziehen. So spendete ich einen erheblichen Teil meiner Kleidung an das Rote Kreuz. Ich zog jedes Stück aus dem Kleiderschrank, begutachtete es und prüfte, ob ich es noch gern trug. Wenn ich es in den letzten sechs Monaten nicht mehr getragen hatte, dann konnte es ganz offensichtlich weg. Alle Kleidungsstücke, die nicht mehr zu meinen Lieblingsteilen gehörten, mussten gehen.

Als Musikjournalist besaß ich Tausende CDs und auch nicht gerade wenig Vinylschallplatten, die sich über viele Jahre angesammelt hatten. Ich verkaufte sie alle über digitale Dienste wie Discogs und Momox – ein kolossales Unterfangen, das sich über Monate hinzog. Abend für Abend saß ich in meiner Wohnung auf dem Fußboden vor den Expedit-Regalen und packte schwere Momox-Kisten. Auch verkaufte ich meine immense Büchersammlung und brachte die unverkäuflichen Exemplare kistenweise zum Büchertisch oder zur Bücherklappe. Daneben scannte ich all meine Dokumente und Fotos, um die Originale bis auf wenige Ausnahmen entsorgen zu können. Ich wollte alles loswerden. Endlich frei sein.

Einen großen Teil meiner noch funktionsfähigen technischen Geräte und Möbel verkaufte ich über Kleinanzeigen im Internet. Einen kleineren verschenkte ich im Freundes- und Bekanntenkreis. Zuletzt mietete ich mir kurz vor meinem Auszug aus der alten Wohnung einen Transporter mit zwei kräftigen bärtigen Helfern und brachte die Möbel und Gegenstände, die ich nicht losgeworden war, zum Wertstoffhof. Einen Teil davon behielten die Helfer direkt ein. Es sollte mir recht sein.

Am Ende dieses Prozesses, der sich etwa drei Monate hinzog, stand ich in einer ziemlich leeren Drei-Zimmer-Wohnung in Berlin-Neukölln. Ich besaß kein Bett mehr (eine 1,40-Meter-Matratze auf dem Fußboden sollte künftig reichen), die überdimensionierte Couchlandschaft stand nun im Aufenthaltsraum einer Unterkunft für syrische Geflüchtete, der riesige Flatscreenfernseher war nach Afrika verschifft worden. Keine CD und keine DVD waren übrig geblieben, nur eine einzige Kiste mit wichtigen Platten und eine mit Büchern.

Aus dem Frühling wurde langsam Sommer. Meine Wohnung war jetzt so leer, dass es hallte, wenn ich im Flur sprach. Ich hatte eine heftige Grippe überstanden und einen furchtbaren Job gekündigt. Ich kaufte von einer Frau in Marzahn ein Herrenrad der Marke Hercules von 1983. Es hatte ihrem Vater gehört, der gerade nach längerer Krankheit gestorben war. Sie wollte es nur loswerden und gab es mir für sechzig Euro. Fast jeden Tag rollte ich damit nun in der Abendsonne über das Tempelhofer Feld, und eines Nachts fuhr ich auf dem Heimweg die Köpenicker Straße hinunter und atmete nichts als Freiheit. Die Krise lag hinter mir.

Ich fühlte mich auf einmal leicht, unbelastet und bereit für den nächsten Lebensabschnitt. In einigen Monaten würde ich mir eine neue kleinere Wohnung suchen. Ich würde neue Menschen kennenlernen und ihnen ohne Vorurteile begegnen. Ich freute mich auf das Leben, das mir jetzt bevorstehen würde.

13

Wende zum Weniger

Wie hatte es überhaupt so weit kommen können?

Die 1980er- und 1990er-Jahre, in denen ich meine Kindheit und Jugend verbracht habe, waren Jahrzehnte des ungezügelten Hedonismus. Konservative Regierungen in den USA, England und Deutschland etablierten ein politisches Klima, in dem die Wirtschaftslobby ihren Wachstumskurs immer radikaler durchsetzen konnte – ohne Rücksicht auf Verluste. Nachdem Konsumverzicht von den Subkulturen der 1950er- bis 1970er-Jahre ausgiebig diskutiert worden war, schlug das Pendel umso stärker zurück.

Wir Kinder der 1990er-Jahre wuchsen in dem Glauben auf, dass Konsum nichts Schlechtes sein kann, weil er Wohlstand bedeutet, und dass das weltweite Wirtschaftswachstum ewig weitergehen würde. Die Warnungen des Club of Rome, der bereits Anfang der 1970er-Jahre eine Erschöpfung der Rohstoffe auf der Erde vorausgesehen hatte, schienen längst vergessen. Wer sich kritisch äußerte, war eine Spaßbremse oder – schlimmer noch – ein Hippie.

Erst der Anschlag vom 11. September 2001 und vor allem die Finanz- und Wirtschaftskrise des Jahres 2008 führten dazu, dass eine ganze Generation, die im Überfluss aufgewachsen war, ihre Werte und Ziele einmal mehr überdachte. Die Krise führte gerade in den USA viele (auch junge) Menschen in die Arbeits-, Mittel- und Obdachlosigkeit. Dies war die Geburtsstunde des modernen Minimalismus.

In Paul Austers Roman *Sunset Park* von 2010 hat sich die Hauptfigur, der Endzwanziger Miles Heller, von allen Sehnsüchten und Wünschen befreit und darauf trainiert, so wenig wie möglich zu wollen, nämlich nur das für ihn Lebensnotwendigste: Essen und Bücher. Nachts liest er, tagsüber entrümpelt er zwangsversteigerte Häuser, deren Besitzer in der Bankenkrise unter die Räder gekommen sind. Damit steht er metaphorisch für eine Generation, die in ein kollabierendes System hineingeboren wurde. In Heller beschreibt Auster einen Typus des modernen Minimalisten, der die Werte der Babyboomergeneration nicht mal mehr in Zweifel ziehen muss, weil sie bereits in Scherben vor ihm liegen.

Gegen Mitte der 2010er-Jahre hatten die großen Minimalist*innenblogs längst Millionen monatlicher Leser und Abonnenten. Blogs, die ihre Leser*innen seit der Finanzkrise dazu ermuntern, sich von überflüssigem Besitz zu trennen und ihre Lebenszeit mit wichtigeren Dingen als der Anhäufung von Statussymbolen zu verbringen. Manche ihrer Betreiber*innen konnten aufgrund des Erfolgs ihrer Blogs selbst aus dem Hamsterrad aussteigen und arbeiteten fortan hauptberuflich als Autor*innen, Speaker*innen oder Coaches. Ihre Botschaft fällt bis heute auf einen fruchtbaren Boden. Minimalismus ist ein populärer Lebensentwurf, der eine Alternative zur allgemeinen Hektik und zum Mantra des Wachstums verspricht.

Minimalist*innen wollen mehr sein als Konsument*innen. Sie besitzen weniger und teilen mehr. Sie trennen sich von Dingen, anstatt sie zu horten. Sie arbeiten weniger – und leben mehr.

Boomer-Eltern mag es immer noch befremdlich erscheinen, dass ihre Kinder mit weniger als 100 Dingen in ihrem Besitz bestens auskommen. Auf sie wirken die nahezu leeren und winzigen Behausungen japanischer Minimalist*innen oder westlicher »Tiny House«-Bewohner*innen beängstigend. Wenn diese dann noch mit schicken Fotos in Lifestyleblogs und auf sozialen Plattformen ausgestellt werden, dann verstehen sie die Welt nicht mehr und halten dies für eine Glorifizierung von Armut. Aus ihrer Perspektive ist das nicht nachvollziehbar. Viele von ihnen haben die wirtschaftliche Situation nach dem Zweiten Weltkrieg noch am eigenen Leib erfahren – für sie sind Wachstum und Konsum notwendig mit Wohlstand und Aufschwung verbunden.

Der Minimalismus hat schon immer kulturelle und soziale Konventionen infrage gestellt, ob früher als Stilrichtung in der Kunst oder heute als angesagter Lebensstil. Wenn *Die Zeit* als größte und relevanteste Wochenzeitung eine Serie über die »Wende zum Weniger« druckt, scheint das Thema jedenfalls auch im deutschen Bildungsbürgertum angekommen zu sein.

In den Mainstream der Millennials diffundierte der Minimalismus spätestens durch die Netflixserie *Aufräumen mit Marie Kondo*. Darin erklärt die japanische Aufräumexpertin, wie man sich von seinem nutzlosen Besitz trennt. Ihre »KonMari«-Methode funktioniert so, dass man sich bei jedem Gegenstand, den man in die Hand nimmt, die Frage stellt: »Does it spark joy?« Was keinen Spaß macht und keine Freude bereitet, kann auf den Müll. Mit ihrer Verkürzung der minimalistischen Philosophie auf diese Frage unterstützt Kondō augenscheinlich die Wegwerfmentalität der Konsumgesellschaft. Als Minimalist finde ich es richtig, dass sich immer mehr Menschen von ihrem Konsumschrott trennen möchten. Besser wäre es aber natürlich, ihn gar nicht erst anzusammeln.

Ich glaube, dass Minimalismus ein wertvolles Werkzeug sein kann, um uns von den Heilsversprechen der Konsumgesellschaft zu erlösen. Dazu müssen wir uns jedoch an den tiefer liegenden Werten orientieren und nicht an Vorstellungen und Bildern, die uns von sozialen Medien und Unterhaltungskonzernen vermittelt werden. Müssen wir wirklich in weißen leeren Instagram-Wohnungen leben, um »echte« Minimalist*innen zu sein? Ist es minimalistisch, funktionierende Dinge wegzuwerfen, nur weil sie keine Freude mehr entfachen? Ist es nicht vielmehr wahrer Minimalismus, wenn man wirklich aufhört, sein Glück und seine Lebensfreude von der An- oder Abwesenheit von Konsumgegenständen abhängig zu machen?

Zen Style geht weiter als Minimalismus, denn im Kern stammt das Letzterem zugrunde liegende Ideal aus dem Buddhismus: das »Nichtanhaften« an materiellen Gütern. Hierbei geht es nicht darum, um jeden Preis dem weltlichen Besitz abzuschwören oder eine Liste zu führen, die nachweisen soll, dass man weniger als 100 Dinge besitzt. Sondern darum, einen Geisteszustand herzustellen, in dem man jeglichen Besitz jederzeit ziehen lassen könnte, ohne dadurch zu leiden und unglücklich zu sein. Auf den Zen Style übertragen bedeutet das, dass im Einzelfall eine analoge Variante unseren übergeordneten Prinzipien besser dienen könnte als eine digitale: etwa zu Hause Vinylschallplatten zu hören, statt digitale Streaming-Dienste zu nutzen – aber jederzeit bereit zu sein, die wertvollsten Stücke aus der Sammlung zu verschenken und sich unterwegs eben auch mit dem kälteren Klang von MP3-Dateien zufriedenzugeben. Oder es kann bedeuten, dass es absolut vernünftig, nachhaltig und minimalistisch sein kann, alte Eierpappen aufzubewahren, um darin Jungpflanzen für die Gartensaison vorzuziehen.

Ich bin dazu übergegangen, so gut wie keine neuen Dinge mehr zu kaufen, sondern mit den Dingen zu leben, die ich schon habe. Man kann das einen allgemeinen Shopping Ban nennen oder auch ganz einfach Genügsamkeit. Ich habe alles, was ich brauche. Ich trage einfache Funktionskleidung in guter Qualität, die ich nur selten erneuern muss. Unsere Wohnung haben wir überwiegend mit selbst gebauten Holzmöbeln eingerichtet. Wenn etwas verschleißt, repariere ich es oder entsorge es. Musik und Filme konsumiere ich digital, Bücher leihe ich in der Bibliothek – insoweit gilt für mich der Leitsatz *access over ownership*. Statt des Autos nutze ich fast immer das Fahrrad. Private Flugreisen versuche ich, so oft wie möglich zu vermeiden – was mir zugegebenermaßen vor der Coronakrise nicht so gut gelang. Aber hier verweise ich einmal mehr auf Seneca: Nicht die Perfektion zählt, sondern ernsthaft nach einem tugendhaften Leben zu streben.

Natürlich kaufe ich weiterhin Lebensmittel, Drogerieartikel, Medikamente, auch Garten- und Heimwerkerbedarf. Ich ersetze kaputte Gegenstände, wenn sie nicht oder nur mit unverhältnismäßigem Aufwand zu reparieren sind.

Ansonsten gilt die »One in, one out«-Regel: Wenn ein neues Teil kommt, muss ein altes gehen. Nicht aus einer erzwungenen Sparsamkeit heraus, sondern einer inneren Genügsamkeit. Ich möchte keine weiteren Güter ansammeln. Ich möchte meine körperliche und geistige Gesundheit stärken, in der Natur sein, meditieren und arbeiten, kreativ sein und etwas erschaffen. Ich sehne mich nach Einfachheit und Klarheit. Konsum und Luxus helfen mir dabei nicht.

Im Vergleich zu anderen Menschen in meinem Umfeld besitze ich nicht viele materielle Dinge und schon gar keine Statussymbole. Was ich dadurch an Geld spare, investiere ich in meine finanzielle Unabhängigkeit. Damit meine ich einen Zustand, in dem allein die laufenden Erträge meiner Investitionen meinen Lebensstandard absichern, ich also nicht mehr auf Einkünfte aus Lohn- und Erwerbsarbeit angewiesen bin. Wenig zu besitzen spart nicht nur Ressourcen und Energie, schont also die Umwelt, sondern macht uns langfristig auch finanziell unabhängig – und bringt somit auf mehreren Ebenen die ersehnte Seelenruhe. Auch die Gewissheit, zur Not mit äußerst wenig auskommen zu können, wirkt beruhigend.

Zen Style bedeutet, aus dem Hamsterrad des ständigen Konsums auszusteigen. Nicht nur, um die eigene Lebensqualität zu erhöhen, sondern auch, um eine gerechtere Gesellschaft zu ermöglichen. Dazu müssen wir unsere materiellen Wünsche zügeln. In den letzten Jahrzehnten verfestigten und vertieften sich die wirtschaftliche und soziale Ungleichheit. Obwohl wir grundsätzlich über genügend Ressourcen verfügen, um den tatsächlichen Bedarf an Waren und Dienstleistungen für jeden Menschen zu befriedigen und dabei sogar noch die durchschnittliche Arbeitszeit zu reduzieren. Wir müssen uns nur eine einzige evolutionäre Programmierung abtrainieren: das ewige Streben nach Mehr. Es hat einmal unser Überleben gesichert. Doch heute schadet es uns eher, als es uns hilft.

Zu Fuß gehen

In einem der letzten Sommer habe ich mit meiner zweiten Frau zusammen die Alpen zu Fuß überquert. Vom Tegernsee liefen wir bis nach Südtirol, durch die Tuxer und Zillertaler Alpen. Einmal, in rund 2200 Meter Höhe auf einem schmalen Steig am Kuhmesser, trafen wir einen Franzosen, der schon seit einem Monat allein unterwegs war und das Gebirge von Osten nach Westen durchwanderte. Sein Gesicht war vom Wetter gegerbt und sein Zelt nass geworden, doch er schien glücklich. Wir wechselten kurz ein paar Worte da oben, über das wechselhafte Wetter und den Weg, der noch vor uns lag, dann gingen wir alle weiter. Ich musste seitdem immer wieder an ihn denken.

Abends, als ich zur Hüttenruhe in meinem Stockbett lag, fragte ich mich, was Menschen wie ihn dazu antreibt, sich ohne Not solchen körperlichen Strapazen, Gefahren und Entbehrungen auszusetzen. Erste Antworten fand ich wieder einmal in einem Buch, und zwar in einem Sachbuch namens *Deep Survival* von dem amerikanischen Journalisten Laurence Gonzales, das ich auf meinem E-Reader dabeihatte. Laut Gonzales geht es bei der Frage, ob jemand eine lebensbedrohliche Situation übersteht, weniger darum zu wissen, wie man mit zwei Holzstöckchen ein Feuer entfacht. Sondern vielmehr um die Fähigkeit, sich unter extremen Bedingungen zu fokussieren – und, so abgedroschen das auch klingen mag, um eine positive mentale Einstellung.

Um seinen Punkt zu illustrieren, erzählt Gonzales mitreißende Geschichten von Expeditionen, Naturkatastrophen und Kriegseinsätzen. Seine Analysen dieser Gefahrensituationen versieht er mit allerhand literarischen und philosophischen Querverweisen, so zitiert er die Stoiker (»die besten Überlebenstrainer«) oder die alten Zenmeister. Sogar im Tao-Te-King, der Gründungsschrift des Taoismus, sieht er einen ausgezeichneten Überlebensratgeber.

Alan Watts schrieb einmal, dass sowohl die chinesischen Weisen wie auch die amerikanischen Transzendentalisten die »alten Völker« glorifizierten, die noch in Einklang mit dem Tao und der Natur lebten. So nannte der chinesische Dichter Zhuangzi diejenigen Menschen tugendhaft, die rechtschaffen, wahrhaft, ehrlich und frei waren, ohne sich entsprechender Pflichten bewusst zu sein. »Daher lassen ihre Taten keine Spuren zurück«, schrieb er. »Ihre Geschichte ist der Nachwelt nicht überliefert.«[38]

Watts fühlt sich durch Zhuangzi an den Essay von Henry David Thoreau *Vom Spazieren* erinnert. Sich in der Natur gehend zu bewegen, so Thoreau darin, ermögliche den Menschen die nötige Selbstreflexion, um wieder in Kontakt mit ihrem wahren Wesen und tieferen Selbst zu gelangen. Man könnte insoweit auch sagen, dass es ihm darum ging, dass wir die Einheit mit dem Kosmos wieder spüren und das Gefühl des Abgetrenntseins von der Natur und vom Universum überwinden, das im modernen Leben überhandgenommen hat. In Kontakt mit dem mystischen Tao, das so schwer zu erklären und mit dem Verstand kaum zu begreifen ist, kommen wir eher in der Stille der Natur als im Großstadtlärm. Um dieses Ideal vom Leben im Einklang mit der Welt zu illustrieren, bezieht sich Thoreau in seinem Essay genau wie Alan Watts auf ein imaginäres »altes Volk«, das er im Wald beobachtet haben will:

»Ich sah, wie die untergehende Sonne auf der anderen Seite eines stattlichen Föhrenwaldes aufblitzte. Ihre goldenen Strahlen drangen zwischen die Baumreihen wie in eine prächtige Halle. Es schien mir, als sei eine alte, ehrwürdige und glänzende Familie hier eingezogen ... die ich nicht kannte – deren Dienerin die Sonne war –, die im Dorf keine Gesellschaft hatte und keinen Besuch empfing. Ich sah ihren Park, ihren Lustgarten drunten im Wald ... Die Föhren errichteten Giebel für sie, so wie sie emporwuchsen. Ihr Haus war dem Auge unsichtbar; es war durchwachsen mit Bäumen. (...) Sie schienen sich auf den Strahlen niederzulassen. Sie haben Söhne und Töchter. Es geht ihnen gut. (...) Nichts lässt sich mit der gelassenen Heiterkeit ihres Lebens vergleichen. (...) Sie haben nichts mit Politik zu tun. Es gab keinen Arbeitslärm. Ich bemerkte nicht, daß sie woben oder spannen. Doch ich entdeckte, wenn der Wind sich legte und nichts zu hören war, ein unvorstellbar feines Summen süßer Musik wie von einem fernen Bienenstock im Mai – gleichsam das Geräusch ihrer Gedanken. Ihr Denken war nicht müßig, und keiner konnte von außen ihr Werk wahrnehmen, denn in ihrem Fleiß war kein Knoten und keine Missbildung.«[39]

Neben der klassischen Sitzmeditation wird in einem buddhistischen Retreat in aller Regel auch die Gehmeditation praktiziert. Im Vipassana ist es das »achtsame Gehen«, bei dem man konzentrierte, langsame Schritte macht und jede Bewegung wirklich wahrnimmt. Im Zen ist es das beschriebene »schnelle Kinhin«, das vor allem auch dazu dient, nach intensiven Sitzperioden den Körper zu lockern und die Durchblutung zu fördern.

Neben solchen meditativen Gehformen kann auch das Wandern als moderne spirituelle Praxis gelten. Die Zenbuddhisten sagen schließlich, dass jede Handlung zur Meditation werden kann. Voraussetzung hierfür ist, dass man tief genug in ihr versinkt, ohne sich dabei Gedanken zu machen, sondern sich in jenem Zustand der Gegenwärtigkeit befindet, den man heute manchmal als »Flow« bezeichnet.

Am Anfang der Wanderung lassen wir uns noch ablenken von unseren Gedanken und Planungen. Wir unterhalten uns über unsere Erlebnisse und Vorhaben, also über die Vergangenheit und die Zukunft. Erst mit fortschreitender körperlicher Beanspruchung verstummen wir langsam, um schließlich in einen tranceähnlichen Zustand zu geraten, der den eigentlichen Reiz des Wanderns ausmacht. Ein Fuß vor den anderen setzen, immer wieder. Vollkommen im Moment sein. »Gehen, weitergehen«[40], wie der norwegische Abenteurer Erling Kagge sagt.

Ein befreundeter Musiker, der auch gern wandert, nennt vier Stunden die magische Grenze – ab diesem Zeitpunkt falle jegliche Alltagslast von ihm ab. Thoreau berichtet in dem bereits erwähnten Essay *Vom Spazieren*, der 1862 veröffentlicht wurde, dass er täglich mindestens vier, in der Regel jedoch mehr Stunden damit verbringe, in Muße durch den Wald und über Hügel und Felder zu schlendern.[41] Allerdings sei es »sinnlos, unsere Schritte zum Wald zu lenken, wenn wir dort nicht wirklich ankommen. Ich bin beunruhigt, wenn ich merke, dass ich eine Meile in den Wald hineingegangen bin, ohne auch im Geist dort zu sein«[42].

In seinem Buch *Stille* erzählt Erling Kagge von dem norwegischen Bergführer Claus Helberg, der an einem besonders schönen Morgen mit einer Gruppe zu einer geführten Wanderung aufbrach und zu Beginn jedem Teilnehmer einen Zettel aushändigte. Auf ihm standen die folgenden Worte geschrieben: »Yes, it is totally amazing.«[43]

Dadurch wollte Helberg natürlich unterbinden, dass die Wanderer*innen sich den ganzen Tag lang gegenseitig verbal auf die wunderschöne Landschaft und Natur hinweisen, anstatt diese einfach zu genießen und zu schweigen. Auch Kagge ist der Meinung, dass Worte und Begriffe nicht immer nur nützlich sind, sondern sie in solchen Fällen auch unbedeutend und störend werden können. Denn das Gespräch über die Landschaft verhindert gleichzeitig, dass wir uns wirklich auf sie einlassen und in ihr versinken. Helberg wollte, dass seine Gruppe ihre Umwelt möglichst genau beobachtet und darüber staunt. Man könnte das auch Achtsamkeit nennen.

Thoreau wiederum formuliert es folgendermaßen: »Bei meinen Nachmittagsspaziergängen möchte ich meine morgendlichen Beschäftigungen und meine Verantwortung gegenüber der Gesellschaft vergessen. Was soll ich im Wald, wenn ich dabei an etwas denke, was nicht im Wald ist?«[44]

Die Möglichkeit, sich durch banale Gedanken abzulenken, schwindet, sobald wir nicht mehr gemütlich über Wiesen und durch Wälder wandern, sondern uns in gefährliche Situationen begeben, wo Ablenkung schnell Verletzung oder Tod bedeuten kann. Menschen tun dies freiwillig, um eine transzendentale Erfahrung zu machen. Laurence Gonzales verweist hier immer wieder auf das Bergsteigen in extremer Höhe. So zitiert er an mehreren Stellen seinen Journalistenkollegen Jon Krakauer, einen begeisterten Alpinkletterer, der 1997 ein aufsehenerregendes Buch veröffentlichte: *Into Thin Air* ist der Erfahrungsbericht einer missglückten Mount-Everest-Besteigung, die insgesamt acht Teilnehmer*innen das Leben kostete.

An dieser schicksalhaften Himalaja-Expedition hatte Krakauer im Jahr zuvor im Auftrag des amerikanischen Magazins *Outside* teilgenommen. Er schildert, wie die Kommerzialisierung des Extrembergsteigens einen Konkurrenzdruck unter Bergführer*innen nach sich zog, der letztlich wohl einige der tödlichen Fehlentscheidungen im Rahmen dieser Expedition erklärt. Bildhaft beschreibt er die lebensfeindliche Umgebung in der sogenannten Todeszone oberhalb von 8000 Metern über dem Meeresspiegel, wo Menschen sogar mit externer Sauerstoffzufuhr nur für eine äußerst begrenzte Zeit überleben können. Gleichzeitig untersucht Krakauer auch die psychologischen Motive, die Menschen dazu bringt, sich einer solchen Expedition anzuschließen.

Eine ähnliche Charakterstudie nimmt Krakauer in seinem 1996 erschienenen (und später populär verfilmten) Buch *Into The Wild* vor, in dem er die Geschichte des jungen Aussteigers Chris McCandless erzählt. McCandless, der sich selbst das Pseudonym »Alexander Supertramp« gab, war ein empfindsamer junger Mann, der die richtigen Bücher las, manche davon aber ein kleines bisschen zu wörtlich nahm. Er inhalierte Tolstois moralische Kritik an der bürgerlichen Gesellschaft und romantisierte die Wildnis, so wie vor ihm schon Thoreau und Jack London. Das Leben voll auszukosten bedeutete für ihn, sich der Zivilisation zu entziehen.

Into The Wild traf bei mir während der Alpenüberquerung einen Nerv. Gerade sich von materialistischen Wertvorstellungen loszusagen spielt auch beim Bergwandern eine Rolle. Alles, was man braucht, trägt man in einem Rucksack über die Gipfel und durch die Täler. Man schläft in schlichten Behausungen, die vor Wind und Wetter schützen. Man bewegt sich nur mit eigener Körperkraft fort. Seine Kleidung wäscht man – wenn nötig – mit der Hand. Morgens und abends gibt es ein einfaches Essen, dann fällt man erfüllt ins Bett. Man lernt die Annehmlichkeiten der Zivilisation (eine warme Dusche!) zu schätzen, erkennt aber auch, wie wenig man eigentlich braucht, um glücklich zu sein und gut zu leben.

Chris McCandless trieben solche Gedanken ebenfalls um. Krakauer porträtiert ihn als introvertierten, schwärmerischen Einzelgänger. Nach dem College verließ er seine Familie und seine Heimat, ließ jeglichen Wohlstand zurück, trampte wie seinerzeit die Beatniks durch die USA und verdingte sich als Tagelöhner. Den Sommer 1992 wollte er als Jäger und Sammler in einem abgelegenen Teil von Alaska verbringen. Das hätte er vermutlich sogar glimpflich überstanden – hätte er am Ende nicht irrtümlich eine giftige Pflanze verspeist, was ihn, ohnehin schon geschwächt von der monatelangen Mangelernährung, hilflos an sein Lager kettete. Chris McCandless starb in der Nähe des Dorfes Healy, am Rande des Denali National Parks, in einem ausrangierten Schulbus, den er als Behausung nutzte.

McCandless und die Teilnehmer der Himalaja-Expedition kamen bei dem Versuch um, sich besonders lebendig zu fühlen. Mit den Geschichten, die Krakauer und Gonzales in ihren Büchern erzählen, sind meine eigenen Erfahrungen während meiner vergleichsweise bequemen (und dennoch anstrengenden) Alpenüberquerung natürlich nicht zu vergleichen. Und wir sollten den Tod dieser Menschen auch nicht romantisch verklären. Trotzdem halfen mir diese Schilderungen, im Kern zu verstehen, worum es mir – und den vielen anderen Menschen, die wir auf unserer Tour trafen – beim (Berg-)Wandern tatsächlich geht.

Es geht darum, sich von der Last der Vergangenheit und den Sorgen vor der Zukunft zu befreien, um sich auf die direkt vor einem liegende Aufgabe zu konzentrieren. Weiter darum, das rechte Maß zu finden, indem man sich in Beziehung zu den Naturgewalten setzt. Und auch um das Glücksgefühl, das durch die Überwindung der Strapazen entsteht. Der norwegische Philosoph Arne Næss hat eine interessante Korrelation in seiner »Glücksformel« festgestellt. Sie besagt, dass jede mit großer Entbehrung verbundene Errungenschaft ungleich mehr Glück verheißt.

Auf dem Heimweg von der Alpentour im Zug schaute ich Werner Herzogs Film *Gasherbrum. Der leuchtende Berg*. Er dokumentiert hier die Doppelbesteigung der Kaschmirgipfel Gasherbrum I und II durch Reinhold Messner und Hans Kammerlander. Allerdings konzentriert Herzog sich dabei nicht auf Klettertechnik und Routenbeschreibungen, sondern versucht ebenfalls, der Frage auf den Grund zu gehen, warum sich Menschen bewusst in solche Gefahren begeben und ihre Körper solchen Strapazen aussetzen. Im Film sagt Reinhold Messner, ihm gehe es schon länger nicht mehr darum, die höchsten Gipfel zu bezwingen. Tatsächlich stehe für ihn inzwischen ein anderer Aspekt im Mittelpunkt – wie Erling Kagge erklärt er das Gehen an sich zu einer sinnstiftenden Tätigkeit.

An einer Stelle sagt er, dass er sich im Prinzip wünsche, für immer einfach nur weiterzugehen, begleitet von ein paar Yaks möglicherweise und ein paar Gefährten, »von einem Himalaja-Tal ins nächste, durch Wüsten und Wälder, ohne Ziel und ohne irgendwo anzukommen, ohne zurück und ohne nach vorne zu schauen. Einfach nur gehen, bis die Welt aufhört – oder bis die Krümmung sich verliert«[45].

Das Gehen als spirituelle Erfahrung verband Werner Herzog auch mit dem Reiseschriftsteller und Berufsnomaden Bruce Chatwin. Im Sammelband *Was mache ich hier* befindet sich sogar eine Geschichte mit dem Titel »Werner Herzog in Ghana«. Chatwin schrieb darin, dass er den exzentrischen deutschen Regisseur als eine Art Gleichgesinnten sah, mit dem er über etwas reden konnte, das er »den heiligen Aspekt des Gehens« nannte. Chatwin und Herzog glaubten, dass Gehen nicht nur therapeutisch wirken könne, sondern dass der Mensch auf diese Weise poetisch und spirituell wirksam werde – sie glaubten, dass man durch das Gehen tatsächlich »die Welt von ihren Übeln heilen« könne. Herzogs Credo: »Gehen ist eine Tugend, Tourismus eine Todsünde.«[46]

Chatwin berichtet von einer Pilgerreise, die Herzog einst unternahm, und zwar ans vermeintliche Sterbebett der Filmkritikerin Lotte Eisner, die den Regisseur von Anfang seiner Karriere an gefördert hatte. Im Winter 1974 erreichte Herzog die Nachricht, dass Eisner im Sterben liege, und da machte er sich auf eine Wanderung von München nach

Paris, durch Schnee und Eis, mit nichts als einem Rucksack. Er glaubte fest daran, ihre tödliche Krankheit »wegwandern« zu können, und als er nach vielen Wochen und enormen Strapazen in Paris ankam, war Eisner tatsächlich wieder gesund. Sie sollte erst zehn Jahre später sterben. Über seine Reise schrieb Herzog das beeindruckende Tagebuch *Vom Gehen im Eis*.

Herzog und Chatwin verbanden ihre Faszination für das Gehen, die Wildnis und das Nomadentum. Letzteres stand dabei als Sinnbild für eine Flucht vor der Zivilisation in die Natur, für ein einfacheres Leben, das nicht durch Besitz, Technologie und Luxus verdorben sei. Die Nomaden hätten gewusst, dass all diese Dinge ihren Lebensstil bedrohten, weil sie sie letztlich weniger mobil und damit weniger resilient machten.

Und so berichtet Chatwin, wie er nach Jahren des ruhelosen Nomadentums zum ersten Mal eine feste Wohnung in London mietete: Sein Ein-Zimmer-Apartment in Belgravia, in Fußreichweite zur London Library (die sein Lebensmittelpunkt in London war) ließ er von einem Architekten wie eine »Mischung aus Zelle und Schiffskajüte« einrichten. Schon mit Ende 20 habe er die Lust an Dingen und Besitz verloren; viele der Kunstgegenstände, die er in seiner Zeit als Auktionator sammelte, habe er verkauft, um für seinen eigenen Unterhalt aufzukommen, weil die Schriftstellerei lange Zeit weder seine Miete noch seine Reisen finanzieren konnte.

Die Geschichte, wie der Regisseur Werner Herzog im Winter zu Fuß von München nach Paris gegangen ist, um die todkranke Lotte Eisner vom Sterben abzuhalten, erzählt auch die Autorin Rebecca Solnit in ihrem Buch *Wanderlust*.

Genau wie die Geschichte der Performancekünstlerin Marina Abramovic und ihres damaligen Lebensabschnittsgefährten Ulay, die 1988 von beiden Enden der chinesischen Mauer aufeinander zuliefen, um sich nach drei Monaten in der Mitte zu umarmen und anschließend jeder seiner Wege zu gehen, für immer.

Der Soziologe Hartmut Rosa nennt die »Halbverfügbarkeit« als Grund jedes Aufbruchs zu einer Wanderung: Der Reiz liege stets in den unerwarteten Momenten und Begegnungen, in den kleinen Verirrungen und Abweichungen von der vorgezeichneten Route. Laut ihm versuchen die Menschen der Moderne stets, sich die Welt verfügbar zu machen, doch allein in der Natur spüren sie auch immer wieder ihre Unverfügbarkeit und treten dadurch in eine »Resonanz« mit ihr. Sich anhand solcher »Resonanzachsen« einzuschwingen sieht Rosa als mögliche Gegenbewegung zur Entfremdung der Moderne.

Schon für die französischen Philosophen der Aufklärung war der einsame Spaziergang in der Natur ein Weg, sich bewusst in eine Sphäre außerhalb der Gesellschaft zu begeben. Seit der industriellen Revolution war das Gehen nicht mehr natürlicher Teil des täglichen Lebens, sondern eine Fortbewegungsart, die man bewusst wählte – als Reaktion auf Geschwindigkeit und Entfremdung der Moderne. Die Praktiken, auf die sich die neuen Wanderer bezogen, stammten von Philosophen und Flaneuren, von Pilgern und Buddhisten. Für Rebecca Solnit ist das Gehen, zumindest seit dem Ende des 18. Jahrhunderts, ein Akt des Widerstands.

Sie ist der festen Überzeugung, dass das Gehen außerhalb des Mainstreams – in den heutigen USA, aber auch in vielen

Teilen Westeuropas, ist dieser der suburbane Lebensstil – immer eine Rolle spielen wird. Solnit lebt in San Francisco, einer Stadt, der oft nachgesagt wird, dass sie eigentlich keine amerikanische, sondern eher eine europäisch geprägte Stadt sei. Was man damit meint: San Francisco ist eine Stadt, die ihren Namen verdient, mit einem Stadtkern, mit Cafés, Restaurants und Bars, mit öffentlichen Plätzen und öffentlichem Leben – eine Stadt, in der man sich gut zu Fuß bewegen kann und die keine gigantische Ansammlung von Vororten, Shoppingmalls und Drive-in-Parkplätzen ist, wie viele andere amerikanische Städte. Erling Kagge berichtete einmal davon, wie er versuchte, Los Angeles von Osten nach Westen zu durchlaufen. Oft hielt ihn die Polizei an, weil er als Fußgänger automatisch verdächtig war; noch öfter endete vor seiner Nase einfach der Bürgersteig.

Nach dem Zweiten Weltkrieg, als Suburbia unaufhaltsam wuchs und das Auto den Fußgänger langsam aus dem öffentlichen Raum verdrängte, luden Bürgerrechtler wie Martin Luther King und Dichter wie Gary Snyder den Akt des Gehens politisch auf. King bezog sich dabei auf Gandhi und die christliche Pilgerreise, Snyder auf die Taoisten und die buddhistische Gehmeditation. Die chinesischen Taoisten hatten über die ekstatische Wirkung ihrer Bergwanderungen geschrieben, später gab es mit dem Orden des Shugendo sogar so etwas wie eine buddhistische Bergsteigersekte in Japan. Für den Buddhisten Snyder war das Gehen wesentlicher Teil einer politischen, sozialen und spirituellen Revolution.

In den 60er-Jahren wanderte Snyder mit seinen Kollegen Allen Ginsberg und Peter Orlovsky durch Indien und verbrachte viel Zeit als Schüler in japanischen Zenklöstern.

In den Siebzigern zog er sich mit seiner Familie zurück in die Berge der Sierra Nevada, engagierte sich in der Umweltbewegung und lehrte Literatur an der nordkalifornischen UC Davis. Er schrieb an gegen die Zerstörung der Wildnis durch eine ignorante, von der Wirtschaft gelenkte Politik. Als Gegenpol sah er auf der Welt einen wachsenden Stamm von Gleichgesinnten, die sich bewusst oder unbewusst dem ersten Bodhisattwagelübde des Mahayanabuddhismus verschrieben hatten: »Die Zahl der Wesen ist unendlich; ich gelobe, sie alle zu erlösen.« Wanderer*innen, Meditierende, Handwerker*innen, Mönche und Nonnen, Segler*innen und Köch*innen stehen für Snyder in ähnlicher Weise in einem direkten Kontakt mit dem, was er als die Wirklichkeit begreift, einer Welt jenseits der Limitierungen und Entfremdungen durch unsere ichbezogene Perspektive.

Im Universum zu Hause sein – das ist laut Snyder der Zustand, dem Mönche, Einsiedler, Nomaden, Eremiten und andere »unbehauste« Menschen auf der Spur sind. Hierfür sei es nicht notwendig, das eigene Zuhause aufzugeben, vielmehr gehe es um den Aspekt der Selbstbestimmtheit. Ein Haus sei schließlich auch nur ein Teil der wirklichen Welt, ein Ding, das niemals von Dauer sein könne – »selbst ›unbehaust‹ auf seine eigene Weise«[47]. Denn letztlich sei jede Unterkunft zusammengezimmert aus Brettern, Ziegeln, Türzargen und Fenstern, und all die Materialien der Möbel und Einrichtungen seien am Ende auch »aus derselben Welt gemacht wie du und ich und die Mäuse«[48].

Es sind genau solche Passagen, die die Essenz von Snyders monistischem Denken widerspiegeln. Für ihn sind Natur und Kultur kein Gegensatz. Er verklärt die Wildnis nicht zum mythischen Ort, sondern beschreibt sie auch als brutales, feindseliges und dunkles System von Fäulnis, Verwesung und Verfall. Er sehnt sich nicht nur nach der Einsamkeit und Ruhe von Bergen und Wäldern, sondern auch nach der Energie und dem Leben der Großstadt – für ihn ist beides »Natur« und wie wir Menschen und alles, was wir geschaffen haben, Teil desselben Universums. Genau wie die Langeweile der alltäglichen Pflichten und die vermeintlich banalen Dinge des Lebens, die allesamt einer größeren Ordnung angehören. Um den Pfad zu verlassen, der uns unser Leben vermeintlich zielgerichtet leben lässt, müssten wir uns bewusst abwenden und die Wildnis suchen. Dann könnten wir auch Freude an den alltäglichsten Dingen finden.

Meine Frau und ich wandern gern und ausgiebig – wir haben die Alpen überquert, waren im Schwarzwald, im Harz oder im mallorquinischen Tramuntana-Gebirge. Im Herbst 2018 haben wir uns auf den 66-Seen-Weg begeben. Der Rundweg führte uns auf 400 Kilometern durch das Brandenburger Hinterland und wieder zurück nach Potsdam. Andere gehen auf dem Goetheweg, umkreisen den heiligen Berg Kailash, laufen im Winter von München nach Paris oder besteigen einen Gipfel im Himalaja. Jede*r muss mindestens einmal im Leben eine Pilgerreise machen. Gehen war in vielen Epochen und Geisteshaltungen ein anerkanntes Mittel spirituellen und politischen Widerstands gegen die herrschende Ordnung. Wir gehen in die Natur, weil wir in unserem tiefsten Inneren Tiere geblieben sind.

15

Ultraleicht reisen

Wenn Marcel Duchamp einen Wochenendtrip machte, dann nahm er niemals einen Koffer mit. Stattdessen zog er einfach zwei Hemden übereinander an, sodass er stets eines zum Wechseln dabeihatte; die Zahnbürste steckte er sich in die Jackentasche. Ähnlich machte es der japanische Zendichter Matsuo Bashō: Auf seinen Wanderungen im 17. Jahrhundert trug er stets einen dünnen Kimono aus Baumwolle und führte lediglich einen weiteren Kimono für kalte Nächte, eine wasserdichte Schicht für Regentage und seine Schreibutensilien mit sich.

Erfahrene Wanderer kennen den gröbsten Anfängerfehler: zu viel Ausrüstung. Ist der Rucksack zu schwer, wird das Tragen zur Qual. Stattdessen lieber nur die wichtigsten Dinge einpacken; den Rest kann man zur Not unterwegs besorgen. Egal ob ich beruflich für ein paar Tage ans andere Ende der Welt reise, zwei Wochen Urlaub im Süden mache oder eine lange Bergtour unternehme – ich achte stets darauf, mich nicht mit unnötigen Dingen zu beschweren. Alles, was ich nicht zwingend brauche, bleibt zurück. Ultraleicht zu reisen gibt mir das Gefühl, unbelastet zu sein.

Die Voraussetzung dafür ist Akzeptanz. Nicht alles ständig kontrollieren zu wollen und das eigene Glück nicht von anderen abhängig zu machen. Zufriedenheit im Inneren statt im Äußeren zu suchen. Das ist Reisen im Zen Style.

Die meisten Fluggesellschaften erlauben zwischen sechs und acht Kilo Handgepäck. Bei einigen gibt es keine Gewichtsgrenze, nur Maximalmaße. Ich versuche immer, deutlich darunter zu bleiben. Der Vorteil, wenn man nur mit Handgepäck reist: Man muss vor dem Abflug nicht zum Schalter oder Automaten gehen, sondern checkt online ein und läuft mit der digitalen Bordkarte auf dem Mobiltelefon direkt zum Gate. Wenn man gelandet ist, braucht man nicht am Laufband zu warten. Man ist beweglicher und nicht darauf angewiesen, erst mal ins Hotel zu gehen. Ich halte daher auch nichts von Trolleys. All meine Gepäckstücke kann ich auf dem Rücken tragen.

In aller Regel habe ich einen 20-Liter-Dufflebag oder einen mittelgroßen Rucksack dabei, wenn ich meine Heimat für längere Zeit verlasse. Was braucht man schon, wenn man nicht gerade in die Arktis reist? Ein paar T-Shirts, Unterwäsche, eine leichte Jacke. Laptop, E-Reader und Ladekabel. Zahnbürste und Deo. Kopfhörer und Mobiltelefon. Meine Kleidung trage ich am Körper. Manchmal habe ich noch ein oder zwei Schichten dabei, die sich leicht und vielfältig kombinieren lassen und für viele Zwecke geeignet sind: das extraleichte Longsleeve für den Abendspaziergang, das aber auch eine wärmende Schicht unter der Regenjacke abgibt. Die faltbare Regenjacke für nasse Tage. Ich kaufe meine Kleidung nur in schwarz, grau oder anderen gedeckten Farben, auf denen man nicht jeden Fleck sieht.

Früher habe ich auf Reisen immer viel Wechselkleidung mitgenommen: mindestens ein T-Shirt, eine Unterhose und ein paar Socken für jeden Tag der Reise. Heute bringe ich immer nur zwei Garnituren mit, egal wie lange ich unterwegs bin. Ich habe schnell trocknende Funktionswäsche aus Merinowolle dabei, die nicht sofort anfängt zu riechen, wenn man sie zwei Tage in Folge trägt. Wenn nötig, wasche ich vor Ort per Hand oder im Waschsalon. Manchmal bringe ich eine Wäscheleine mit, die ich im Hotelbad aufspannen kann, um meine Wäsche zu trocknen.

Ich bin immer wieder erstaunt darüber, was manche für essenzielle Utensilien auf ihren Reisen halten: einen Föhn? Eine Yogamatte? Ein Reisekissen? Trainingsgeräte? Mehrere paar Schuhe? Miniwasserkocher und Instantkaffee? Nichts davon möchte ich mit mir herumtragen, wenn ich unterwegs bin. Ultraleichtes Reisen bedeutet für mich, mich damit zufriedenzugeben, was ich vor Ort vorfinde und gerade keine Notreserven meines Lieblingskaffees aus der Heimat mitzubringen. Lieber noch als ein Hotel buche ich ohnehin ein Apartment oder eine Wohnung, in der ich vielleicht sogar eine eigene Kochmöglichkeit und eine Waschmaschine vorfinde.

Auf Urlaubsreisen lasse ich sogar den Laptop gern daheim. Die dringendsten Geschäfte kann ich auch am Smartphone erledigen. So spare ich noch mal an Gewicht. Außerdem habe ich das Gefühl, dass die Arbeit mit dem Laptop immer ein Stück weit mitkommt. Unterhaltung habe ich durch den E-Reader genug. Schreiben kann ich mit der Hand, in ein altmodisches Notizbuch.

Im Kern geht es einmal mehr darum, sich unabhängig zu machen von Dingen, ohne die man vermeintlich »nicht leben könnte«. Ein Eintrag des minimalistischen Bloggers Leo Babauta hat mich zu dieser Haltung inspiriert. Darin erzählte er, wie er eines Morgens am Flughafen auf der Suche nach Kaffee war. Die Nacht war kurz gewesen, ein Coffee-to-go schien ihm das Wichtigste überhaupt, um den langen Reisetag zu überstehen. Doch an der Kaffeebar drängte sich eine Schlange, während sein Boarding-Termin näher rückte. In diesem Moment beschloss Babauta, sein Wohlbefinden nicht mehr von so etwas Banalem wie einem Kaffee abhängig zu machen. Er verließ die Schlange und schaute nicht mehr zurück.

Die Geschichte, die er sich bis dahin erzählt hatte, kannte ich gut: »Ohne Kaffee werde ich morgens gar nicht wach!« Oder: »Ich brauche meinen Morgenkaffee, sonst ist der Tag im Eimer!« Was Babauta realisierte: Indem wir uns solche Geschichten immer wieder erzählen und am Ende tatsächlich daran glauben, schreiben wir uns selbst eine Anleitung zum Unglücklichsein.

Was brauchen wir noch alles, damit der Reisetag wirklich gelingt? Einen bestimmten Sitzplatz im Flugzeug, ein bequemes Nackenkissen, ganz bestimmte Snacks und Getränke, einen angenehmen Sitznachbarn, einen guten Film im Bordprogramm etc. Dabei haben wir noch nicht einmal Einfluss darauf, ob all diese Dinge gegeben sein werden. Und trotzdem lassen wir uns die Reise von ihrer Abwesenheit ruinieren. So machen wir uns auf absurde Weise abhängig von unseren Bedürfnissen, Wünschen und Vorlieben. Warum können wir den Moment nicht so annehmen, wie er sich uns präsentiert? Natürlich können wir gewisse Vorkehrungen treffen, aber wenn es auf diesem Flug nun mal der ungeliebte Mittelplatz sein soll, ist das wirklich so schlimm? Und wenn wir mal für eine gewisse Zeit nicht von Filmen und Podcasts unterhalten werden, wissen wir dann tatsächlich gar nichts mit uns anzufangen?

Letztlich lässt sich dieser Gedanke auch in andere Lebensbereiche übertragen. Überall und ständig machen wir uns abhängig von Ereignissen, die doch bitte eintreten mögen, obwohl wir darauf kaum oder keinen Einfluss haben. Wir glauben, dass der Moment nur dann erträglich wird, wenn uns bestimmte Hilfsmittel zur Verfügung stehen – Substanzen, Konsumgegenstände, Menschen. In Wahrheit passiert im schlimmsten Falle rein gar nichts, wenn wir einfach mal innehalten und den Blick nach innen richten. Und im besten Falle entdecken wir, dass wir auch ohne diese Dinge vollkommen zufrieden sein können.

Ignoriere die Nachrichten

Nachrichten geben uns das vage Gefühl, mit der Welt verbunden zu sein und am öffentlichen Leben teilzuhaben – eine irrige Annahme, denn der wahllose Konsum von Überschriften und kurzen Texten zu zufälligen Ereignissen des sogenannten Weltgeschehens erzeugt natürlich keinerlei echte Verbindung zur Welt oder zu anderen Menschen. Genau wie die Information, wo meine »Freunde« in den sozialen Netzwerken gerade Urlaub machen, bringen diese leicht verdaulichen Newshäppchen keinerlei Mehrwert. Ich lese nur noch selten Nachrichten.

Die Erde ist ein wunderbarer Ort von unglaublicher Schönheit, aber darauf passiert auch jede Menge Absonderliches, Abscheuliches und Kurioses. Die Nachrichten konzentrieren sich auf Letzteres. Sie berichten nicht (oder nur unverhältnismäßig selten) über positive Entwicklungen. Negative Meldungen sind besser, weil Menschen ihre Aufmerksamkeit instinktiv Dingen schenken, die ihnen Angst machen, die bedrohlich erscheinen, die Schrecken erzeugen.

Nachrichten möchten deine Aufmerksamkeit fesseln und sind daher alles andere als ausgewogen. Wenn du durch eine große Newsseite scrollst, bekommst du einen Überblick darüber, was in der Welt ganz besonders schiefläuft. Und wenn du diesen Überblick mehrfach täglich updatest, dann überwiegt nach einiger Zeit das Gefühl, dass die Welt in einem erbärmlichen Zustand und der Mensch dem Menschen eben doch ein Wolf ist. Das mag vielleicht sogar stimmen, doch diese Erkenntnis veranlasst uns in den seltensten Fällen dazu, etwas zu unternehmen. Wir bekommen schlechte Laune, ändern aber nichts.

Die Nachrichten leben von negativen Gefühlen wie Angst, Schrecken, Wut, Ekel, Hass und Verachtung. Manchmal lässt es sich nicht vermeiden, dass diese Gefühle sich auch in meinem Leben ausbreiten. Aber ich beschwöre sie aktiv, wenn ich mich ständig mit den Nachrichten beschäftige. Keine zu lesen heißt für mich nicht, dass ich kein Mitgefühl mit anderen Menschen und kein Interesse an ihren Schicksalen habe. Gerade weil meine Empathie sehr ausgeprägt ist, kann ich mich damit nicht rund um die Uhr belasten, da es mir dann unmöglich wird, selbst ein glückliches Leben zu führen.

Wer keine Nachrichten konsumiert, wird gerne der Ignoranz bezichtigt. Oder es heißt, dass man die Augen vor den Problemen der Welt verschließt. Ich halte beides für falsch. Nur weil ich die Dauerkonfrontation mit existierenden Missständen vermeide, bedeutet das nicht, dass ich gar nichts davon wissen will. Ich bevorzuge es lediglich, mich gezielt und umfassend zu bestimmten Themen zu informieren – und, wenn möglich und sinnvoll, auch etwas zu ändern, worauf ich persönlich Einfluss habe. Auch insoweit bin ich Stoiker.

Wenn man Menschen fragt, warum sie sich den Mist, den ihnen die Nachrichtenredaktionen täglich tonnenweise vor die Füße kippen, eigentlich zu Gemüte führen, dann kommen in der Regel die immer gleichen Standardantworten wie »Es ist unsere Bürgerpflicht als Demokraten, gut informiert zu sein«, »Wir können das allgemeine Weltgeschehen doch nicht ignorieren« oder »Ich will eben wissen, was da draußen passiert«. Ich hätte früher stets ähnlich argumentiert. Obwohl das oberflächlich richtig klingt, sollten wir uns diese Argumente einmal genauer anschauen. Natürlich möchte ich als mündiger Bürger informierte Entscheidungen treffen. Doch es ist eine Illusion, dass diese Informiertheit über den Konsum von Newsbeiträgen entsteht. Über die Aspekte des Weltgeschehens, die für mich wirklich von Bedeutung sind, sollte ich mich ausgiebig und tiefgehend informieren. Dafür ist es erforderlich, lange Texte und Bücher zu lesen, Dokumentationen zu schauen und mit Expert*innen zu sprechen. Es bringt aber nichts, einen kurzen Artikel zu überfliegen, dessen Inhalt ich sofort wieder vergesse. Das lässt mich ohnmächtig zurück.

Ein paar markige Überschriften und knackige Hauptsätze bringen gar nichts außer latente Desinformation, ein unbestimmtes Unwohlsein und die Ahnung, dass so einiges auf der Welt falsch läuft. Das Überfliegen von oberflächlich recherchierten Artikeln und unqualifizierten Leserkommentaren führt nur zu einer allgemeinen Verwirrung, Verängstigung und Verschleierung. Ich finde, die Zeit, die ich mit Nachrichten verbringe, kann ich deutlich besser investieren.

Auch der Medientheoretiker Neil Postman war dieser Meinung. In den Nachrichten, egal durch welches Medium sie vermittelt werden, gehe es schon lange nicht mehr darum, größere Zusammenhänge zu verstehen. In seinem

1985 erschienenen Klassiker der Medienkritik, *Wir amüsieren uns zu Tode*, fragte er sich, wie oft es wohl vorkomme, dass wir aufgrund bestimmter Nachrichten, die wir aus den Medien erfahren, tatsächlich unsere Pläne ändern oder ein Problem lösen würden. Um seinen Punkt zu illustrieren, fragte Postman rhetorisch, welche Maßnahmen wir etwa zur Eindämmung des Konflikts im Mittleren Osten planen oder wie unsere Pläne zur Verminderung der Gefahr eines Atomkriegs aussehen. Nur um daraufhin an unserer Stelle zu antworten, dass wir natürlich gar nichts planen, sondern allenfalls alle vier Jahre jemandem unsere Stimme geben, der behauptet, derartige Maßnahmen und Pläne zu haben.

In diesem Zusammenhang zitiert Postman auch Henry David Thoreau, der bereits in *Walden* prophetisch schrieb: »Wir beeilen uns sehr, einen magnetischen Telegrafen zwischen Maine und Texas zu konstruieren, aber Maine und Texas haben möglicherweise gar nichts Wichtiges miteinander zu besprechen.«[49] Im Gegenteil habe die Telegrafie laut Postman vor allem dazu geführt, dass plötzlich eine Flut von Informationen über den Nutzer hereinbrach, die für ihn unmittelbar nutzlos und unbrauchbar war. Thoreaus Lieblingsbeispiel war eine der ersten Nachrichten, die seinerzeit via Telegraf über den Atlantik geschickt wurde: »Prinzessin Adelheid hat den Keuchhusten.«[50] Auch den Nutzen der aktuellen Tagespresse zweifelte er an: »Und dass ich niemals irgendeine bemerkenswerte Nachricht in einer Zeitung las, steht für mich fest. (...) Für den Philosophen sind alle sogenannten ›Neuigkeiten‹ Geschwätz; und diejenigen, welche ›Neuigkeiten‹ heraugeben oder lesen, heißen ihm alte Kaffeeschwestern.«[51]

Die Argumente, die Thoreau gegen den Telegrafen und die Presse und Postman später gegen das Fernsehen anbrachten, gelten im Zeitalter von Internet und Social Media immer noch: Belanglosigkeiten werden zu Nachrichten und Nachrichten zu Schlagzeilen, die in rapider Geschwindigkeit aufeinanderfolgen – und am Ende fühlt sich der Empfänger einfach nur ohnmächtig.

Nehmen wir die Liveberichterstattungen zu sogenannten Großereignissen, die sich in der mantraartigen Wiederholung der immer gleichen Bilder und Sätze erschöpfen. Hin und wieder gibt es tatsächlich eine neue relevante Information, aber die Zeit dazwischen muss gefüllt werden. Mutmaßungen treten an die Stelle von Erkenntnissen. Journalisten, die eigentlich recherchieren sollten, stehen vor der Kamera und spekulieren. Der Grund, warum sich so viele Menschen vor Bildschirmen versammeln, wenn eine Katastrophe passiert, ist das Gefühl der Teilhabe. Man kann zwar nichts tun, aber sich wegzudrehen fühlt sich unmenschlich und falsch an. Auch wenn es für diejenigen, die das Ereignis konkret betrifft, überhaupt keinen Unterschied macht. Letztlich besteht unsere Teilhabe nur aus Gedanken (oder, noch schlimmer, »Gebeten«), die niemandem helfen – am allerwenigsten uns selbst. Wir sitzen nur da, starren auf einen Bildschirm und fühlen uns schlecht.

Natürlich ist es nachvollziehbar, wenn man sich bei einem einschneidenden Ereignis auf dem Laufenden halten möchte. Unverständlich ist es jedoch, sich in kurzen Ruhephasen des Alltags mit Not und Elend, Mord und Totschlag zu beschäftigen, nur um sich dann wieder seinem Tagwerk zuzuwenden. Am Ende sind hier die gleichen psychischen Mechanismen im Gange, die uns permanent

Facebook oder Instagram checken lassen. Wir lenken uns ab, weil uns der aktuelle Moment offenbar nicht ausreicht. Aus Furcht vor dem Leben flüchten wir aus dem Moment. Der buddhistische Lehrer Jack Kornfield rät daher in seinem Buch *Das weise Herz*:

> *»Schalten Sie die Nachrichten aus. Meditieren Sie. Hören Sie Mozart. Gehen Sie unter Bäumen spazieren. Fahren Sie in die Berge. Schaffen Sie sich eine Friedenszone. Wenn ich von einem längeren Retreat zurückkehre oder lange Zeit auf Reisen war, stelle ich immer wieder überrascht fest, dass sich die Nachrichten seit meiner Abreise nicht großartig verändert haben. Wir wissen ja schon, womit wir es zu tun haben. Die Probleme kennen wir. Lassen Sie die neuesten Nachrichten. Horchen Sie tiefer.«*[52]

Die Ökonomie der Aufmerksamkeit

Vor 15 Jahren verschlang ich ein Buch des heutigen »Spiegel Online«-Kolumnisten Sascha Lobo: *Wir nennen es Arbeit* war das halb ernst gemeinte Manifest der Generation St. Oberholz und ein aufregendes Freiheitsversprechen. Man konnte nun offenbar irgendwo zwischen Soho, Mitte und Shibuya beim Sojamilchkaffee am MacBook sitzen und damit substanziell Geld verdienen, musste sich dafür aber weder an einen Nine-to-Five-Brotjob noch an einen Wohnort binden. Bei aller Ironie ist dieses Bild für mich bis heute ein Stück weit das berufliche Ideal geblieben.

Etwas später entdeckte ich die Szene von konsumkritischen Blogger*innen, die sich dem modernen Minimalismus verschrieben hatte. Vordergründig hatten die digitale Boheme und die Minimalismusblogger*innen wenig miteinander zu tun. Minimalist*innen waren und sind oft auch digitale Bohemiens und Nomaden. Doch die große Frage lautete: Wie können wir die Ideen des Minimalismus auch auf unser digitales Leben übertragen? Immerhin hat es wenig Sinn, unsere Wohnungen zu entrümpeln und massenhaft Dinge, Verbindlichkeiten und sogar Beziehungen zu entsorgen, aber gleichzeitig zum digitalen Messie zu werden, indem wir sinnlose Datenmengen in der Cloud horten, unser Smartphone mit Hunderten Apps an die Belastungsgrenze bringen und in unserer Bildschirmzeit sekündlich von Notifikationen, Benachrichtigungen, Alarmen, Tönen und Vibrationen abgelenkt werden.

Der Informatiker Cal Newport schrieb 2016 einen Artikel über eine Haltung, die er als »digitalen Minimalismus« bezeichnete. Im Kern definierte er sie als »Philosophie, die dir dabei hilft zu fragen, welche digitalen Kommunikations-Tools (und mit diesen Tools verbundene Verhaltensweisen) den meisten Wert zu deinem Leben hinzufügen. Die Motivation dahinter ist der Glaube, dass man sein Leben signifikant verbessern kann, indem man geringwertigen digitalen Lärm bewusst und aggressiv entfernt und den Gebrauch der wichtigen Tools optimiert«[53].

Später veröffentlichte Newport ein ganzes Buch zum Thema, das sich über weite Strecken mit der selbstbestimmten Beschränkung der Nutzung sozialer Medien beschäftigt. Für ein ausgewogenes Leben empfiehlt Newport eine Freizeitplanung, die den Fokus auf aktive Kreation legt statt auf passiven Konsum: soziale Aktivitäten statt sozialer Medien. Dinge in Handarbeit bauen und erschaffen, die nicht digital sind. Newport unterscheidet hier zwischen den Begriffen der Conversation und der Connection: Durch den ständigen Zugriff auf Unmengen von Kontakten via Connection komme die echte Conversation in unserem heutigen Alltag viel zu kurz, sie werde regelrecht von minderwertigen Kontakten verdrängt. Denn alle »Social Media«-Kontakte fallen nach Newports Definition vollständig unter Connection und sind damit nahezu wertlos, wenn man sie mit echter Konversation im Sinne von Telefonaten oder Face-to-Face-Gesprächen vergleicht, in denen wir auch menschliche Gestik, Mimik und Stimme wahrnehmen.

Newport schreibt, dass wir durch ständige Connection zudem nur noch wenig Zeit in echter Einsamkeit verbringen. Diese sei jedoch die »Schule der Genies«. Viele große Dichter und Denker bevorzugten es, ihr Leben in großen Teilen in Einsamkeit zu verbringen: Descartes, Newton, Locke, Pascal, Spinoza, Kant, Leibniz, Schopenhauer, Nietzsche, Kierkegaard und Wittgenstein seien Beispiele für Männer, die nie eine Familie gründeten und kaum enge persönliche Freundschaften pflegten, aber trotzdem bemerkenswerte Leben führten. Unsere heutige Obsession, immer mit allen verbunden zu sein, scheint vor diesem Hintergrund ein klein wenig übertrieben. Den meisten von uns fehlt häufiger Zeit für uns selbst, als dass uns die Gegenwart anderer Menschen fehlt.

Im digitalen Minimalismus geht es um wirksame Strategien gegen die Ablenkung und uns, von unserer (eingebildeten) Abhängigkeit vom Smartphone zu befreien. Im Zentrum steht die Erkenntnis, dass eine entsprechende Lebensphilosophie nicht antitechnologisch oder antifortschrittlich ist. Immerhin ist Cal Newport im Hauptberuf nicht Autor oder Blogger, sondern Universitätsprofessor für Informatik. Ihm geht es ganz einfach darum, einen vernünftigen und gesunden Umgang mit digitalen Tools zu finden, der unsere Lebensqualität erhöht.

Wer der Meinung ist, dass der richtige Umgang mit digitalen Technologien lediglich eine Frage der Selbstdisziplin ist, sollte sich vor Augen führen, wer eigentlich der Ge-

genspieler auf der anderen Seite ist: ungeheuer komplexe Algorithmen und künstliche Intelligenzen, programmiert auf Basis der Erkenntnisse der besten Verhaltenspsychologen der Welt. Tatsächlich befinden wir uns in einem stetigen Wettrennen mit den Techkonzernen, und zwar einem »Wettrennen um die bessere Kenntnis unseres Selbst«[54], wie es der Historiker Yuval Noah Harari formuliert. Allein die Verweigerung sozialer Medien wird uns dieses Wettrennen nicht gewinnen lassen, vielmehr müssen wir unsere Aufmerksamkeit trainieren und lernen, sie auf andere Dinge zu richten.

Die Künstlerin und Autorin Jenny Odell hat untersucht, wie ein möglicher Widerstand gegen diese Aufmerksamkeitsökonomie aussehen könnte. Auch sie plädiert dafür, »Social Media«-Kontakte durch echte Begegnungen zu ersetzen: Spaziergänge mit Freund*innen, Telefongespräche, geschlossene Gruppenchats in verschlüsselten Messengerdiensten, Rückzug in nicht kommerzialisierte Räume wie öffentliche Parks und Bibliotheken. Odell hat außerdem die Vogelbeobachtung als analoges Hobby entdeckt, das ihr eine neue Beziehung zu ihrer Umwelt ermöglicht. Sie propagiert etwas, was sie »Bioregionalismus« nennt: Einfach gesagt, sollten wir anfangen, unsere lokale Umwelt besser kennenzulernen. Indem wir die heimischen Vogelarten beobachten oder die Bäume im Park mit einer Smartphone-App bestimmen, verwurzeln wir uns stärker in unserer Umgebung. Ich habe in den letzten Sommern eine innige Beziehung zu den Fröschen, Hummeln und Amseln in unserem Kleingarten aufgebaut.

Wie Jenny Odell glaube ich auch, dass wir an allen Fronten kämpfen müssen, um den Kampf um die Kenntnis unserer selbst und unsere Aufmerksamkeit im Sinne der Selbstbestimmtheit zu entscheiden. Dazu ist es wichtig, dass wir sofort und ohne Ausnahme alle Benachrichtigungen und Töne auf unserem Smartphone ausschalten. Hier geht es nicht nur um die visuelle und akustische Lärmbelästigung, der man sich selbst (und seine direkte Umwelt) aussetzt, sondern auch um den Aspekt der Zeitsouveränität. Pushbenachrichtigungen, Töne und Vibrationsalarm unterbrechen uns in unserem Flow und sind Gift für die Konzentration. Überhaupt sind Ablenkungen in diesem Zeitalter unser größter Feind, weil sie überall lauern und die größten und mächtigsten Firmen der Welt viel Geld, Wissen und Arbeitskraft dafür investieren, unsere Aufmerksamkeit zu kapern.

Von Cal Newport inspiriert, habe ich ein paar einfache Vorkehrungen an meinem technischen Setup getroffen, die so wenig Gelegenheiten zur Ablenkung wie möglich schaffen. Zum Beispiel verlasse ich meinen Schreibtisch jeden Abend so, wie ich ihn am nächsten Morgen vorfinden möchte: wie eine weiße Leinwand, auf der ich den Tag ohne Vorbelastungen starten kann. Diese rigorose »Clean Desk Policy« hat sich als äußerst hilfreich für meine innere Ruhe herausgestellt. Genauso leer wie mein Schreibtisch ist übrigens auch der Desktop meines Computers: Kein einziges Dateisymbol befindet sich darauf. Als Hintergrundbild verwende ich beruhigende Landschaftsfotos. In meinem Dock befinden sich nur eine Handvoll Programme, in meiner Lesezeichenleiste nur die allerwichtigsten Links. Alle übrigen Dateien, Programme und Lesezeichen werden in Ordner wegsortiert – allerdings nur diejenigen, die ich wirklich brauche.

Auf meinem Smartphone befinden sich ausschließlich Apps, die ich täglich oder zumindest sehr häufig nutze. Daher habe ich nur einen einzigen Homescreen ohne Ordner. So gelingt es mir mal mehr, mal weniger, dem imaginären Swipe- und Scrolljuckreiz in den Fingerspitzen zu widerstehen. Ich habe jede App auf meinem Smartphone einer sorgfältigen Prüfung unterzogen und mich ernsthaft gefragt, wofür ich das Telefon wirklich nutze. Ich verwende fast nur noch seine Grundfunktionen: Uhr, Kalender, Kamera, E-Mail und Browser sowie einen verschlüsselten Messenger und einen Musikplayer.

Ich betrachte das Smartphone wie eine Art digitales Schweizer Taschenmesser: Es soll unseren Alltag erleichtern. Das ist der Fall, wenn ich mir in der brandenburgischen Provinz ein Zugticket kaufen kann, weil es dort am Bahnsteig keinen Fahrkartenautomaten gibt. Das ist aber nicht der Fall, wenn ich mein Telefon alle paar Minuten aus der Tasche ziehe und unmotiviert nachschaue, ob vielleicht jemand aus meinem entfernten Bekanntenkreis ein neues Sonnenuntergangsfoto gepostet hat – oder ob jemand mein eigenes Sonnenuntergangsfoto gelikt hat. Die Abhängigkeit von diesen kleinen Dopaminhits gilt es zu bekämpfen.

Ein wichtiger Punkt bei der Minimierung unserer digitalen Ablenkungen ist unser E-Mail-Posteingang. Die meisten von uns verbringen mehrere Stunden täglich mit der Bearbeitung von Nachrichten. Der Autor John Freeman sprach deswegen schon vor zehn Jahren von der »Tyrannei der E-Mails«. Doch dieser sind wir nicht schutzlos ausgeliefert. Wir können Vorkehrungen treffen und Kommunikationsformen wählen, die uns viele Verläufe ersparen und die Wahrscheinlichkeit verringern, dass wir wertvolle

Lebenszeit mit der Beantwortung sinnfreier Anfragen verbringen.

Ich verzichte zum Beispiel komplett darauf, meine E-Mails irgendwie zu ordnen oder zu strukturieren. Mit der Archivsuche lässt sich inzwischen jede E-Mail schnell finden, sodass man keine aufwendige Ordnerstruktur braucht. Mein Inbox-Zero-Ideal erreiche ich durch konsequentes Beantworten, Archivieren oder Löschen aller eingehenden E-Mails, mehrmals am Tag. Vor allem nutze ich die Funktionen »Snooze« und »Schedule Send« exzessiv. Snooze lässt E-Mails vorläufig aus meinem Postfach verschwinden, auch wenn ich sie später noch einmal brauche. Schedule Send verschafft mir den Freiraum zu antworten, wann es für mich passt, gleichzeitig aber keine falschen Erwartungshorizonte zu öffnen.

In der heutigen Arbeitskultur gilt es als erstrebenswert, immer erreichbar zu sein – zumindest auf niedrigen Ebenen der Unternehmenshierarchie. Je höher der berufliche Status, desto weniger wird erwartet, dass man tatsächlich ständig für jeden erreichbar ist. Oft schreiben uns Menschen aber auch nur deshalb E-Mails, weil sie wissen, dass wir üblicherweise schnell antworten. So vermeiden sie eigene Arbeit, etwa durch das Hinzuziehen von Ressourcen im Internet. Wichtig ist daher, dass man eindeutige Erwartungen setzt, zum einen durch konsequentes Handeln und zum anderen durch klare Kommunikation, E-Mail-Filter oder Autoreplies. Wenn der Absender keine schnelle Antwort (oder überhaupt eine Antwort) erwartet, dann setzt dich seine E-Mail auch nicht mehr unter Druck. Und wenn er die Antwort schneller selbst findet, wird er sich seine nächste E-Mail vielleicht gleich ganz sparen.

Längst ist sozial anerkannt, dass man ausschweifende Höflichkeitsfloskeln im E-Mail-Verkehr weglässt. Stattdessen sollte man zwar freundlich, aber so knapp wie möglich antworten und dabei so eindeutig formulieren, dass im Idealfall kein Raum für Interpretationen oder weitere Nachfragen bleibt. Am wichtigsten ist es in diesem Zusammenhang, eindeutige nächste Schritte zu definieren. Wenn jemand nach einem Termin fragt, sollte man gleich mehrere mögliche Zeiten anbieten, um nicht in eine Pingpong-Kommunikation zu geraten. Am Ende jeder E-Mail sollten die nächsten Schritte klar formuliert werden, und man sollte vernünftig und zurückhaltend mit der CC-Funktion umgehen, um die Inboxen von Kolleg*innen zu schonen – immerhin will man selbst auch nicht überall eingeloopt werden.

Die wichtigste Erkenntnis lautet: Wer weniger E-Mails schreibt, bekommt auch weniger – und verbringt täglich entsprechend weniger Zeit mit ihrer Beantwortung. Daher antworte ich im beruflichen Kontext nur auf jene E-Mails, bei denen eine Antwort wirklich notwendig ist. Ich spare mir jegliche Redundanz (»Danke! Schönen Feierabend!«) und reagiere auf keinen Fall auf »kalte« Promotionsanfragen, Spam, CC-E-Mails oder sonstige Anfragen, die sich nicht direkt an mich wenden oder keine konkrete Frage stellen. Wichtig ist auch, die irrelevanten E-Mails nicht einfach nur zu löschen, sondern sie in den Spamordner zu verschieben und – falls es sich um eine Massen-E-Mail oder einen Newsletter handelt – kurz nach ganz unten zu scrollen, um auf den »Unsubscribe«-Button zu klicken.

All dies sind einfache Strategien, die in modernen Arbeitsumfeldern durchaus umsetzbar sind – auch wenn man manchmal mit Widerstand zu rechnen hat. Doch wenn man als Argument die Steigerung der eigenen Effizienz und Produktivität anbringt, zeigen sich viele Kolleg*innen und Vorgesetzte einsichtig. In seinem neuesten Buch *A World Without E-Mail* verweist Cal Newport darauf, dass Projektmanagementtools oftmals die bessere Alternative zur Arbeit aus der E-Mail-Inbox sind – weil sie einen nicht permanent davon ablenken, was man eigentlich gerade tun will.

Ich selbst habe gute Erfahrungen mit der »Personal Kanban«-Methode des Autors Jim Benson gemacht. Danach arbeitet man nicht mehr mit To-do-Listen, sondern mit einer Art Tafel (digital oder physisch), auf der es in der Regel nur drei bis fünf Spalten gibt: für Dinge, die wir tun könnten, müssten oder sollten (»Options«), für Dinge, die wir gerade tun (»Doing«) und für Dinge, die wir schon getan haben (»Done«). Ich persönlich brauche noch eine weitere Spalte für Dinge, die gerade auf Eis liegen, weil ich zum Beispiel auf eine Rückmeldung warte (»Waiting«). Der Schlüssel dieser Methode ist einerseits die klare Visualisierung aller Aufgaben, andererseits die bewusste Limitierung: In der mittleren Spalte mit den aktiven Projekten dürfen zu jeder Zeit maximal drei Einträge stehen. Erst wenn ein Projekt erledigt ist, wird ein Platz für eine neue Aktivität aus den »Options« frei.

Was für dich selbst funktioniert, ob es eine agile Scrum- oder Kanbanmethode ist oder du für deine Arbeitsorganisation lieber auf Projektmanagementsoftware wie Trello, Flow oder Asana zurückgreifst, kannst du am Ende nur selbst herausfinden. Ich halte es jedoch für ein erfülltes Leben im Zen Style für unabdinglich, sich intensiv mit der eigenen Arbeitsorganisation zu befassen, um überflüssige

Kommunikation zu eliminieren und zeitschonende Prozesse zu implementieren – und dadurch einmal mehr Zeit für die Dinge zu gewinnen, die dir wirklich wichtig sind.

Es gibt Hardliner, die ihren digitalen Minimalismus mit einer Konsequenz durchsetzen, die für die meisten von uns nicht anwendbar ist. Ich denke da zum Beispiel gern an einen berühmten Musikproduzenten, der bekannt dafür ist, dass er keine E-Mails liest oder schreibt, sondern sie sich ausdrucken und in sein (bildschirmloses) Büro bringen lässt. Hier kritzelt er potenzielle Antworten handschriftlich auf die Ausdrucke – wenn er denn überhaupt eine Antwort für erforderlich hält. Den Großteil seiner Zeit verbringt er vor allem in Studios überall auf der Welt, um großartige Musik zu produzieren. Ich halte ihn für einen besonders radikalen Vertreter des Zen Style.

Wirf dein Smartphone weg

Der Schriftsteller Hans Magnus Enzensberger formulierte in der *Frankfurter Allgemeinen Zeitung* einmal »10 Regeln für die digitale Welt«[55]. Sie sollten dazu dienen, sich der allgemeinen Ausbeutung und Überwachung zu widersetzen, aber auch den »digitalen Nachstellungen von Unternehmen und Geheimdiensten«[56]. Der über 80-jährige Autor riet darin im Einzelnen sinngemäß:

1. Das Smartphone wegwerfen.
2. Niemals kostenlose Dienste in Anspruch nehmen.
3. Kein Onlinebanking nutzen.
4. Mit Bargeld statt Kreditkarten zahlen.
5. Totaler Boykott aller Smarthomegeräte.
6. Politiker, die »digitale Enteignung dulden«, nicht wählen.
7. Postkarten statt E-Mails schreiben.
8. Keine Waren oder Dienstleistungen im Internet kaufen.
9. Die großen Internetkonzerne boykottieren.
10. Aus den sozialen Medien aussteigen.

Als ich im Oktober 2018 meine »Social Media«-Accounts löschte, hatte ich 2000 Abonnenten auf Instagram, 2500 Follower auf Twitter und noch ein paar mehr Facebook-Freunde. Das sind nach heutigen Maßstäben keine beeindruckenden Zahlen, aber es waren organische Kontaktstämme, die ich mir als Journalist über viele Jahre aufgebaut hatte. Sie hatten einen Wert. Für einen kurzen Moment fühlte es sich merkwürdig an, doch nach einigen Stunden überwog das Gefühl der Befreiung und Ermächtigung. Ich wollte mich nicht mehr ablenken und mit etwas unterhalten, was ich für schlecht halte, sowohl für mich als auch für die Gesellschaft.

Bei Facebook war ich zehn Jahre lang angemeldet. Ich habe es die ersten Jahre fast täglich genutzt, sowohl privat als auch beruflich, und empfand es als extrem nützlich zur Vernetzung, zur Diskussion und zur Recherche. Auch den Messenger habe ich reichlich genutzt, um mit Menschen Kontakt aufzunehmen, deren Telefonnummern oder E-Mail-Adressen ich nicht hatte. Die Stimmung kippte nach einigen Jahren. Die wertvollen Kontakte nahmen immer mehr ab und wurden durch Werbung, Spam und irrelevante Inhalte ersetzt. Die Diskussionen veränderten sich merklich, der Tonfall wurde aggressiver. Unternehmen und PR-Agenturen entdeckten Facebook als Werbeplattform und als Möglichkeit zur Beeinflussung gesellschaftlicher und politischer Diskussionen.

Je mehr Manipulationsmöglichkeiten sich auftaten, desto wertloser wurde Facebook als Plattform der Vernetzung und Kommunikation zwischen Individuen. Irgendwann konnte ich nur noch schwer zwischen wertvollem und schädlichem, manipulativem Inhalt trennen, weil die

Grenzen bewusst verwischt wurden und von der Plattform zu wenig dagegen unternommen wurde. Dann kam der »Cambridge Analytica«-Skandal. Weltweit zogen mithilfe der sozialen Medien die Rechtspopulisten in die Parlamente ein. Als ich mein Facebook-Konto löschte, fühlte es sich gut und richtig an. Twitter habe ich nicht täglich, aber doch mehrmals die Woche genutzt, vor allem um aktuelle politische und kulturelle Diskussionen zu verfolgen. Auch hier verschärfte sich der Tonfall immer mehr, die Trolle übernahmen das Zepter. Dann wurde Instagram zum wichtigsten sozialen Medium. Ich nutzte die Fotoplattform viele Jahre täglich und streckenweise obsessiv. Aber ich bin inzwischen davon überzeugt, dass sie giftig für unsere psychische Gesundheit ist. Mit Snapchat und TikTok habe ich gar nicht erst ernsthaft angefangen.

Sinnbildlich für den Höhepunkt der »Social Media«-Ära, und zwar gleichermaßen für ihren kometenhaften Aufstieg und anschließenden Niedergang, steht die absurde Geschichte des Fyre Festivals. 2017 sollte das als »Luxuserfahrung« beworbene Musikevent auf einer Bahamasinsel stattfinden, doch dazu kam es nicht. Das Festival wurde schon am ersten Tag abgebrochen. Die Insel war hoffnungslos überbucht, die Unterkünfte in entsetzlichem Zustand, alle Headliner sagten kurzfristig ab. Organisator Billy McFarland und sein Geschäftspartner, der Rapper Ja Rule, wurden auf 100 Millionen Dollar Schadensersatz verklagt. McFarland verbüßte später eine Haftstrafe als Serienbetrüger.

Die Finanzierung des Festivals hatte McFarland aus dem Ticketvorverkauf gestemmt, der einzig und allein auf einem »Social Media«-Werbeclip und ein paar Influencer*innenpostings basierte. McFarland und Ja Rule hatten eine Handvoll Supermodels auf ihre Kosten auf eine Bahamasinsel eingeladen. Dort drehten sie einen teuren Hochglanzclip, der aussah wie ein Rapmusikvideo. Allein aufgrund der Macht dieser Bilder kauften sechstausend zahlungskräftige Millennials sündhaft teure Tickets für ein vermeintliches Luxusfestival in der Karibik. Dieses ging genauso unter, wie es begonnen hatte: Am Ende ging ein Foto von einem traurigen Käsesandwich, das angereiste Gäste in ihrer Notunterkunft statt der versprochenen Sushiverpflegung serviert bekamen, auf Social Media viral.

Natürlich ist es leicht, sich über die wohlhabenden, jungen und naiven Besucher*innen lustig zu machen, die sich vorgestellt hatten, ein Wochenende zwischen Supermodels, Jetskis, teuren Drinks und lauter Musik zu verbringen. Doch dank Facebook und Instagram ging es 2017 schon lange nicht mehr darum, ein gutes Leben zu haben, sondern darum, es irgendwie so aussehen zu lassen. Ihre Vorstellung vom guten Leben wurde definiert von ein paar Nutzer*innen, die besonders gut darin waren, es erscheinen zu lassen, als führten sie ein gutes Leben. Ihre Reichweite verkauften sie an die Meistbietenden – egal ob es globale Konzerne waren, die ihre nutzlosen Produkte bewerben wollten, oder ein betrügerischer Eventmanager. Die US-Prominente Kendall Jenner soll von McFarlands Firma 275 000 Dollar erhalten haben, um das Fyre Festival über ihren Instagram-Kanal zu promoten. Doch nun die Influencer*innen zu beschuldigen greift natürlich viel zu kurz – denn letztlich haben erst die sozialen Medien eine Generation von Nutzer*innen hervorgebracht, die Kendall Jenner alles glauben.

In dem Netflixdokumentarfilm, der über das Desaster gedreht wurde, erzählt ein »Social Media«-Experte auch, dass eine russische Firma inzwischen stundenweise einen Privatjet für private »Social Media«-Shootings vermietet – natürlich ohne dass der Jet jemals vom Rollfeld abheben würde. Sowohl der Verkauf der »Fyre Festival«-Tickets wie auch das Geschäftsmodell der russischen Jetvermieter zeigen, was mittlerweile bereits in Hunderten vernünftigen Artikeln und Büchern zum Thema geschrieben wurde: Social Media in seiner gegenwärtigen Form ist eine einzige riesengroße Lüge.

Ich lehne die sozialen Medien in ihrer aktuellen Form aus vielen Gründen ab. Der Internetaktivist Jaron Lanier hat ein großartiges Buch geschrieben, in dem diese (und noch einige weitere) Gründe hergeleitet werden. Hier sind nur die fünf wichtigsten:

1. Soziale Medien sammeln deine Daten und nutzen diese zu kommerziellen Zwecken. Ich glaube an den Ansatz der Data Dignity: Die Daten, die wir produzieren, sollten uns gehören, und wenn jemand daraus Profit schlägt, sollten wir zumindest beteiligt werden. Außerdem möchte ich nicht von Konzernen gehackt werden, damit sie mir Produkte verkaufen können.

2. Soziale Medien machen süchtig. Ihre Entwickler nutzen neueste Erkenntnisse der Psychologie und manipulative Techniken des Persuasive Design. Stetig prasselt ein nie abreißender Strom aus Nachrichten und Benachrichtigungen auf uns ein. Wir fühlen uns verpflichtet zu reagieren, zu antworten, zu liken und zu teilen. Darüber vergessen wir schnell, was wirklich wichtig ist.

3. Soziale Medien zerstören den gesellschaftlichen Diskurs. Die auf Schlagworte, Bilder und Überschriften verkürzten Pseudodiskussionen untergraben die Wahrheit, eliminieren jeglichen Kontext und machen rationale Argumente bedeutungslos. Der globale Aufstieg des Rechtspopulismus korreliert nicht ohne Grund mit der Verbreitung sozialer Medien. Sie sind mitverantwortlich für die Verflachung unserer Diskurs- und Kommunikationskultur.
4. Soziale Medien machen unglücklich. Wir vergleichen unser Leben ständig mit einer gefilterten und kuratierten Wirklichkeit, die uns andere als ihr Leben verkaufen wollen. Gleichzeitig ersetzen wir unsere echten Erfahrungen zunehmend durch eine mediale Inszenierung. Wir verpassen das Leben, weil wir es nur noch durch die Smartphone-Kamera wahrnehmen.
5. Soziale Medien stecken voller Werbung. Ich will mich dieser aber nicht mehr aussetzen als nötig. Denn sie versucht, uns weiszumachen, dass unser Leben ohne bestimmte Produkte oder Dienstleistungen weniger lebenswert ist. Dazu bedient sie sich psychologischer Erkenntnisse wie etwa über die hedonistische Anpassung. Sie ist ein schädlicher Einfluss für mein Leben.

Natürlich wissen wir das alles längst. Warum sind wir also immer noch auf Social Media, obwohl wir alle Jaron Lanier gelesen, *Das Dilemma mit den sozialen Medien* auf Netflix gesehen und schon mindestens einen Digital Detox hinter uns haben?

Eins der häufigsten Gegenargumente, auf das ich stoße, wenn es um den »Social Media«-Ausstieg geht, ist der unkomplizierte Kontakt zu Familie und Freunden. Ich halte das in den allermeisten Fällen für eine Ausrede. Ich nutze statt Social Media verschlüsselte Messengerdienste wie Signal oder Telegram, um mit den Menschen in Kontakt zu bleiben, die mir wichtig sind – und es funktioniert sehr gut. Ich finde es geradezu albern, dass die meisten Menschen heute jederzeit und für jedermann erreichbar sind. Wildfremde Menschen erwarten, dass man ihnen in Windeseile auf Nachrichten antwortet. Dieser ständige Kommunikationszwang ist nicht bereichernd, sondern grenzt an Belästigung. Wir brauchen dringend »Taktiken der Entnetzung«, wie es der Medienforscher Guido Zurstiege formuliert.

Dazu muss man sagen: Ich bin auch hier wieder einmal privilegiert. Manche sprechen vom »sozialen Kapital«, von dem man schon genug angehäuft haben muss, bevor man eine solche Entscheidung trifft. Es gibt nicht wenige Menschen, deren berufliches Aus- und Fortkommen von den sozialen Medien abhängig ist. Ihnen würde ich zwar raten, sich langfristig davon unabhängig zu machen, aber nicht sofort alle Konten zu löschen. Wer sich problemlos den sozialen Medien entziehen kann, der sollte es tun. Natürlich gibt es ganze Berufszweige, die von ihrer Darstellung über soziale Medien abhängig scheinen und für die ein Ausstieg aufgrund drohender wirtschaftlicher Konsequenzen unvorstellbar ist. Gerade aus diesem Grund jedoch sollte sich jede*r fragen, ob ein dezentrales Internet auf lange Sicht nicht besser für uns alle ist als ein Internet der Monopolisten.

Wir teilen täglich Unmengen von Daten über unser Leben mit der Welt – vor allem über Social Media. Mit den abgeschöpften und gespeicherten Daten bestimmen Ratingagenturen, Analysten und Algorithmen über unseren Alltag, unser Konsumverhalten, unsere Chancen auf dem Arbeitsmarkt und sogar unsere Gesundheitsvorsorge. Ob im Auto, beim Arzt, am Arbeitsplatz oder über unser Smartphone: Wir werden überwacht, unser Verhalten wird aufgezeichnet, ausgewertet und als Grundlage für Wahrscheinlichkeitsaussagen über unser Verhalten (und das anderer Menschen) in der Zukunft herangezogen. Längst geht es dabei nicht mehr nur um personalisierte Werbung, sondern um Diskriminierung, Willkür und einen systematischen Angriff auf unsere Grundrechte. Wir brauchen einen neuen Umgang mit Daten, den wir Datenminimalismus nennen könnten.

An vorderster Front dieser politischen Bewegung stehen der ehemalige Google-Mitarbeiter Tristan Harris und der Historiker und Autor Yuval Noah Harari. Harris hat das Center for Humane Technology gegründet und kämpft damit auf politischer Ebene für eine Regulierung der Internetkonzerne und eine Dezentralisierung des Internets. Er sieht in der Möglichkeit, unser Bewusstsein zu manipulieren, ein Problem, das vor allem die Konzerne in die Verantwortung zwingt, aber auch von den Nutzer*innen erfordert, Eigenverantwortung zu übernehmen.

Harari geht so weit zu behaupten, dass unser vermeintlich freier Wille, auf dem unsere vernunftorientierte Philosophie seit dem 19. Jahrhundert basiert, nicht mehr wirklich frei ist – weil wir im 21. Jahrhundert von unsichtbaren, digitalen Kräften manipuliert werden, die permanent Daten über uns und unser Verhalten sammeln. In diesem Zusammenhang gibt er zwei wesentliche Tipps im Umgang mit den neuen Herausforderungen:

1. »Lerne dich selbst kennen.« Laut Harari müssen wir uns selbst so gut kennenlernen wie möglich, damit wir den Konzernen immer einen Schritt voraus sind. Wir werden weniger manipulierbar, wenn wir wissen, wie wir funktionieren und wo unsere Schwächen liegen. Er empfiehlt zum Beispiel die Vipassana-Meditation, eine uralte buddhistische Technik, bei der man sich auf den Atem fokussiert. Ich habe dir in diesem Buch bereits von ihr erzählt.
2. »Werde Mitglied einer Organisation.« Allein können wir nicht viel ausrichten. Deswegen müssen wir uns laut Harari zu größeren Gruppen zusammenschließen, um unsere Ziele zu verfolgen: Das müssen nicht gleich Parteien, sondern können auch NGOs, Vereine, Aktionsgruppen oder Arbeitskreise sein. Wichtig ist, dass wir uns mit Gleichgesinnten verbünden, um unsere Interessen wahrzunehmen, auf lokaler wie überregionaler Ebene.

Harari meditiert täglich zwei Stunden und besucht jedes Jahr ein 60-tägiges Vipassana-Retreat in Indien, ohne E-Mails und Telefon, ohne zu lesen oder zu schreiben. Er besitzt kein Smartphone, weil ihm nach eigener Aussage seine eigene Zeit zu wichtig dafür ist. Er lese lieber lange Texte und Bücher als kurze Artikel und Tweets. Mit einem Smartphone verliere man schnell die Hoheit über seine eigene Aufmerksamkeit, die von externen Kräften »entführt« werde. Den Verzicht auf ein Smartphone sieht er als neues Symbol der Macht.

Auch der norwegische Autor Erling Kagge ist der Ansicht, dass ein solcher Verzicht eines der größten Privilegien der Zukunft sein könnte. Immerhin müsste man sich dafür in eine soziale und wirtschaftliche Position kämpfen, in der man sich nicht weniger dafür interessieren könnte, dass jemand anders einen erreichen möchte. Diese Unerreichbarkeit ist ein Luxus, den sich nur Menschen leisten können, die ökonomisch nicht vom Gebrauch ihres Smartphones abhängig sind. Oder die wenigstens nicht mehr die Geschichte dieser vermeintlichen Abhängigkeit glauben – und aufgehört haben, sie sich selbst zu erzählen. Wer kein Smartphone nutzt, der entzieht sich der Möglichkeit der unmittelbaren Kontaktaufnahme, aber er stoppt auch den Strom in jeder Lebenssituation auf ihn einprasselnder Nachrichten und Benachrichtigungen.

Auch ich glaube, dass die ständige Bombardierung unseres Gehirns mit kleinen Informationsfetzen, ohne tiefere Bedeutung und echten Kontext, ohne redaktionelle Einbettung und Überprüfung, keine Bereicherung darstellt. Vielmehr lenkt sie uns vom Wesentlichen ab und ist eine Gefahr für unsere Fähigkeit, uns ernsthaft auf etwas einzulassen – eine Aufgabe, ein Thema oder die eigenen Gefühle. Es ist Betäubung. In einer Welt der Facebook-Headlines, 160-Zeichen-Tweets und WhatsApp-Nachrichten sind alle Informationen gleich viel (oder gleich wenig) wert. Alles kann richtig oder auch falsch sein, alles sind nur noch Meinungen, auf die wir zu reagieren haben, alles muss weggelikt, geteilt und kommentiert werden. Doch am Ende zählt nichts wirklich, denn nichts beschäftigt uns länger. Die Aufregung ist schnell groß, aber alles versendet sich genauso schnell. Dabei geht es nicht nur um irrelevante Informationen, sondern auch um gezielte Falschinformationen und um Manipulationsversuche – durch die werbetreibende Industrie, politische Organisationen oder andere Stakeholder, die uns (mit welcher Agenda auch immer) beeinflussen wollen.

Die Autorin Jenny Odell diagnostiziert darüber hinaus einen schleichenden Verlust unseres Bezugs zur räumlichen und zeitlichen Wirklichkeit. Soziale Medien lassen die komplexen Kontexte der Wirklichkeit vermissen. Ihre Feeds gleichen einem Strom von zusammenhangslosen Informationsfetzen, die von unserem Gehirn nicht angemessen verarbeitet werden können. Viele Dinge darin scheinen wichtig, schreibt Odell, aber in ihrer Summe ergeben sie nur Nonsens, der uns traurig und ohnmächtig zurücklässt. Nach ihr reduzieren sie uns zu flachen, eindimensionalen Wesen, die sich im Sinne der »persönlichen Marke« möglichst frei von Widerspruch, Entwicklung und Facettenreichtum präsentieren. Auch hindere uns die schiere Masse an irrelevanten, banalen Inhalten an einer fokussierten Auseinandersetzung mit den wirklich wichtigen Themen. Gleichzeitig unterschätzen wir ihre destruktive Wirkmacht notorisch. Langfristig halten sie uns davon ab zu leben, wie wir eigentlich wollen.

Seit ich keine »Social Media«-Accounts mehr betreibe, starre ich jeden Tag ungefähr fünfundvierzig Minuten weniger in mein Telefon. Ich praktiziere seitdem ganz automatisch Achtsamkeit im Alltag. In der Tram bin ich fast als Einziger nicht in mein Telefon versunken, sondern schaue aus dem Fenster oder lese ein Buch. Die gewonnene Zeit nutze ich für Dinge, die mir wirklich wichtig sind: echte Gespräche, reale Begegnungen, intellektuellen Austausch, Lektüre, Meditation, Wandern, Gartenarbeit.

Ob wir unsere »Social Media«-Konten komplett löschen oder sie nur achtsamer benutzen, ist eine Frage, die sich jede*r selbst beantworten muss. Es ist jedoch äußerst wichtig, die modernen, digitalen Kommunikationsformen wieder durch etablierte, analoge Techniken des sozialen Miteinanders zu ersetzen oder zumindest zu ergänzen. Für mich schien nur die radikale Lösung Erfolg versprechend, doch so eine Abstinenz kann auch wie eine Abkehr vom eigenen sozialen Umfeld oder – noch schlimmer – wie selbstgerechte Internet-Askese wirken. Ein allzu offensiv vor sich hergetragener Boykott sozialer Medien kann, ähnlich wie die unter Bildungsbürger*innen beliebte Aussage, dass man keinen Fernseher besitzt, durchaus den Eindruck von Standesdünkel hervorrufen.

Was den Vorwurf angeht, nur die Privilegierten könnten sich den »Social Media«-Ausstieg »leisten«, so entgegnet Jaron Lanier darauf treffend, dass das inhaltlich durchaus richtig sei. Gleichzeitig könne dies kein Argument für die Privilegierten sein, dieses System weiterhin zu unterstützen und damit aufrechtzuerhalten. Im Gegenteil: Gerade wir, die wir einen Ausstieg wagen können, weil wir vielleicht schon genug »soziales Kapital« angehäuft haben, tragen eine Verantwortung. Und auszusteigen ist derzeit der einzige wirksame Protest, um die großen Technologiekonzerne zu einem Umdenken und Einlenken zu bewegen.

Exkurs: Digitale Unsichtbarkeit

Wer im digitalen Zeitalter im Zen Style leben will, sollte sich nicht nur Gedanken über seinen Umgang mit E-Mail und Social Media machen, sondern sich generell mit Themen wie Datensparsamkeit und -minimalismus befassen – schon allein aus Sicherheitsgründen. Ich plädiere dafür, dass wir uns im Internet weitgehend unsichtbar bewegen sollten.

In seinem zum Standardwerk avancierten Sicherheitsratgeber *How To Be Invisible*, der erstmals im Jahr 2000 erschien und inzwischen in der dritten Auflage vorliegt, empfiehlt der Autor J. J. Luna, das Internet und E-Mails im Prinzip komplett zu meiden. Gut, Luna rät an anderer Stelle auch, Grundstücke und Fahrzeuge nur über Scheinfirmen mit Sitz auf den Kanarischen Inseln zu kaufen. Er selbst nutzt im Alltag nur Bargeld, Prepaidkreditkarten sowie ein »Dumbphone« ohne WLAN- und GPRS-Verbindung. Versehen mit einer Prepaid-SIM-Karte kann man diese einfachen Telefone in vielen Ländern anonym kaufen. Fortgeschrittenen Sicherheitsfreaks empfiehlt Luna, sich einen altmodischen Pager anzuschaffen.

Für viele von uns, die wir längst in der digital vernetzten Welt leben und arbeiten, ist das natürlich abwegig und undenkbar. Trotzdem hat Luna einen Punkt: Sobald wir das Internet nutzen oder E-Mails schreiben, hinterlassen wir Spuren. Diese können gegen uns verwendet werden – nicht nur, wenn wir kriminelle Handlungen begehen, sondern auch, wenn wir unschuldig ins Visier der Behörden geraten oder Opfer von Stalking werden. Daher sollten wir unsere Sorglosigkeit bei der Nutzung digitaler Dienste kritisch überprüfen.

Zu den größten Schwachstellen der digitalen Sicherheit gehören neben den Smartphones die sozialen Medien. Viele nutzen sie trotzdem – vor allem wegen der Aussicht, mit den Menschen um sich herum in engerer Verbindung und engerem Austausch zu stehen, aber auch aus sozialem Druck. Wer sich diesem entzieht, nimmt bewusst eine Außenseiterrolle in unserer Gesellschaft ein.

Ich will dir nicht dazu raten, keine E-Mails zu schreiben oder das Internet nicht zu nutzen. Das wäre heuchlerisch. Ich selbst verbringe einen Großteil meines beruflichen wie privaten Alltags im Internet. Das heißt aber nicht, dass wir den Kampf um Datenautonomie und -sparsamkeit gleich aufgeben sollten – im Gegenteil, je mehr wir uns im Internet bewegen, desto wichtiger sollten uns diese Themen sein. Über Jahre habe ich zahlreiche Bücher, Zeitschriften, Blogs und andere Quellen über digitale Sicherheit durchforstet und daraus einen Fundus an 30 einfachen »Zen Style«-Regeln destilliert, die für dich ab sofort gelten sollten:

1. Schütze deinen Computer über regelmäßige Software-Updates und Virenscanner. Sichere deine Festplattenda-

ten mit Verschlüsselung, beispielsweise mit FileVault für Mac, auffindbar in den Systemeinstellungen unter »Sicherheit«.
2. Deine Passwörter sollten lang sein (20 bis 25 Zeichen). Mit einem digitalen Passwortmanager kann man für jede Seite ein neues, einzigartiges Passwort erschaffen. Passwörter nicht mehrfach benutzen. Am schwersten zu knacken sind lange, komplexe Passwörter, die aus zufälligen Kombinationen von kleinen und großen Buchstaben, Zahlen und Sonderzeichen bestehen. Auch das Master-Passwort muss sicher sein. Bei nur wenigen Accounts fährt man besser mit einer altmodischen Option: dem handgeschriebenen Notizbuch.
3. Wähle keine naheliegenden Sicherheitsfragen aus, deren richtige Antwort man leicht herausfinden kann (beispielsweise »Mädchenname der Mutter?«). Gib nie unnötig private Details preis. Gib bewusst irreführende Antworten und notiere diese für den Notfall händisch. Nenne stets ein falsches Geburtsdatum.
4. Nutze die Zwei-Faktor-Authentifizierung, wo es möglich ist. Nutze ein Extragerät (beispielsweise ein Tablet) für finanzielle und medizinische Transaktionen, mit dem sonst nicht im Internet gesurft und keine E-Mails abgerufen werden.
5. Verwende einen datensparsamen, werbefreien E-Mail-Dienst wie zum Beispiel Posteo. Sei dir der Tatsache bewusst, dass E-Mails jederzeit von Behörden, Providern, Arbeitgebern oder Hackern mitgelesen werden können. Deshalb bei sensiblen Mails immer PGP-Verschlüsselung nutzen, zum Beispiel mit einem Browser-Plug-in wie Mailvelope.

6. Nutze nur sicher verschlüsselte Messengerdienste. Ich empfehle Signal. Dahinter steht eine Stiftung, die von dem WhatsApp-Gründer Brian Acton finanziert wird, der seinerzeit gegen den Verkauf von WhatsApp an Facebook war und danach seine Anteile verkauft hat. Telegram scheint sicherer als WhatsApp, ist mir persönlich aber wegen der undurchsichtigen russischen Betreiber und der vielen verschwörungstheoretischen Kanäle eher unsympathisch. Discord ist derzeit noch nicht Ende-zu-Ende-verschlüsselt und daher gar nicht zu empfehlen.
7. Als Standardbrowser empfehle ich Firefox. Chrome ist ein Produkt von Google und damit Teil der größten überwachungskapitalistischen Maschine der Welt. Safari gehört Apple. Firefox schneidet in Tests bei den Themen Sicherheit und Datensparsamkeit immer gut ab. Erlaube deinem Browser nicht, Geolocation-Daten zu senden. Verwende ihn immer, wenn möglich, im Privat- oder Inkognitomodus. Dieser Modus verschweigt deine Onlineaktivitäten anderen Nutzern deines Computers, zeichnet sie nicht auf und lässt keine Cookies zu. Gleichzeitig wissen dein Internetprovider und die Betreiber der Websites, die du besuchst, weiterhin Bescheid über deine Identität. Wenn du noch sicherer unterwegs sein willst, surfst du mit dem anonymen, aber auch sehr langsamen Tor-Browser.
8. Surfe nicht im Internet, während du in Google-, Apple- oder Microsoftkonten eingeloggt bist (sofern du solche überhaupt noch hast). Logge dich generell aus allen Konten aus, sobald du sie nicht mehr benutzt.
9. Die meisten Suchmaschinen tracken deinen Suchverlauf und deine Onlinegewohnheiten. Verwende daher nicht Google als Standardsuchmaschine, sondern DuckDuck-

Go, denn dieser Dienst speichert keine Userdaten, liefert aber inzwischen sehr gute Suchdaten, die es durchaus mit Google-Ergebnissen aufnehmen können.

10. Verwende Ad-/Script-Blocker wie NoScript, ScriptBlock, Adblock Plus oder Ghostery. Installiere einen Canvas-Fingerprint-Blocker (für Firefox: CanvasBlocker).

11. Installiere die Browser-Extension HTTPS Everywhere, um dich immer über das sichere SSL-Protokoll mit Webseiten zu verbinden.

12. Verwende bei Onlineaktivitäten multiple E-Mail-Adressen. Richte zum Beispiel eine Shopping-E-Mail-Adresse ein, die ausschließlich mit einer Packstation verknüpft ist. Die E-Mail-Adressen sollten keine relevanten Informationen über dich oder deine Interessen enthalten.

13. Lösche regelmäßig überflüssige Cookies in den Browser-Einstellungen. Mach dir die Mühe: Nimm bei den mittlerweile verpflichtenden Cookie-Rückfragen immer nur die notwendigen Einstellungen an; niemals blind allen Cookies zustimmen, nur um schneller auf eine Website zugreifen zu können.

14. Logge dich niemals über Facebook oder Google bei anderen Diensten ein. Hierdurch gibt man beiden Diensten viele Möglichkeiten, die eigenen Onlineaktivitäten zu überwachen und Informationen zu sammeln, die zu Marketingzwecken genutzt werden können. Falsche Daten oder vermeintlich anonyme Benutzerprofile helfen auch nicht, da wir in aller Regel aufgrund digitaler Informationen wie E-Mail-Adressen, Telefonnummern, WLAN-Daten und Device-IDs identifizierbar sind. Lege daher für jeden Account ein neues Profil an und teile so wenig (richtige) Daten wie nötig.

15. Gib niemals deine korrekten persönlichen Daten auf einer Website oder in einen Computer ein, besonders nicht um dich für einen E-Mail-Dienst oder ein »Social Media«-Konto anzumelden. Benutze überall verschiedene Usernamen (Pseudonyme) und Passwörter. Gib niemals deine echte Telefonnummer oder Adresse an. Verwende immer fiktive Anschriften (oder zumindest Postfächer, Mietbriefkästen und c/o-Adressen) und anonyme E-Mail-Adressen (gern mit ausländischen Endungen).
16. Versieh deinen WLAN-Router über die Einstellungen mit einem sicheren WPA2-Passwort. Deaktiviere WLAN am Rechner, wenn du es gerade nicht brauchst. Nutze fremde WLANs und öffentliche Hotspots – wenn überhaupt – nur über ein VPN (Virtual Private Network) wie Hotspot Shield. Benutze niemals öffentliche Computer. Greife stattdessen auf das eigene Telefon oder Tablet mit einem persönlichen Hotspot zurück.
17. Teile so wenig persönliche Informationen im Internet wie möglich – insbesondere auf Social Media. Wenn du anonyme Accounts anlegen möchtest, dann nimm die Privatsphäre-Einstellungen sehr restriktiv vor. Niemals an Umfragen oder Quizspielen teilnehmen. Dating-Apps und Bewertungsportale legen die Standorte ihrer Nutzer sehr genau offen, wenn man es nicht in den Einstellungen verhindert.
18. Lösche regelmäßig alte Internetaccounts, denn sie können weiterhin für Identitätsdiebstahl, Phishing und sonstige Scams missbraucht werden. Man findet sie, indem man seine E-Mail-Archive nach Phrasen wie »Welcome to«, »New Account«, »Password« und »Confirm Your Email« durchsucht, seine Usernamen in Suchmaschi-

nen eingibt, gespeicherte Browser-Logins, Facebook- und Google-Konten durchforstet.
19. Klicke niemals auf Werbung, die du auf einer Website siehst.
20. Decke deine Webcam mit einem leicht entfernbaren Aufkleber ab, wenn sie nicht benutzt wird.
21. Von den großen Cloud-Speicher-Diensten bietet Dropbox den besten Verschlüsselungsschutz (besser als GDrive oder iCloud, die außerdem zu Google und Apple gehören). Statt Cloud-Dienste lieber eigene Server zur Speicherung von sensiblen Daten nutzen.
22. Schütze dein Smartphone mit PIN-Code, Passwortsperre oder Face ID. Unsere Mobiltelefone zeichnen permanent unzählige Daten auf und teilen sie unserem Provider mit. Wenn du das nicht möchtest, musst du dein Telefon ausschalten oder zu Hause lassen. Den Flugmodus einzuschalten reicht nicht aus, da GPS in aller Regel aktiviert bleibt. Immerhin sollte man das Geolocation-Feature bzw. GPS-Tracking ausschalten und hin und wieder die Historie löschen. Außerdem senden viele Apps im Hintergrund Daten wie Kontaktlisten und sogar Screenshots an die Hersteller. Daher nur die notwendigsten Apps installieren und die App-Berechtigungen genau kontrollieren. Android-Handys schicken übrigens deutlich mehr Daten an Google als iPhones an Apple, berichtet die Zeitschrift *Consumer Reports*. Allerdings kann man im Google-Play-Store die Berechtigungen für alle heruntergeladenen Apps detailliert managen, was Apple nicht erlaubt.
23. Die Kameras in unseren Mobiltelefonen schießen nicht nur Fotos, sondern speichern Metadaten des jeweiligen Orts und Zeitpunkts ab. Wenn man ein Foto ohne diese

Zusatzinformationen weiterleiten möchte, sollte man einen Screenshot teilen. Wenn man generell nicht möchte, dass das Telefon solche Daten speichert, muss man in den Einstellungen den Zugriff der Kamera auf die GPS-Location widerrufen. Am Rechner kann man die Location-Daten auch nachträglich löschen, beispielsweise wenn man ein Foto in der Mac-Vorschau öffnet und bearbeitet.

24. Auch Fahrdienst-Apps wie Uber oder MyTaxi speichern und senden Tracking- und Geolocation-Daten. Dasselbe gilt für Mietwagen und Carsharing-Apps wie ShareNow – und erst recht für Connected Cars und die selbstfahrenden Autos der Zukunft. Wer anonym fahren will, fährt mit dem eigenen Auto oder geht zu einem Taxistand und bezahlt mit Bargeld.

25. Viele Arbeitgeber tracken ihre Mitarbeiter*innen über firmeneigene Computer, Smartphones und VPNs, die sie ihren Angestellten zur Verfügung stellen. Stell dir einfach vor, dass alles, was du in deinen Arbeitsrechner eintippst, mehr oder weniger öffentlich ist. Eine besondere Schwachstelle ist der Bürodrucker, aber auch Videokonferenzen, die aufgezeichnet werden.

26. Verbinde niemals das eigene Smartphone per USB mit einem fremden Rechner. Teile Daten nur über AirDrop oder ähnliche Dienste. Lade dein Gerät nur mit dem eigenen Kabel.

27. Generell ist Bargeld dem Bezahlen mit Kreditkarten vorzuziehen, wenn man keine unliebsamen Daten produzieren möchte. Auch digitale Bezahlsysteme, die unter anderem bei Bahn und Bus eingesetzt werden, produzieren Daten, die mit Kreditkarten- oder Bankdaten verknüpft sind. Niemals Kundenkarten nutzen. Verwende für Onlinezahlun-

gen eine anonyme Prepaidkreditkarte (beispielsweise über ViaBuy). Prepaidgiftcards (Guthabenkarten) sind der beste Weg, anonym für wiederkehrende Onlinedienste zu zahlen.

28. Intelligente Devices wie Smartwatches, Fitnesstracker oder GoPro-Kameras speichern und senden permanent sensible Daten. Sie sind daher kaum kontrollierbare Sicherheitsrisiken und unbedingt zu vermeiden. Das Internet der Dinge mag Bequemlichkeit im Alltag versprechen – schon jetzt sind alle möglichen Geräte in unseren Häusern, von Heizungen über Lichtanlagen bis zu Kühlschränken und Überwachungskameras, mit dem Internet verbunden. Gleiches gilt für sprachgesteuerte Fernseher und Lautsprecher. Sie suggerieren uns einen praktischen Nutzen im Alltag, doch stimmen wir faktisch jedes Mal einem weiteren Baustein der Totalüberwachung zu, wenn wir uns einen solchen Gegenstand in die Wohnung holen – und zwar ohne Not, sondern aus reiner Bequemlichkeit. Selbst sprachgesteuerte TV-Fernbedienungen und Kabel-TV-Boxen belauschen uns. Bald wissen Facebook, Google und Amazon alles über uns.

29. Beschäftige dich mit der Idee des Überwachungskapitalismus. Es gibt im 21. Jahrhundert kein wichtigeres Thema. Lies die Bücher von Jaron Lanier, Cal Newport und *Das Zeitalter des Überwachungskapitalismus* von der Harvard-Ökonomin Shoshana Zuboff. Das ist ein ziemlicher Wälzer, aber es lohnt sich. Du wirst erkennen, dass die großen Internetkonzerne dein komplettes Leben und all deine Erfahrungen als Rohstoff ausbeuten wollen – und es mit wachsendem Erfolg bereits tun. Um unsere Freiheit und Autonomie zu verteidigen, bleibt uns nur der digitale Widerstand und der Kampf um politische Regulierung.

30. Schalte den Computer und das Smartphone regelmäßig ab. Geh raus, in den Garten oder in die Natur. Mach Dinge mit den Händen. Beschäftige deinen Kopf. Hol dir Input in Gesprächen und Erfahrungen, die nicht digital vermittelt werden.

20

Das Vertiefungsjahr

Ich habe dir bis hierhin schon eine Menge darüber erzählt, wie man im 21. Jahrhundert im Zen Style leben kann. Vielleicht fühlst du dich ein wenig überfordert von all den Baustellen, die es nun anzugehen gilt. Ich habe einen Weg gefunden, wie man die notwendige Reduktion in allen Lebensbereichen implementieren kann – und vor allem für sich selbst hierbei das richtige Maß herausfindet: das Vertiefungsjahr.

Dabei handelt es sich um einen klar umrissenen Zeitraum, in dem wir überprüfen, welche Dinge, Dienste und Orte wirklich wertvoll für uns sind. Die Idee zu einem *year of deepening* oder einem *depth year* geistert seit einiger Zeit durchs Internet, und jeder versteht darunter ein bisschen was anderes. Für mich bedeutet das Vertiefungsjahr ganz konkret, für ein Jahr keine neuen Dinge ins Leben zu lassen. Keine neuen Bücher kaufen, sondern endlich die ungelesenen Exemplare vom Nachttisch beenden. Keine neuen Klamotten bestellen, sondern einfach mal das Zeug anziehen, das schon im Schrank hängt. Nicht noch ein angesagtes Restaurant erkunden, sondern etwas aus den Vorräten kochen, die seit Monaten im Regal schlummern. Wenn wir ein gewisses Alter erreicht haben, haben wir naturgemäß ein paar Dinge in unserem Leben angehäuft. Es wird Zeit, den in ihnen verborgenen Wert zu entdecken.

Warum sich derart künstlich beschränken? Nun, zunächst einmal weigern wir uns dadurch, uns auf unsere Eigenschaft als Konsument*innen reduzieren zu lassen. Für die Konzerne sind unsere Wünsche, Gedanken und Gefühle nur dann wichtig, wenn man sie in Datensätzen speichert, die zur Werbeoptimierung und damit zur Umsatzsteigerung genutzt werden können. Sie geben Milliarden für Werbung und Marketing aus, mit dem erklärten Ziel, uns unzufrieden zu machen: mit unserem Körper, unserem Auto, unserem Kleiderschrank, unserer Einrichtung und unserem Leben. Glückliche Menschen sind schlechte Konsument*innen.

Hinter dem Vertiefungsjahr steht natürlich das Bedürfnis, ein anderes Leben zu führen als jenes, das rastlos den falschen Glücksversprechen des Technokapitalismus nachjagt. Unsere einzige Handlungsoption liegt allerdings nicht im sofortigen, radikalen Ausstieg aus dem Hamsterrad mit allen potenziell desaströsen Konsequenzen für das Leben, in dem wir uns längst eingerichtet haben. Stattdessen bietet sich das Vertiefungsjahr an, um eine neue Lebensweise zu prüfen: Weniger Konsum führt dazu, dass wir von einer bestimmten Einkommenshöhe unabhängiger werden. Gleichzeitig bekommen wir die Möglichkeit zu entdecken, womit wir unsere Lebenszeit wirklich verbringen wollen. Schließlich schmieden wir vielleicht Pläne für einen sozialverträglichen Ausstieg oder organisieren unser Leben anderweitig neu. Künftig streben wir weniger nach Status und

Konsum, sondern schaffen Raum und Zeit für Erlebnisse und Tätigkeiten, die uns wirklich glücklich machen.

Acht »Zen Style«-Regeln für ein erfolgreiches Vertiefungsjahr:

1. **Befreie dich von sinnlosem Gerümpel**: Gehe durch deine Wohnung und ordne nacheinander alle Dinge (Kleidung, Bücher, Küchen- und Badutensilien). Nimm sie dazu einzeln in die Hand. Den essenziellen Gegenständen, die du auf jeden Fall behalten willst, suchst du einen sinnvollen Ort in deiner Wohnung. Den überflüssigen Schrott packst du in Kisten und recherchierst im Internet Möglichkeiten, sie nachhaltig zu entsorgen: Spenden für wohltätige Organisationen oder soziale Träger, notfalls auf den Wertstoffhof bringen. Die Dinge, bei denen du dich nicht so recht entscheiden kannst, packst du in Kisten und holst sie heraus, wenn du sie das nächste Mal brauchst. Am Ende des Vertiefungsjahres prüfst du die Kisten noch einmal und entscheidest bei allen Dingen, ob du sie behalten oder entsorgen willst. Du musst nicht gleich zur eingefleischten Minimalistin werden, aber es befreit ungemein, Dinge loszuwerden, die nicht mehr wertvoll für dich sind.
2. **Kaufe nichts Neues mehr:** Wenn du unbedingt etwas kaufen willst, muss ein altes Ding dafür deine Wohnung verlassen. Um seltener in den Einflussbereich des Konsumismus zu geraten, bewegst du dich weniger an kommerziellen Orten wie Einkaufszentren, Supermärkten und Fußgängerzonen. Stattdessen gehst du dahin, wo wir auch jenseits unserer Konsument*inneneigenschaft erwünscht sind: Bibliotheken, Museen, öffentliche Parks – oder einfach nach draußen, in die Natur.

3. **Entschlacke deinen Terminkalender:** Schau in deinen Kalender und sage jeden Termin ab, der nicht unbedingt notwendig ist. Was wirklich wichtig ist, sagt dir deine innere Stimme. Hörst du sie nicht, setze dich zum Meditieren hin. Ein Treffen zum Mittagessen mit der besten Freundin am Wochenende, auf das du dich seit Wochen freust – unbedingt notwendig. Der Familienbesuch bei der gehässigen Großtante, den du nur aus Pflichtgefühl absolvierst – auf keinen Fall. Ebenso wenig das siebte überflüssige Abstimmungsmeeting für das Projekt des nervigen Kollegen aus der Vertriebsabteilung. Fordere für alle Meetings im Vorfeld eine Agenda an und eine Begründung, warum deine Anwesenheit erforderlich ist. Nur wenn dir die Antwort sinnvoll erscheint, gibst du jeweils deine Zusage. Nach einiger Zeit werden deine Kolleg*innen mit Sicherheit gelernt haben, dich nur noch zu wirklich wichtigen Terminen einzuladen.

4. **Schalte die sozialen Medien ab:** Befreie dich vom ständigen Reizüberfluss und entdecke die Schönheit der Stille. Du musst deine Accounts nicht sofort löschen, aber bei jedem Dienst gibt es eine Möglichkeit, sie vorübergehend zu deaktivieren. Verbanne das Smartphone generell aus dem Schlafzimmer und kauf dir einen altmodischen analogen Wecker. Lösche unbedingt auch die Apps von deinem Mobiltelefon. Keine Angst, dadurch werden keine Daten gelöscht – auch wenn dein Smartphone dir das weismachen will. Wenn du sie so sehr vermisst, kannst du nach Ende des Vertiefungsjahres deine »Social Media«-Accounts wieder aktivieren, die Apps neu herunterladen und weitermachen wie bisher. Ich versichere dir: Es wird nichts passieren.

5. **Verzichte auf Werbung und Nachrichten:** Melde dich bei allen Newslettern ab, die in deinen E-Mail-Posteingang flattern, oder verschiebe sie zumindest in den Spam-Ordner. Rufe nicht in jeder freien Minute die Nachrichtenseiten auf, um die Schlagzeilen zu lesen, sondern verbringe ein- oder zweimal die Woche ein paar Stunden mit einer guten gedruckten Zeitung. Sieh so wenig fern wie möglich. Auch hier gilt: Du musst deinen Fernseher nicht direkt abschaffen, aber für das Vertiefungsjahr ist es sinnvoll, ihn wenigstens abzustöpseln und in den Keller zu bringen. Ich habe seit vielen Jahren keinen Fernseher mehr und vermisse ihn nie – und habe noch nie von jemandem gehört, der sich nach einer längeren Zeit ohne Fernseher wieder einen angeschafft hätte.
6. **Halte dich an Orten auf, wo es nicht um Konsum geht:** Wie bereits gesagt, vermeiden wir im Vertiefungsjahr kommerzielle Orte wie Einkaufszentren, Supermärkte und Fußgängerzonen und gehen stattdessen in Bibliotheken, Museen, öffentliche Parks oder einfach nach draußen, in die Natur. Doch auch in unserer eigenen Wohnung brauchen wir Räume, in die wir uns zurückziehen können. Schaffe sie dir. Lass dich nicht von der Agenda anderer beherrschen. Mache deinen Kalender frei, lies ein Buch, treibe Sport, koche etwas Gesundes nur für dich selbst. Schalte das Smartphone aus und klappe deinen Laptop zu. Horche in dich hinein. Halte die Langeweile aus und spüre, dass du nichts erreichen musst.
7. **Führe ein Tagebuch:** Schreib auf, welche Dinge dich heute glücklich gemacht haben. Das können kleine Momente sein, wie die Art und Weise, wie das Morgenlicht in ein Fenster fiel, oder das freundliche Lächeln eines Kollegen

in der Mittagspause. Es können Meilensteine sein wie eine erfolgreiche Präsentation oder ein Heiratsantrag. Wichtig ist, dass dir klar wird, dass diese Ereignisse in keiner Weise in Beziehung zu den Dingen stehen, die du während deines Vertiefungsjahres aus deinem Leben verbannt hast. Vertiefung bedeutet Fokussierung, und das wiederum bedeutet Verzicht auf Dinge und Tätigkeiten, die uns mit unnützen Informationen permanent davon ablenken, was wir eigentlich tun wollen.

8. **Erstelle eine Not-to-do-Liste:** Visualisiere die Art und Weise, wie du leben willst, sehr detailliert. Wie stellst du dir deinen zukünftigen Alltag vor? Wer willst du sein, und was trennt dich vom Glück? Suchst du die getriebene Hektik eines Börsenmaklers oder doch eher die majestätische Ruhe eines Zenmönches?

Erstelle eine Liste mit Dingen, zu denen du ab sofort Nein sagst, und Verhaltensweisen, die nicht im Einklang mit deinen wahren Werten und deiner Vorstellung vom guten Leben stehen. Manche davon sollten sehr konkret sein und sich ganz direkt auf deinen Alltag beziehen: auf deine Ernährung, deine Arbeit, deine Gewohnheiten. Andere können auch allgemeiner und abstrakter gefasst sein und sich auf deine Beziehungen zu anderen Menschen beziehen: Wie willst du auf bestimmte Verhaltensweisen reagieren? Welchen Menschen willst du künftig mehr von deiner Zeit widmen, welchen weniger? Nur wenn man klare Grenzen zieht, kann man seine Zeit optimal im Sinne der eigenen Ziele nutzen – und sei es, um sich zu erholen und neue Kraft zu schöpfen.

Denk nicht nur darüber nach, sondern schreib deine Not-to-do-Liste wirklich auf. Redigiere und editiere sie, bis sie perfekt ist. Nimm dir einige Stunden Zeit dafür, am besten einen ganzen Abend mit offenem Ende. Speichere die Liste ab und drucke sie dir aus oder schreibe sie mit der Hand in ein Notizbuch, das fortan auf deinem Nachttisch liegt. Lies sie dir immer wieder durch, wenn es dir schlecht geht oder du dich unnötig gestresst fühlst. Erinnere dich mitfühlend daran, wie du eigentlich leben willst.

Die Fortschrittslüge

Bisher haben wir uns vor allem damit beschäftigt, wie wir unser eigenes individuelles Leben künftig gestalten möchten – wie wir uns von alten Selbstbildern, Erwartungen und Anhaftungen lösen und herausfinden, was uns wirklich wichtig ist. Doch wir alle leben nicht auf einer einsamen Insel. Es lohnt sich daher, nun den Blick über den Tellerrand zu richten und zu überlegen, wie eine Gesellschaft der Zukunft aussehen könnte, in der wir gern leben möchten.

Solche Erwägungen könnten schon relativ bald praktisch zum Einsatz kommen, denn das Ende unser westlich-kapitalistischen Zivilisation steht mittelfristig bevor. Dieser Ansicht ist zumindest die wachsende Gruppe von »Kollapsolog*innen«, also Publizist*innen und Wissenschaftler*innen, die sich aus historischer, ökologischer oder ökonomischer Perspektive mit dem Zusammenbruch von Gesellschaften befassen. Viele von ihnen nehmen an, dass vor allem die Folgen des Klimawandels, aber auch die Grenzen unserer natürlichen Rohstoffe zu einem Untergang unserer Zivilisation führen werden. Der US-Schriftsteller Jonathan Franzen hält einen solchen Zusammenbruch für beinahe unausweichlich, wie er im September 2019 in einem Essay im *New Yorker* darlegte. Er ist mit dieser pessimistischen Haltung nicht allein.

Der Nachhaltigkeitsforscher Jem Bendell veröffentlichte bereits 2018 seinen Aufsatz *Deep Adaptation*. Er behauptet in diesem Text, dass ein gesellschaftlicher Zusammenbruch aufgrund des Klimawandels nicht nur unvermeidlich ist, sondern auch unmittelbar bevorsteht: Bis 2028 rechnet er mit dem Beginn der Auflösungserscheinungen. Damit stellt er nicht nur seine eigene bisherige Arbeit, sondern die eines gesamten akademischen Zweigs infrage. Politische Maßnahmen, etwa zur Reduzierung des CO_2-Ausstoßes oder zur Umgestaltung der Landwirtschaft, können gar nicht mehr erfolgreich sein. Der Klimawandel passiert – und seine Auswirkungen werden disruptiv sein.

Die zeitgenössische Kollapsologie geht auf den Evolutionsbiologen Jared Diamond und sein Standardwerk *Kollaps* zurück, in dem er darstellt, dass Umwelt- und Klimakatastrophen bereits in der Vergangenheit immer wieder zum Ende von Zivilisationen geführt haben. In den 2000er-Jahren formierte sich in seiner Folge eine Bewegung von Autor*innen und Zivilisationskritiker*innen, die unser sogenanntes modernes Leben als degeneriert betrachten und dem amerikanischen Traum, jenem Drive-in-Lebensstil mit McMansion und Doppelgarage, ein baldiges Ende prognostizieren. Wir werden höchstwahrscheinlich nicht für immer in unseren SUVs durch die Landschaft donnern, mit dem Billigflieger um die halbe Welt jetten und im Supermarkt Obst und Gemüse von weit entfernten Kontinenten kaufen können.

Viele Zivilisationskritiker*innen befürchten, dass die aktuellen Regierungen nicht in der Lage sein werden, die durch Rohstoffknappheit und Klimawandel heraufziehenden Probleme zu regeln, sodass Revolutionen und Ausbrüche von Anarchie denkbar erscheinen. Hungersnöte, Epidemien und Gewalt halten manche von ihnen für unausweichliche Begleiterscheinungen eines neuen Zeitalters, das wahrscheinlich mehrere Jahrhunderte andauern werde. Für sie ist das Ende der Periode industriellen Hyperwachstums, die immerhin 200 Jahre anhielt, in Sichtweite. Unseren westlichen Lebensstil müssen wir ihrer Ansicht nach schon bald aufgeben – und uns stattdessen mit einem vorindustriellen Lebensstandard anfreunden, der in etwa dem des 18. Jahrhunderts gleicht. Bei religiösen Gruppen wie den Amish, die auch im Industriezeitalter ohne Elektrizität und Autos auskommen, könne man schon jetzt sehen, wie wir in der Zukunft (wieder) leben werden.

Obwohl im Zuge der Umwälzungen auch Hunger, Krankheiten und Gewalt unvermeidlich seien, bewahren viele dieser Kollapsolog*innen den Glauben an unsere Resilienz. In der neuen Welt werde es allerdings nicht mehr um Geld, Status und Konsum gehen. Das Kapital der Zukunft bestehe aus nützlichen Kenntnissen, die dem Überleben dienen: Landwirtschaft, Viehzucht, Handwerk, Reparatur, Heilkunde. Sie gehen davon aus, dass entsprechende Jobs deutlich an Status gewinnen werden, während der Bedarf an Anwälten, Immobilienmaklern, Werbern, PR-Beratern und Playlist-Kuratoren gegen null gehen wird.

Der in Russland aufgewachsene Autor Dmitry Orlov war schon als Jugendlicher in die USA ausgewandert, um dort Ingenieurwissenschaften zu studieren. Während der Perestroika-Periode, kurz vor und nach dem Kollaps der Sowjetunion, bereiste er seine Heimat über insgesamt sechs

Monate. Im Sommer 1990 kehrte er in sein Heimatland zurück und erkannte es kaum wieder: Die Fabriken hatten ihre Produktion eingestellt, Straßen und Geschäfte blieben menschenleer. Vor den Tankstellen bildeten sich lange Schlangen, Benzin wurde vor allem auf dem Schwarzmarkt verkauft – oder nach zähen Verhandlungen gegen Wodka und Jeans getauscht. Die Hyperinflation hatte mit voller Härte zugeschlagen: Geld war als Zahlungsmittel wertlos geworden, die Banken blieben geschlossen, Gehälter wurden nicht mehr ausgezahlt. Die meisten Güter wurden getauscht oder über mafiöse Strukturen verkauft.

Der Lebensstandard der vormals breiten Mittelklasse war extrem abgesunken. In ganz St. Petersburg gab es kein fließendes Warmwasser mehr. Ein ähnliches Schicksal prognostizierte Orlov in seinem Buch schon Mitte der Nullerjahre den USA. Einen Vorgeschmack sollte die Finanz- und Immobilienkrise von 2008 sehr bald liefern, als Massen von Menschen ihre Jobs und ihre Häuser verloren und fortan in Autos und Zelten leben mussten.

Orlov überlegt sich daher, wie man sein eigenes Leben möglichst *collapse-proof* gestalten könne. Als wichtigste Eigenschaft für die Zeit nach dem Zusammenbruch nennt er »die Fähigkeit, die Rosen zu riechen«[57]. Damit meint er, seine Aufmerksamkeit nur dem Hier und Jetzt und den notwendigen nächsten Schritten zu schenken sowie Veränderungen zu akzeptieren, ohne sich zu beklagen oder sie zu bedauern. Ein gesunder Stoizismus könne psychologisch heilsam für die kommenden Jahrzehnte sein. Indem wir unsere Ansprüche schon jetzt herunterschrauben, bereiten wir uns laut Orlov wirksam auf die bevorstehende Dürreperiode vor. Ohne Autos, Warmwasserboiler, Aufzüge und

Toilettenspülungen sei das Leben unbequem, aber durchaus möglich. Man solle in seine Beziehungen investieren, denn diese werden nach dem Kollaps wichtiger sein als die materiellen Güter. Für die westlichen Großstädte sieht Orlov keine rosige Zukunft. Stattdessen empfiehlt er eine nomadische Lebensweise zwischen Kleinstädten und Dörfern mit genug Ackerland.

Bis zum Kollaps rät er, in irgendeiner Branche so viel Geld wie möglich zu verdienen, sich mit reichlich Vorräten an lebensnotwendigen Dingen einzudecken und die kapitalistische Tretmühle eher früh als spät zu verlassen.[58] Dazu muss man sagen, dass Orlov all diese Ratschläge mit trockenem russischem Humor vorbringt. Indem er sie in Zusammenhang mit seinen rationalen Ausführungen zu den drohenden Folgen der allgemeinen Öl- und Rohstoffknappheit präsentiert, bekommen sie trotzdem eine gewisse Ernsthaftigkeit. Orlov selbst lebte übrigens jahrelang auf einem Segelboot – ausgestattet mit Solaranlage, Propangasflaschen und Nahrungsvorräten für sechs Monate.

Wer Kollapsologen wie Jared Diamond oder Dmitry Orlov als alarmistische »Prepper« oder »Doomer« diskreditiert, tut ihnen meines Erachtens unrecht. Die genannten Autoren distanzieren sich unmissverständlich von Verschwörungstheoretiker*innen und Survival-Freaks. Immer wieder betonen sie, dass sie uns nicht von einem plötzlichen Kollaps bedroht sehen, sondern von einem graduellen Absinken unseres Lebensstandards über Jahrzehnte, wobei wir auch immer wieder Perioden der Stabilisierung erleben werden.

Der Autor John Michael Greer macht in seinem Buch *The Long Descent* ganz konkrete Vorschläge, um die Folgen einer möglichen Ressourcenknappheit abzufedern. Und die klingen äußerst rational: schon jetzt nützliches Wissen ansammeln – insbesondere vermeintlich überholte handwerkliche Fähigkeiten, die nicht von Elektrizität oder Treibstoff abhängig sind –, aktiv Gesundheitsvorsorge betreiben, starke lokale Netzwerke und Gemeinschaften bilden, Gärten und Komposthaufen anlegen. Man sollte den eigenen Energie- und Treibstoffverbrauch minimieren und Genügsamkeit üben.[59] Man muss sein Auto ja nicht gleich verkaufen, man kann es auch in die Garage stellen, bis es wirklich gebraucht wird, und die täglichen Wege mit dem Fahrrad oder zu Fuß zurücklegen.

Wie beim Klimawandel ist sich die Wissenschaft einig, dass die Erschöpfung unserer fossilen Energiequellen keine fiktive Gefahr ist. Nur Wirtschafts- und Machtinteressen halten die meisten Politiker*innen davon ab, diesen Umstand einzugestehen. Eine Partei, die diese harte Realität anerkennen würde, hätte kaum Chancen, demokratisch gewählt zu werden. Die breite Masse wird erst dann Einsicht zeigen, wenn es längst zu spät ist – wenn sich ihr Lebensstil nämlich tatsächlich nicht mehr aufrechterhalten lässt.

Jem Bendell antizipiert in *Deep Adaptation* die Zurückweisung seiner Thesen und seiner Wortwahl durch die akademische Welt, vor allem sein eigenes Fachgebiet der Nachhaltigkeitsforschung. Als Grund dafür macht er »Systeme der Verleugnung«[60] aus, die seiner Ansicht nach verschiedenen psychologischen und wirtschaftlichen Notwendigkeiten entspringen. Gleichzeitig hält er angesichts der bevorstehenden Veränderungen einen grundsätzlichen Wandel unserer Denk- und Lebensweisen für angebracht und bezieht sich selbst dabei mit ein, wenn er schreibt, wir hätten

»keine Zeit mehr für Karrierespiele«[61]. Tatsächlich wurde sein Aufsatz von wissenschaftlichen Fachzeitschriften abgelehnt, und zwar mit exakt jenen Argumenten, die der Autor im Aufsatz selbst vorwegnimmt.

Deep Adaptation wurde daher auf der Website des Autors veröffentlicht, dort über eine halbe Million Mal heruntergeladen und in diverse Sprachen übersetzt. In dem 30-seitigen, etwas sperrig formulierten Text geht es nicht um apokalyptischen Fatalismus. Stattdessen macht auch Bendell sich offen Gedanken darüber, wie wir genug Resilienz für die bevorstehende globale Krise entwickeln können. Er plädiert dafür, lokale Strukturen in Kommunen und Nachbarschaften zu stärken, Landschaften zu renaturieren und zu analogen Formen der Unterhaltung zurückzukehren. Vor der Entwicklung solcher Strategien für unser künftiges Zusammenleben steht für ihn jedoch die Einsicht, dass die ökologischen Konsequenzen des Klimawandels desaströs sein werden. Akzeptanz ist ein wichtiger Bestandteil von Resilienz.

In ein ähnliches Horn bläst auch Jonathan Franzen in seinem Text aus dem *New Yorker*, der Anfang 2020 in Deutschland als Buch erschien. Genau wie Bendell wurde er für seine Äußerungen scharf kritisiert – vor allem von Klimaschützer*innen und Klimaforscher*innen, denn jene, die ohnehin nicht an einen menschengemachten Klimawandel glauben, belächelten ihn nur. Franzen folgt dem wissenschaftlichen Konsens, dass der Klimawandel real und durch den Menschen verursacht ist, doch ist er insoweit Stoiker, als dass er sich nicht mehr allzu sehr mit Aspekten der Krise beschäftigen möchte, die er für unausweichlich hält. Seine Hoffnung richtet sich nunmehr darauf, dass wir uns auf die Folgen der

Katastrophe vorbereiten und vor allem unsere demokratischen Gesellschaften festigen, sodass sie unter der Last des bevorstehenden Unheils nicht zusammenbrechen.

Vor diesem Hintergrund sieht Franzen eine Verschiebung unserer Prioritäten als notwendig an: In seinen Augen wird alles, was den demokratischen Konsens stärkt – also auch der Einsatz für freie Wahlen, humane Migrationspolitik, Gleichberechtigung und Pressefreiheit –, zur Klimaaktion, ja selbst der eigene Ausstieg aus den sozialen Medien sei eine solche.[62] Mit seiner schwarzmalerischen Polemik hat Franzen viele Menschen gegen sich aufgebracht. Dabei sagt kaum jemand, dass er inhaltlich komplett falschliegt. Eine zentrale, gerade von Aktivist*innen und Lobbyist*innen vorgebrachte Behauptung lautet vielmehr, dass Texte wie jene von Franzen und Bendell den Menschen jegliche Hoffnung nehmen würden. Auf solche bevormundenden, moralisierenden Argumente antwortet Bendell, dass Hoffnungslosigkeit und daraus resultierende emotionale Zustände auch einen Raum für »alternative« und »radikale« Hoffnungen eröffnen könnten.

Natürlich muss man die Klimakrise in einen größeren Zusammenhang einordnen. Seit der industriellen Revolution herrscht im Westen nämlich ein quasireligiöser Fortschrittsglaube, und nach diesem Narrativ entwickelt sich die Menschheit immer weiter, und zwar ausschließlich in eine Richtung: vorwärts. Mehr ist mehr, und mehr ist besser. In der Klimadebatte wird jedoch immer wieder ein Konsumverzicht auf breiter Ebene gefordert. Die Fortschrittsgläubigen haben davor große Angst. Für sie fühlt sich sogar eine freiwillige, selbst auferlegte Beschränkung an wie ein Rückschritt.

Dass Menschheitsgeschichte nicht linear verläuft und jedes Gesellschaftssystem eine Halbwertzeit hat, wissen Historiker*innen und Anthropolog*innen schon länger. Der Amerikaner Marshall Sahlins veröffentlichte 1968, zum Höhepunkt der Studentenrevolten in Paris und Berlin, den einflussreichen Aufsatz *Die ursprüngliche Wohlstandsgesellschaft*. Darin vertrat er die These, dass der Konsumkapitalismus keineswegs die höchste Stufe einer linearen gesellschaftlichen Entwicklung darstelle, sondern frühere Gesellschaftsformen, etwa in der Steinzeit, in mancherlei Hinsicht dem Kapitalismus überlegen scheinen. Jedenfalls wenn man Wohlstand nicht rein wirtschaftlich definiert, sondern eher so etwas wie einen Glücksindex als Maßstab anlegt.[63]

Nach Sahlins besteht das zentrale Problem der bürgerlichen Gesellschaft darin, dass diese »ein Heiligtum für das Unerreichbare: nämlich für unendliche Bedürfnisse«[64] errichtet habe. Im System des Kapitalismus würden wir alle um Verdienstmöglichkeiten konkurrieren, um uns Dinge zu kaufen, die wir gar nicht wirklich wollten. Erst die Werbung würde diese Bedürfnisse durch psychologische Manipulation bei uns hervorrufen.

Dabei, so Sahlins, könnten wir von den Jägern und Sammlern durchaus etwas lernen, nämlich dass Völker, die wir gemeinhin als »primitiv« bezeichnen, oft wenig besitzen und sich trotzdem nicht als arm empfinden. Das klinge paradox, sei es aber nicht: Sammler arbeiteten nur 21 bis 35 Stunden pro Woche – weniger als die Industriearbeiter in Paris, weniger auch, wie zu vermuten war, als seine eigenen Studenten. Wildbeuter besaßen weder Autos noch Fernsehapparate, aber sie wussten auch nicht, dass sie sich solche Dinge wünschen sollten. Gewiss hätten sie nur wenige Mittel gehabt, aber eben auch weniger Bedürfnisse. Darum, so sein Schluss, lebten sie in der »ursprünglichen Wohlstandsgesellschaft«.

Zeitgenössische Anthropolog*innen teilen diese Annahme. In der Zeit der Jäger und Sammler sei es nicht darum gegangen, an einem Tag möglichst viel zu arbeiten und zu schaffen, sondern im Gegenteil, den eigenen Arbeitsaufwand so gering wie möglich zu halten. Dass die Wirtschaft wächst, interessierte die Bewohner der ursprünglichen Wohlstandsgesellschaft nicht; ihre Existenz bestand zu weiten Teilen aus Nichtstun und Müßiggang. Das zeigen zum Beispiel auch die Berichte des indischen Schriftstellers Narendra, der die indigene Bevölkerung von Bastar, einer ländlichen Urwaldregion im südöstlichen Indien, über Jahrzehnte beobachtet und mit ihr gelebt hat. Ein typischer Tag der Adivasi besteht aus etwas Jagd, Fischerei oder dem Sammeln von Beeren und Obst, dazwischen sitzt man sehr viel im Schatten, spielt mit den Kindern und Haustieren oder geht im Fluß baden. Man steht mit Sonnenaufgang auf und geht zu Bett, wenn es dunkel wird. Begriffe wie Geschäftigkeit oder Stress kennen die Adivasi nicht.

Dass Menschen irgendwann damit begannen, sesshaft zu werden und Agrarwirtschaft zu betreiben, kann man vor diesem Hintergrund nicht unbedingt nur als »Fortschritt« bezeichnen. Auch wenn man das Leben in einer Gesellschaft von Jägern und Sammlern vor über 10 000 Jahren sicher nicht glorifizieren sollte, lässt sich nicht verleugnen, dass die damaligen Menschen uns in Sachen Work-Life-Balance einiges voraushatten.

Warum also hat der Ackerbau das Sammeln und Jagen überhaupt ablösen können, wenn dabei nur mehr Arbeit, Ungleichheit und Kriege heraussprangen? Der Historiker Ian Morris vertritt die These, dass Menschen stets nach Wegen suchen, ihren Alltag leichter, profitabler und sicherer zu gestalten. Dieses Verhalten sei uns evolutionär einprogrammiert und schwer zu durchbrechen. Deshalb habe es auch keinen »großen Sprung« vom Sammeln zum Ackerbau gegeben, sondern einen langsamen, schleichenden Prozess. Niemand habe sich bewusst für hierarchische Verhältnisse und längere Arbeitszeiten entschieden.[65] Den Jägern und Sammlern ging es einfach irgendwann so gut, dass sie sich stark vermehrten und einen zusätzlichen Nahrungsbedarf erschufen. Diesen stillten sie, indem sie Pflanzen, die sie vorher gesammelt hatten, kultivierten und Tiere, die sie vorher gejagt hatten, domestizierten. Sie wurden Bauern – mit dem Ergebnis, dass die ursprüngliche Wohlstandsgesellschaft verschwand.

Eine solche gesellschaftliche Entwicklung erzeugt laut Morris oft genau diejenigen Kräfte, die sie schließlich zu Fall bringen. Seit der letzten Eiszeit habe sich ein bestimmter Kreislauf wiederholt: Auf jeweils zwei oder drei Schritte voran sei ein Schritt zurück gefolgt. Menschen fanden historisch gesehen zwar immer wieder Lösungen für die Probleme mit den Ressourcen. Aber in unregelmäßigen Abständen folgten auch ein gesellschaftlicher Kollaps und Rückfall auf eine niedrigere Stufe, die für einige Jahrhunderte anhalten konnten. Die Ankunft eines solchen »dunklen Zeitalters« kündigen Morris zufolge die fünf apokalyptischen Reiter an: Hungersnöte, Seuchen, Massenmigration, Staatszerfälle, Klimawandel. Im besten Fall drohe uns ein langsamer Niedergang über mehrere Jahrhunderte, in deren Verlauf wir uns den neuen Realitäten anpassen werden; im schlimmsten Fall eine »Epochendämmerung«.

Natürlich wäre es wirklich dringend erforderlich, dass wir unser Verhalten ändern und aus der Geschichte lernen – und beginnen zu verzichten: nicht nur auf Flugreisen, Massentierhaltung und die Agrarindustrie, sondern insgesamt auf ein Wirtschaftssystem, dessen Wesen sich auf Konsum und Wachstum gründet. Andernfalls wird genau die emsige Fortschrittsgläubigkeit, die uns auf unsere heutige Entwicklungsstufe geführt hat, früher oder später zum Zusammenbruch führen – oder zumindest zu einem langsamen, aber stetigen Abstieg. Wir müssen Gesellschaft neu denken und anders gestalten. An der Fortschrittslüge festzuhalten widerspricht einem Leben im Zen Style.

Dunkle Ökologie

Am Anfang wollte Paul Kingsnorth noch die Welt retten. Eifrig schrieb er in linken Zeitungen und Zeitschriften gegen den Raubbau an der Natur an, verfasste ein Buch über die Bewegung der Globalisierungsgegner und schrieb kapitalismuskritische Romane. Weil ihm vor allem die Umwelt am Herzen lag, wurde er vom Journalisten zum Aktivisten, engagierte sich für entsprechende Organisationen und gründete politische Initiativen.

Nach 20 Jahren im politischen Journalismus warf Kingsnorth seinen Job hin. Die Gründe hierfür legte der Brite in einem leidenschaftlichen Blogpost dar. Im Kern ging es ihm darum, dass die ernsthaften Medien, für die er immer über substanzielle Themen schreiben wollte, seiner Meinung nach Inhalte und Sprache der Boulevardzeitungen übernommen hatten. Ihnen gehe es nicht mehr darum, die Wahrheit zu suchen und Kritik an den herrschenden Verhältnissen zu üben, sondern nur noch um Unterhaltung, Erfolg und Reichweite.

Für Kingsnorth war hingegen klar: Die Zerstörung der Umwelt ist ein unumkehrbarer Prozess, der möglicherweise das Ende unseres Zeitalters einläutet. Auch hatte er aufgehört, diesen Umstand zu bedauern. Mit seinem Kollegen Dougald Hine gründete er das Dark Mountain Project, einen Zusammenschluss von gleichgesinnten Schriftsteller*innen und Intellektuellen. Dem Manifest des Projekts war ein apokalyptisches Zitat von Ralph Waldo Emerson vorangestellt: »Das Ende der menschlichen Rasse wird sein, dass sie irgendwann einmal an der Zivilisation zugrunde geht.«[66] Ein paar Jahre später entwarf Kingsnorth in seinem endzeitlichen Essay *Dark Ecology* ein paar konkrete Handlungsmaximen. Statt Aktivismus sieht er eine andere Reaktion auf die Klimakrise vor: den asketischen Rückzug aus dem Gefecht (gegen den Klimawandel, für soziale Gerechtigkeit) als Teil einer spirituellen Praxis.

Jeder wahre Wandel, so Kingsnorth, beginne mit einem Rückzug. All das Kämpfen ergebe keinen Sinn mehr, also solle man sich aus der Gesellschaft zurückziehen, um der technologischen Fortschrittsmaschinerie nicht noch weiteren Treibstoff zu liefern. Man solle sich jedoch nicht aus Zynismus, sondern mit wachem Geist abwenden, und die eigenen Denkmuster stets achtsam überprüfen.[67]

Für ihn stellte sich nunmehr die Frage: Wenn die Menschheit die größte Gefahr für die Natur und den Planeten darstellt, was kann man als Mensch dagegen tun? Seine verblüffend konsequente Antwort: ein kleines Stück wilde Natur erhalten. Etwas Land kaufen und es renaturieren, also verwildern lassen und nur zur Selbstversorgung bewirtschaften. Sich den Bulldozern in den Weg stellen und verhindern, dass die Natur weiter erschlossen wird.[68]

Kingsnorth bezog sich in seinen Erwägungen auf die »Deep Ecology«-Philosophie des norwegischen Denkers Arne Næss. Der Nutzen der Natur liege nicht in dem Wert, den der Mensch aus ihr extrahieren könne, sondern der wahre Wert sei in ihr selbst begründet – und ihre Erhaltung vor allem für uns überlebensnotwendig. Der Mensch sei eigentlich zu körperlicher Arbeit in der Natur, an der frischen Luft bestimmt. Also sollten wir alle den Laptop stehen lassen, das Smartphone wegwerfen, rausgehen, ein Loch graben und einen Baum pflanzen.

Zudem gehe es in diesen dunklen Zeiten auch darum, Unterschlüpfe zu bauen. Wenn man davon ausgehe, dass Großteile der sozialen und wirtschaftlichen Infrastruktur in den nächsten Jahrzehnten kollabieren werden, habe es einen Sinn, sich frühzeitig zu fragen, wie man gemeinschaftlich Orte schaffen kann, an die man vor den Folgen der Klimakrise flüchten könne. Zudem sollten wir uns fragen, wie wir dazu beitragen können, Wissen, Fähigkeiten, Dinge und Orte zu erhalten, die im Hinblick auf kommende Zeiten bewahrenswert sind.[69]

Inzwischen lebt Kingsnorth mit seiner Frau und zwei Kindern in einem winzigen Dorf im äußersten Westen von Irland, wo er, wie man in seinem Blog lesen kann, jeden Dienstag mit einem Freund in der einzigen Kneipe sitzt, Bier trinkt und Schach spielt. Er betreibt einen Kleinbauernhof, baut seine eigenen Lebensmittel an und verfügt über eine Komposttoilette. Er besitzt auch ein Auto, ein Wohnmobil, einen Laptop, eine Stereoanlage, Hunderte Bücher und drei Regale voller CDs. Hin und wieder verhindert er, dass ein neuer Supermarkt gebaut wird. Dabei folgt er der Maxime, dass nicht zu handeln manchmal besser sei, als zu handeln. Manchmal sei es jedoch auch umgekehrt.

Tatsächlich glaube ich, dass eine Beschäftigung mit Themen wie Selbstversorgung, Rückzugsorten und finanzieller Unabhängigkeit für ein Leben im Zen Style keine verschwendete Zeit ist. In den einschlägigen »Prepper«-Foren tummeln sich längst nicht mehr nur Nazis, Waffennarren, Reichsbürger und sonstige Spinner, sondern vermehrt auch Menschen aus der Mitte der Gesellschaft. Sie haben keine Angst vor einem Kometeneinschlag oder dem globalen Finanzkollaps, sondern vor den verheerenden Folgen des Klimawandels.

Der abwertende Begriff »Prepper« kommt vom englischen »*to prepare*«, »sich vorbereiten«. Sich auf einen Katastrophenfall vorzubereiten schien uns Kindern der 1990er-Jahre lange sinnlos: Der Kalte Krieg war beendet, der Golfkrieg weit weg, die Auswirkungen der Umweltzerstörung erst in ferner Zukunft spürbar. Doch mit dem 11. September, der Finanzkrise von 2008, dem weltweiten Aufstieg der Rechtspopulisten und nicht zuletzt auch der Coronapandemie wuchs die Unsicherheit: Was, wenn die vermeintliche Stabilität doch nur auf Sand gebaut sein sollte? Was, wenn diejenigen, die wir jetzt noch auslachen, eines Tages die Nase vorn haben, weil sie sich auf den Ernstfall eingestellt haben, als wir noch gelangweilt in unsere Smartphones starrten?

Ich habe mich intensiv mit der »Prepper«-Bewegung und ihrer einschlägigen Literatur beschäftigt. Ihre Wurzeln gehen zurück in die USA der mittleren 1960er-Jahre. Man muss die Bewegung zunächst im Geiste der damaligen Gegenkultur verstehen: Man denke an den Selbstversorgungsguru John Seymour, der über Komposttoiletten und Gemüseanbau schrieb, den radikalen Umweltdichter und Farmer Wendell Berry oder auch an »Silicon Valley«-Urgestein Stewart Brand. Dieser rief 1968 seinen *Whole Earth Catalogue* ins Leben, eine Bibel der frühen Umwelt- und Nachhaltigkeitsbewegung. Der Katalog enthielt vor allem Beschreibungen nützlicher Werkzeuge, die man direkt beim Produzenten bestellen konnte. Aber es wurden auch Bücher rezensiert: von den philosophischen Grundlagen des Taoismus bis hin zu Werken über Fotovoltaik, Teekultur oder makrobiotische Ernährung.

In den frühen 1970ern veröffentlichte der Club of Rome seinen Bericht über *Die Grenzen des Wachstums*, der die globale Umweltbewegung befeuerte. Der italienische Science-Fiction-Autor Roberto Vacca verfasste das pessimistische Buch *The Coming Dark Age*, in dem er einen Zusammenbruch des Technokapitalismus voraussah, der in den westlichen Großstädten beginnen würde. Auf dieses Buch bezogen sich später viele Retreater-Autoren, darunter auch Mel Tappan. Er war kein Hippie aus der Gegenkultur, sondern ein vormaliger Buchhalter, der Survival- und Outdoorkolumnen verfasste. 1977 veröffentlichte er das Buch *Survival Guns*.

Die »Prepper«-Bewegung informierte und vernetzte sich damals über kostenpflichtige Papier-Newsletter, die in ihrem redaktionellen Anspruch richtigen Zeitschriften ähnelten. Tappans *Personal Survival (P. S.) Letter* gehörte zu den beliebtesten Newslettern dieser Zeit. Seine wichtigsten Schriften stellte seine Witwe Nancy in dem Buch *Tappan On Survival* zusammen. Die Kolumnen lesen sich noch heute äußerst unterhaltsam. Seine Lieblingsthemen – Vorräte und Waffen – bearbeitete er mit detailverliebter Akribie. Seitenlang lässt er sich über die Vorzüge und Nachteile bestimmter Methoden der Konservierung von Lebensmitteln aus. In Q&A-Segmenten am Ende jedes Kapitels belehrt er seine Leser*innen, die er offenbar für naive Städter hielt, die sich in rührender Romantik nach dem einfachen Landleben sehnen.

Tappan war davon überzeugt, dass ein Finanzkollaps der USA kurz bevorstehe und sich die zivilisierte Gesellschaft daraufhin auflösen werde. Er beschreibt zerfallende Großstädte, in denen es weder fließendes Wasser noch Strom gibt, wo Müllabfuhr, Polizei und Krankenhäuser nicht mehr funktionieren, Banden von Plünderern marodieren und Seuchen um sich greifen. Angesichts solcher Aussichten riet er seinen Lesern dazu, sich einen sicheren Rückzugsort für den Ernstfall anzulegen: ein Haus mit Grundstück in einer kleinen ländlichen Gemeinschaft, abseits der großen Metropolregionen. Dort solle man man Vorräte, Werkzeuge und Waffen horten, um sich im Notfall unabhängig von dem System und der Wirtschaft machen zu können.[70] Tappan selbst lebte in den 1970er-Jahren mit seiner Familie auf einer Ranch im Rogue Valley, im Südwesten des Küstenstaates Oregon. (Heutige Retreater ziehen nördliche Mountain States wie Idaho, Montana und Wyoming vor, weil die Pazifikküste zu überlaufen ist.)

Die drohende Katastrophe sah Tappan als unvermeidbar an. Individuelle Vorbereitung war für ihn der Schlüssel zum Überleben. Politisch sah er sich als Freidenker. Der Presse traute er genauso wenig wie staatlichen Organen. In *Tappan On Survival* gibt es eine Passage, in der er seinen Lesern eindringlich rät, bei der Informationsbeschaffung absolut unabhängig zu sein. Er gab sich unpolitisch und geradezu antiintellektuell – so empfahl er etwa Büroarbeitern, schleunigst einen Beruf zu erlernen, der auch in einer kollabierten Gesellschaft von Nutzen sei, beispielsweise Installateur, Tischler oder Maurer.

Neben Tappan tat sich Ende der 1970er-Jahre vor allem der Autor und Finanzberater Howard Ruff mit seinem Newsletter *The Ruff Times* hervor. 1979 veröffentlichte er seinen Bestseller *How to Prosper During the Coming Bad Years*, eins der meistverkauften Finanzbücher aller Zeiten. Ähnlich wie Tappan glaubte auch der libertäre Mormone, dass die Geldschöpfung der Zentralbanken über kurz oder lang in die Hyperinflation und den Finanzkollaps führen werde. Ruff empfahl seinen Leser*innen, Vorräte für mindestens ein halbes Jahr anzulegen und sich mit handfesten Gütern wie Werkzeugen, Generatoren, Fahrrädern, Medikamenten und Batterien einzudecken. Ihr übriges Vermögen sollten sie in Edelmetallen wie Gold und Silber anlegen.[71] Später sah Ruff das Platzen der Dotcom-Blase voraus und legte zur Finanzkrise von 2008 seinen Bestseller neu auf.

Der Finanzkollaps war zum Höhepunkt des Kalten Krieges jedoch nicht mehr die einzige Sorge, die Menschen zu »Preppern« werden ließ. Die Sorge um einen potenziellen Atomkrieg zwischen den USA und der Sowjetunion griff um sich. 1979 schrieb der US-Militär und Geologe Cresson H. Kearny sein Buch *Nuclear War Survival Skills*. Darin wollte er Zivilisten Überlebensmaßnahmen für den Fall einer nuklearen Katastrophe vermitteln. Das Buch enthält MacGyver-artige Anleitungen, Diagramme, Zeichnungen, Checklisten und Baupläne für Lampen, Toiletten, provisorische Kochgeräte oder Wasserfilteranlagen. Es beschreibt minutiös, welche Vorräte man für den Ernstfall anlegen sollte und wie man ohne Krankenhäuser oder Ärzte überlebt. Ein ganzes Kapitel widmet sich dem Errichten eines permanenten, belüfteten Schutzraumes im eigenen Haus. Das Buch ist nach Kearnys Tod im Jahr 2003 ins Gemeineigentum übergegangen und kann heute kostenlos heruntergeladen werden. Es war Kearnys ausdrücklicher Wunsch, dass sein Buch eines Tages in jedem Haushalt stehen würde.

Ideologisch stammten die »Prepper« der 1960er- und 1970er-Jahre aus unterschiedlichsten Lagern. Unter ihnen waren islamophobe Atheisten, libertäre Freidenker und erzkonservative Mormonen, rechtsradikale Waffenliebhaber und linke Öko-Anarchisten. Dieses weite politische Feld spiegelt sich auch heute noch in der Survival-Szene wider. »Prepper«-Literatur muss man daher auch mit einer gesunden Distanz und Skepsis genießen. Dann jedoch enthalten manche der Bücher und Blogs tatsächlich sehr vernünftige Tipps zur Vorsorge für kommende Zeiten.

Seit den 1990er-Jahren ist zwar die Bedrohung durch den Kalten Krieg entfallen, doch die »Prepper«-Bewegung ist keineswegs verschwunden. Der ehemalige Kampfpilot Joel Skousen schrieb Bücher mit Titeln wie *Strategic Relocation* oder *The Secure Home*; besonders weit verbreitete sich auch seine PDF-Broschüre *Ten Packs For Survival*, die man auf seiner persönlichen Website bestellen kann, indem man Skousen zwei Dollar via PayPal schickt. Es sind gut investierte zwei Dollar, wenn man eine nach Gütergruppen geordnete Checkliste für eine Campingausrüstung sucht, zum Beispiel für eine längere Wanderung in der Wildnis.

In den 2000er-Jahren übernahm das Internet den Job der früheren Papier-Newsletter. In Blogs und Foren diskutiert man heute über die besten Orte für Retreats und bildet lokale Netzwerke. Darunter befindet sich das ganze Spektrum der Gesellschaft, doch ein gewisses negatives Menschenbild scheint mir vorherrschend zu sein: der Glaube, dass wir uns gegenseitig an die Kehle gehen, sobald die geringsten Engpässe drohen. Dass Horden von Plünderern durch die Lande ziehen werden, sobald der Strom einmal länger als ein paar Stunden ausfällt. Dass wir uns mit Gewalt werden wehren müssen, um unsere Vorräte zu verteidigen.

Krisen wie zuletzt die Bedrohung durch Covid-19 zeigen uns, dass es beide Phänomene gibt: die Hamsterkäufe, aber auch die Solidarität. Trotzdem ist es sinnvoll, auf solche Krisen in vernünftigem Maße vorbereitet zu sein. Wer sich in guten Zeiten einen Vorrat an Nudeln, Thunfisch und Toilettenpapier anlegt, muss in schlechten Zeiten nicht hamstern. Deutsche Behörden empfehlen, für den Notfall eine Nahrungs- und Wasserreserve von mindestens zehn Tagen für alle Personen im Haushalt vorrätig zu haben. Es kann also bei allem Minimalismus nicht schaden, sich einmal mit den Vor- und Nachteilen von dehydriertem und gefriergetrocknetem Essen auseinanderzusetzen. Auch das gehört für mich zu einem Leben im Zen Style.

Von Suburbia nach Utopia

Bei aller berechtigten Sorge über unsere Zukunft gibt es natürlich immer Grund zur Hoffnung. Zen Style muss nicht heißen, sich mit dem Rückzug und der Vorbereitung auf dunkle Zeiten zufriedenzugeben. Vielmehr kann und sollte Zen Style auch bedeuten, den Diskurs um unser zukünftiges Zusammenleben in die Öffentlichkeit zu tragen, aktiv an Veränderungen mitzuwirken und positive Utopien für eine Gesellschaft im Zen Style zu entwickeln: in einer Wirtschaft, die nicht mehr auf Wachstum, sondern auf Erhaltung basiert, in der regionale Förderungsmodelle und das bedingungslose Grundeinkommen garantiert werden, in der Unverpacktläden, Community-Gärten und Repair-Cafés die Shoppingmalls ersetzen; in der zukunftsträchtige, nachhaltige Wohnformen wie das Tiny House, die Next-Level-Holzhütte im Wald oder der Bauhaus-Trailer mitten in der Innenstadt nicht nur erprobt, sondern gelebt werden.

Der Sozialpsychologe Harald Welzer ist einer der wichtigsten deutschen Intellektuellen, die für einen genügsamen Lebensstil plädieren. Er spricht sich für eine Orientierung an Gemeinwohl und Solidarität statt an Profit und

Konsum aus. In Büchern wie *Alles könnte anders sein* ruft er beherzt zu mehr Selbstwirksamkeit und Veränderungswillen auf und beschreibt Bausteine für eine neue Gesellschaft, darunter Autonomie, Gerechtigkeit, Solidarität, Freundlichkeit. Unserer jetzigen Gesellschaft diagnostiziert Welzer eine beängstigende Fantasielosigkeit und Desillusionierung unter dem trügerischen Banner des Realismus – eine schwindende Fähigkeit zum Träumen, die alle Utopien im Keim erstickt. Eine Erklärung liegt für ihn in der ubiquitären Nutzung von Smartphones, die uns dabei helfen, jede Sekunde unserer freien Zeit mit belangloser Unterhaltung zu füllen.

Digitale Technik habe wider Erwarten bislang nicht dazu geführt, dass wir weniger arbeiten, so Welzer, sondern nun starren wir rund um die Uhr auf unsere Smartphones und Laptops und entschädigen uns mit übermäßigem Konsum für eine entfremdete Arbeit in einem »Bullshit-Job«. Seine Gegenmaßnahme: der politische Kampf um freie Zeit, in der man – von Systemen und Netzen abgetrennt – den Kopf freibekommt und wieder lernt, Wichtiges von Unwichtigem zu trennen.[72]

Auch wenn er Marx zitiert und den Neoliberalismus geißelt, glaubt Welzer noch lange nicht an die sozialistischen Utopien des vergangenen Jahrhunderts. Stattdessen fragt er nach der Möglichkeit eines »ökosozial aufgeklärten Kapitalismus«[73] und plädiert dafür, nachhaltigen und sozialen Unternehmen Steuervorteile zu verschaffen. Er glaubt an Commons, Kooperativen und Genossenschaften statt kapitalistischer Start-ups, an analoge, autofreie Städte statt der »Smart City«. Und er glaubt an das bedingungslose Grundeinkommen, das unsere Gesellschaft für eine Zeit wappnen wird, in der wegen Digitalisierung und Automatisierung einfach nicht mehr für jede*n genug klassische Erwerbsarbeit vorhanden sein wird. Gleichzeitig ist er überzeugt, dass dies eine Chance für uns Bürger*innen bietet, uns wieder mehr umeinander zu kümmern, uns ehrenamtlich und sozial zu engagieren und der Gemeinschaft Angebote zu machen, die nicht nur einer wirtschaftlichen Logik entspringen müssen.

Ähnlich wie Welzer argumentiert der Sozialwissenschaftler Michael Kopatz in Bezug auf nachhaltiges und umweltbewusstes Lebensverhalten, das in naher Zukunft zu einem Massenphänomen werden könnte – durch die Etablierung entsprechender Routinen. In seinem Buch *Ökoroutine* entwickelt Kopatz konkrete Ideen und Vorschläge, um eine Lebensstiländerung für die breite Masse attraktiver zu machen. Dabei geht es nicht so sehr darum, was einzelne Konsument*innen tun können, sondern vor allem um die politischen, wirtschaftlichen und sozialen Rahmenbedingungen.

Schließlich wissen wir doch eigentlich alle ganz genau, wie es um Klima und Umwelt bestellt ist. Warum also tun wir nicht einfach, was richtig ist? Laut Welzer ist dies einerseits ein Spiegel der postmodernen Gesellschaft mit ihren widersprüchlichen Anforderungen, andererseits werden nicht nachhaltige Lebensweisen immer noch bevorzugt und teilweise sogar staatlich unterstützt. Die Gründe hierfür sieht Kopatz in einer Gemengelage aus gierigen Wirtschaftsakteur*innen, gewissenlosen Lobbyist*innen, unfähigen Medien, rückgratlosen Politiker*innen und verunsicherten Konsument*innen, deren wichtigste Strategie ist zu verdrängen.[74]

In der Welt, in der Welzer und Kopatz leben möchten, ist »Öko« nicht die teure, seltsame, »erklärungs- und legitimationsbedürftige Abweichung vom normalen, also nicht nachhaltigen Verhalten«[75], sondern eben der Normalfall, die Routine. Es ist eine Welt, in der es ganz selbstverständlich Limits für Straßenbau und Flugverkehr gibt, in der Parkplätze zu Grünanlagen rückgebaut werden, in der Fleisch aus Massentierhaltung und Kleidung aus dem Sweatshop nicht mehr die günstigsten Alternativen sind und in der wir uns vor allem nicht mehr ständig den Kopf über moralisch korrekten Konsum zerbrechen müssen, weil er einfach zum Standard geworden ist.

Kopatz beschäftigt sich mit der wirtschaftspolitischen Stärkung von Regional- und Gemeinwohlwirtschaft in Kommunen. Doch er betont auch, wie wichtig es ist, diesen Wandel als Bürger*innen aktiv zu steuern und Veränderungen einzufordern. Natürlich geht mit solchen Vorschlägen auch das Bewusstsein darüber einher, dass das Wirtschaftswachstum begrenzt werden muss. »Grünes Wachstum«, wie es eigentlich alle großen Parteien in Deutschland derzeit propagieren, werde kaum ausreichend sein, wenn es darum geht, die globalen Probleme einzudämmen. Doch Expansion zu begrenzen bedeutet nicht unbedingt Verzicht – und es gibt auch kein Menschenrecht auf Billigfleisch und -flieger.

In der Utopie, die der Politikwissenschaftler André Wilkens in seinem Buch *Analog ist das neue Bio* entwirft, geht es um den Aspekt der zunehmenden Digitalisierung unserer Gesellschaft, die – wie wir bereits gesehen haben – längst nicht nur positive Folgen hat. Er möchte analogen Tätigkeiten daher besondere Wertschätzung entgegenbringen, auch wenn sie aufwendiger, teurer und manchmal weniger effektiv scheinen. »Analog« könne in der Zukunft ein Gütesiegel wie heute schon »Bio« werden – etwas, das man sich hin und wieder leistet, weil es besondere Qualität verspricht.[76]

Wilkens möchte deswegen nicht gleich in die Ecke der Nostalgiker gestellt werden. Ihm geht es nicht darum, das Digitale vollständig abzuschaffen, sondern um ein gleichberechtigtes Nebeneinander, in dem analoge Dinge durchaus auch mal die erste Wahl sein können. Denn gerade in den Limitierungen des Analogen liege ein spezieller Wert – und in dem teilweisen Rückzug auf analoge Tätigkeiten könne man eben auch einen subversiven Akt der Datenverweigerung sehen.[77]

Tatsächlich ist die Überbrückung analoger Distanz, die uns digitale Krücken wie Smartphones und Social-Media-Apps versprechen, gar nicht so viel wert. Natürlich ermöglichen sie uns, selbst über viele Tausend Kilometer hinweg, Kontakt zu Freund*innen oder Verwandten zu halten. Doch sie ersetzen in keiner Weise das persönliche Gespräch, den Blick in die Augen, die Umarmung sowie die Verbindung, die dadurch entsteht. Das mussten wir auch während der Coronapandemie schmerzlich erfahren.

Die sozialen Medien geben uns eine neue Möglichkeit, schnell und unkompliziert miteinander zu kommunizieren. Ich befürchte aber, dass sie uns gleichzeitig daran hindern, unsere analogen Verbindungen zu stärken. Sie verschaffen uns die Illusion der Teilhabe, doch ein Like unter einem Foto ersetzt nun mal keinen Krankenbesuch und ein Insta-Chat kein anregendes Gespräch im Café. Obwohl wir glauben, enger mit der ganzen Welt verbunden zu sein, entfernen wir uns immer weiter von den Menschen in unserem Leben.

Wir nehmen die Welt immer mehr durch die Kameras unserer Smartphones wahr, doch ich muss kein Foto von den Kirschbäumen in meiner Nachbarschaft posten, um ihre Blüte zu würdigen. Es spricht natürlich im Kern nichts dagegen, die Freude über die Kirschblüte zu teilen – doch wenn das Teilen zur Haupthandlung wird und wir darüber vergessen, den Augenblick wirklich zu genießen und darin zu verweilen, führt uns dieses Verhalten weg von einem achtsamen Leben.

Für Wilkens geht es beim Beharren auf analogen Techniken allerdings nicht nur um Lebensqualität, sondern auch darum, unabhängig und selbstbestimmt zu sein – um die Freiheit der Entsagung, weil man seine Daten den Konzernen nicht einfach frei Haus liefern möchte. Nutzt man primär digitale Techniken, macht man sich zudem abhängig von Betriebssystemen und Programmen, die man in den allermeisten Fällen nicht selbst reparieren kann. Bei Themen wie der Datenspeicherung in Clouds verlässt man sich heute bereitwillig auf große Techfirmen. Doch diese kommen und gehen – manchmal schneller, als man denkt.

Dass Menschen den Reiz analoger Tätigkeiten wiederentdecken, zeigen Blogüberschriften wie »Five Old School Things To Consider Doing Again«[78] oder »9 Old-Fashioned Habits That I Stubbornly Cling To«[79]. In beiden Texten geht es um Gewohnheiten, die im Zeitalter von Social Media, Streamingdiensten und Onlineshopping möglicherweise anachronistisch erscheinen und dennoch für die Autor*innen einen Mehrwert bieten: Rezepte in einem Kochbuch suchen, terrestrisch-lineares Radio hören, Gesellschaftsspiele spielen, Papierzeitungen lesen oder physische Landkarten statt Navi und Google Maps benutzen.

Unter beiden Artikeln wurde lebhaft diskutiert. Menschen berichteten begeistert von ihren eigenen analogen Gewohnheiten. Einige griffen andere wegen ihrer Gewohnheiten an: Die Verfechter des Digitalen nannten die Analogen rückwärtsgewandte Umweltsünder, die Verfechter des Analogen prophezeiten den Digitalen, von Konzernen und Technologien weitreichend abhängig zu sein.

Ein gutes Beispiel für diese Ambivalenz ist Cottagecore, ein visueller »Social Media«-Trend, der eine naturnahe Lebensweise propagiert. Auf Plattformen wie Instagram und TikTok feiern seit einiger Zeit vor allem junge Queere die romantische Verklärung des Landlebens. In ihren Feeds findet man allerlei schicke Fotos von Gemüsegärten und Selbstgetöpfertem wie auch Videos von jungen Frauen in Latzhosen und Baumwollkleidern, die Marmelade einkochen, Mützen häkeln oder Holunderblütensirup herstellen.

Den Cottagecore-Kids erscheint ein friedliches und ländliches Leben als Safe Space inmitten einer gefährlichen Welt voller Rassismus und Queerfeindlichkeit, Umweltkatastrophen und Pandemien. In dieser sicheren Zone zählt nicht, wie du aussiehst und wie viel du verdienst. Dort trägt man auch keine Fast Fashion, sondern praktische Secondhandmode aus natürlichen Stoffen. Man arbeitet im Garten, statt den ganzen Tag in den Bildschirm zu glotzen. Allein den Tag draußen in der Natur zu verbringen, sei heute ja schon fast so etwas wie »ein symbolischer Akt der Rebellion«[80], schrieb der britische *Guardian*.

Cottagecore erlebte in den letzten Jahren einen enormen, weltweiten Popularitätsschub. Die Ästhetik verbreitete sich in Zeiten von Lockdowns und Quarantänen wie ein Lauffeuer. Natürlich erscheint ein eskapistischer Trend besonders reizvoll in einer Zeit, in der alles aus den Fugen geraten ist. Wenn Überforderung, Angst und Depression um sich greifen, erwacht bei vielen der Fluchtinstinkt. Im Cottagecore geht es auch darum, die soziale Beschleunigung für einen Moment auszuhebeln.

Die ersten Erwähnungen des Hashtags #cottagecore gehen ins Jahr 2018 zurück. Genau zehn Jahre nach der Geburt des Internetminimalismus als Antwort auf die große Finanzkrise entwickelten die Kinder der Blogger ihren eigenen Ausdruck von Konsumverzicht und Kapitalismuskritik. Der Wunsch, zu einem einfachen Leben im Einklang mit der Natur zurückzukehren, ist natürlich so alt wie die Industrialisierung selbst. Jean-Jacques Rousseau plädierte dafür im 18. Jahrhundert, Thoreau und seine Freunde vom Club der Transzendentalisten propagierten es im späten 19. Jahrhundert, später waren es die Lebensreformer, die Wandervögel, die Beatniks und die Friedensbewegten.

Der Widerspruch ist offenkundig: Natürlich entziehen sich diese jungen Menschen der technologisierten Welt ausgerechnet mithilfe der Technologie. Cottagecore ist ein Tagtraum für frustierte Suburbia-Teens, die mit ihrer Ablehnung des modernen Lebens nur kokettieren – wohl wissend, dass es für sie keine echte Option darstellt, in einen Wohnwagen zu ziehen. Ihre Faszination für Weichzeichnerfotos und selbst gebackenem Brot ist nur eine Simulation. Es mag nur ein belangloser Internetmikrotrend sein, doch ich sehe darin auch ein Symptom unserer Zeit. Ein Zeichen, dass sich auch in der Generation, die mit Smartphones, Social Media und ständiger Konnektivität aufgewachsen ist, langsam eine gewisse Digitalmüdigkeit abzeichnet.

Letztlich ist Cottagecore längst ein Mittel geworden, um die eigene Personal Brand zu schärfen, wenn auch eines, das zumindest jetzt gerade noch zur Rebellion taugt. Wegzukommen von einem rein ästhetischen Verständnis, in dem man das eigene Dasein als vermarktbare Werbefläche inszeniert, sollte in meinen Augen das Ziel von Zen Style sein: Brot zu backen und sich nicht dabei filmen zu lassen. Wirklich in den Wohnwagen zu ziehen, anstatt nur darüber zu twittern. Die Kirschblüte zu genießen, ohne sie zwingend fotografieren zu müssen. Zen Style ist Cottagecore auf Steroiden: kein bloßer »Social Media«-Trend, sondern das echte Leben.

Kulturelle Strahlung

Für den Schweizer Architekturprofessor Urs Peter Flückiger ist es kein Wunder, dass sich junge Menschen wieder nach dem einfachen, analogen Leben sehnen. Seiner Ansicht nach bewohnen wir zu große Häuser und besitzen zu viele Dinge – dazu kommt ein stetiger Datenstrom über E-Mails, Textnachrichten und »Social Media«-Benachrichtigungen. Einsame Waldhütten und nachhaltige Tiny Houses stehen laut Flückiger für einen überschaubaren Raum, an dem die Dinge ihre Ordnung haben. Dort werden wir nicht permanent mit Informationen bombardiert.

Diese Sehnsüchte sind nicht neu. Flückiger weiß, dass sich die Menschen schon seit langer Zeit die Frage nach dem idealen Mindestwohnraum stellen. Leo Tolstoi schrieb 1885 die Geschichte *Wieviel Erde braucht der Mensch?*, lieferte jedoch keine Antwort auf die titelgebende Frage. Seine Parabel kritisierte ganz allgemein die menschliche Gier, permanent den materiellen Besitz zu erweitern.

Schon 1845 wollte Henry David Thoreau herausfinden, wie viel Raum ein Mensch konkret benötigt – und so zimmerte der Schriftsteller sich eine 14-Quadratmeter-Holzhütte am Waldensee (Materialkosten: 28,12 Dollar), in der er zwei Jahre lang lebte. Über diese Zeit schrieb er, wie bereits erwähnt, später sein wichtigstes Buch *Walden*. Es entwickelte sich zur Bibel der Zurück-zur-Natur-Bewegung und wird von Generation zu Generation als Aufruf zum bürgerlichen Ungehorsam weitergegeben.

Thoreau lebte in einer ähnlichen Umbruchszeit wie wir heute – in der Zeit der industriellen Revolution. Sein Mentor Ralph Waldo Emerson hatte gerade erst ein flammendes Plädoyer für die Neuentdeckung des menschlichen Verhältnisses zur Natur geschrieben. In Emersons Haus traf sich der bereits erwähnte Transcendental Club, ein philosophischer Diskussionskreis, dessen Ideen viele Gegenkulturen des 20. Jahrhunderts inspirierten. Steward Brand, der Herausgeber des *Whole Earth Catalogue*, bezog sich genauso auf sie wie die Beatniks, Hippies und Minimalist*innen.

Wie die Transzendentalisten um Emerson und Thoreau war auch der berühmte Architekt Le Corbusier vom Gedanken des einfachen Lebens fasziniert. 1952 schenkte er seiner Frau ein Holzhaus an der Côte d'Azur zum Geburtstag. Die Hütte mit dem Namen »Le Cabanon« hatte nur 13 Quadratmeter Wohnfläche, diente dem Ehepaar jedoch für viele Jahre als Sommerresidenz, teilweise für ein bis zwei Monate am Stück. Man kann Le Corbusier und seine Frau als Vorreiter der »Tiny House«-Bewegung sehen. Dabei handelt es sich um Menschen, die sich im Geiste des Minimalismus in einen kleinen, oftmals mobilen Wohnraum zurückziehen, um ihren ökologischen Fußabdruck und ihre monatlichen Verpflichtungen zu minimieren.

Das Tiny House steht bei gut ausgebildeten Millennials hoch im Kurs. Ende der 2000er-Jahre kaufte der damals

26-jährige Zach Klein, der mit einem Tech-Start-up zu Geld gekommen war, ein Stück Land in Upstate New York, um sich dort ein Wochenendhaus bauen. Weil er jedoch nicht ganz allein sein wollte, verpachtete er einen Teil des Grundstückes an Freunde, die es ihm gleichtaten und auf ihren Parzellen ebenfalls kleine, einfache Hütten konstruierten. Zur Inspiration sammelten sie Fotos von einsamen Rückzugsorten auf dem Tumblr-Blog Cabin Porn; ihre Community im Wald tauften sie Beaver Brook.

Klein und seine Freunde stammten aus der New Yorker Start-up-Szene und der Unterhaltungsindustrie. Sie alle träumten von Ruhe und guter Luft, von Lagerfeuern und Nächten im Schlafsack auf der Veranda. Indem sie ihre Hütten selbst bauten, wurden sie zu Architekten, Handwerkern und Installateuren. Sie lasen die Bücher von John Seymour, dem 2004 verstorbenen Guru der Selbstversorgungsbewegung, und lernten daraus, wie man Holz hackt, Komposttoiletten baut und Solarenergie nutzt. Streckenweise lebten sie ohne Stromversorgung und fließendes Wasser mit 20 Personen, darunter fünf Kindern, auf dem Gelände.

Fünf Jahre später war der »Cabin Porn«-Blog ein offizielles Internetphänomen mit Millionen von monatlichen Besuchern. Beaver Brook wurde für die Allgemeinheit geöffnet, für 150 Dollar im Monat konnte nun jedermann auf dem Gelände leben. Klein gab jede Menge Interviews und veröffentlichte ein Fotobuch, das in acht Sprachen übersetzt wurde. Heute lebt er mit seiner Frau in San Francisco und ist mit der »Beaver Brook«-Community immer noch digital verbunden. Klein und seine Freunde haben mit ihrem DIY-Projekt einen Nerv bei ihrer Generation getroffen: Pro Sommer schlafen hier inzwischen Hunderte von internetmüden Stadtbewohner*innen für ein paar Nächte.

Thoreau und Le Corbusier waren keine Eremiten oder Einsiedler. Thoreau hielt während seiner Zeit am Waldensee regen Kontakt zu seinen intellektuellen Freunden vom Transcendental Club in der nahe gelegenen Kleinstadt Concord. Le Corbusier und seine Frau waren Stammgäste in den Restaurants am Cap Martin. Auch Zach Klein und seine Freunde fuhren am Sonntagabend zurück nach New York, um am Montagmorgen wieder in ihren Agenturen und Start-ups zu arbeiten. Der Trend zu Cabins und Tiny Houses steht für die Sehnsucht junger Menschen, für eine gewisse Zeit den Stecker zu ziehen, ohne gleich komplett aus der Gesellschaft auszusteigen.

Der Berliner Architekt Van Bo Le-Mentzel machte vor einigen Jahren Schlagzeilen mit einem visionären, nachhaltigen Designkonzept, inspiriert vom Bauhaus und der »Tiny House«-Bewegung. Seine »Hartz IV Möbel« können nicht nur von Hand- und Heimwerker*innen selbst gebaut werden, mit Baustoffen aus dem Baumarkt für ein paar Euro – zum Beispiel der »Berliner Hocker«, der nur aus ein paar Leimholzplatten und Schrauben besteht.

Selbst gebaute Möbel wie die von Van Bo Le-Mentzel verleihen jedem Lebensraum einen anderen Geist als massengefertigte Möbel. John Seymour sprach von einer Art »kulturellen Strahlung« (»*cultural radiation*«), die solche Dinge an ihre Umgebung abgeben. Sie resultiere vor allem aus der Liebe, Mühe und Kunstfertigkeit, die in die Herstellung geflossen sind.[81] Seine Theorie war ein Plädoyer für die Handwerkskunst, aber auch für das Selbermachen und -bauen, für die Wertschätzung von Werkstoffen, Materialien und Dingen.

Nach dem Wabi-Sabi genannten japanischen Konzept der Ästhetik, das eng mit dem Zenbuddhismus verbunden ist, sind Dinge erst dann richtig schön, wenn sie Spuren der Verwendung und des Alters tragen. Gegenstände werden in aller Regel nicht weggeworfen, sondern repariert, und leichte Beschädigungen nicht verborgen, sondern etwa mit Goldfarbe sogar betont. In Japan heißt diese Praxis Kintsugi. Insoweit können auch einfache Massenartikel einen Geist haben, jedoch muss ihnen dieser im Nachhinein eingeflößt werden, während selbst gemachte Dinge bereits eine gewisse Menge kultureller Strahlung mitbringen. Ein Ding jedoch, das aus einer lauten, dreckigen Fabrik stammt und nie wirklich gebraucht wird, bleibt seelenlos.

Den Makel der Massenproduktion können Objekte vor allem dadurch loswerden, indem sie gebraucht, weggeworfen und recycelt werden, findet der Schriftsteller Jonathan Franzen. Denn so werden sie zu Unikaten mit einer Geschichte. In seinem Essay *Verwertet* von 1996 macht er die Aufbereitung von Konsumabfällen zur Metapher für seine eigene Literatur. Er erinnert sich an seinen Vater, der mit alten rostigen Nägeln den Keller neu vertäfelte. An seinen Bruder Tom, der seine Wohnung mit Materialien vom Trödelmarkt renovierte. Seine Prosa schrieb der Autor selbst jahrelang auf halb kaputten Schreibmaschinen und Computern. Er findet Schönheit in veralteten Dingen, denen man ihre Vorgeschichte ansieht.

Franzen berichtet, wie er sich noch heute nützliche Backsteine und Latten aus New Yorker Müllcontainern besorgt.

Sein Widerstand gegen den Technikkonsumismus sei in den 80er-Jahren, als er nur ein vierstelliges Jahreseinkommen bezog, auf unfreiwillige wirtschaftliche Notlagen zurückzuführen gewesen. Heute gehe es ihm um etwas anderes, nämlich um die Rettung alter Gegenstände. Natürlich könne er sich als gefeierter Bestsellerautor inzwischen auch neue Gegenstände leisten; doch er entscheide sich oft genug lieber für Secondhandware.[82]

Auch der New Yorker Künstler Rammellzee nutzte Wohlstandsmüll, um daraus seine ganz eigene Welt zu konstruieren. Aus Dingen, die andere Menschen weggeworfen hatten, erschuf er futuristische Skulpturen – als Rebellion gegen eine Welt der Unterdrückung und der Konvention. Als Graffitisprayer hatte er sich schon früh außerhalb der Gesellschaft positioniert. Die Ganzkörperanzüge, Kostüme und Rüstungen, die er später aus Fundstücken aus den Mülltonnen von Manhattan zusammensetzte, nannte er »Garbage Gods«. Rammellzee wusste, was kulturelle Strahlung bedeutet. Als er einmal nach seiner Lebensphilosophie gefragt wurde, antwortete er trocken: »Lebe – bis du tot bist.« Klingt nach Zen Style.

Im Zen Style zu leben kann heißen, seine Wohnungseinrichtung selbst zu gestalten. Vielleicht besorgst du dir deine Ikea-Möbel künftig nicht mehr direkt im Einrichtungshaus, sondern gebraucht über Onlinekleinanzeigen. Oder du findest gebrauchte, wiederaufgearbeitete Stücke im Trödelmarkt. Oder du entdeckst Möbel im Sperrmüll, die du noch gut gebrauchen kannst. Du kannst deine Möbel auch selbst bauen, mit Materialien aus dem Baumarkt. Jedenfalls rate ich dir dazu, dich nur mit Dingen zu umgeben, die deinem Leben einen echten Wert hinzufügen, aber gleichzeitig darauf zu achten, dass sie genug kulturelle Strahlung abgeben. Nur dann werden sie eine positive Wirkung auf deine mentale Gesundheit haben.

25

Analoges Leben in einer digitalen Welt

Die großen Techkonzerne sprechen bei der Argumentation für ihre Überwachungstechnologien stets vom Inevitabilismus, einer fatalistischen Sichtweise, nach der das, was technisch möglich ist, auch gemacht wird. Rechtliche und gesellschaftliche Rahmenbedingungen müssten sich nach der Logik des Inevitabilismus stets der technologischen Entwicklung anpassen. Ich glaube aber, dass wir sehr wohl eine Wahl haben, bestimmte Dinge durch unser Handeln oder Nichthandeln zu beeinflussen. Am besten fangen wir damit direkt in unserem eigenen Alltag an. Zen Style.

Beginnen wir damit, uns auf die guten Freunde und wichtigen Menschen im echten Leben zu konzentrieren und diese Beziehungen aktiv zu pflegen. Reine »Social Media«-Bekanntschaften können wir vernachlässigen – nicht andersherum. Wir können uns mit den Menschen, die uns wichtig sind, persönlich treffen, nicht nur im Rahmen von größeren Zusammenkünften. Man muss dazu nicht immer ein bestimmtes Programm haben oder gemeinsam etwas konsumieren. Ein Spaziergang im Park bringt uns näher zusammen als jede Shoppingtour und jeder Kinobesuch.

Wenn wir schon einkaufen, können wir das analog tun, statt online zu shoppen. Es gibt immer noch kleine Fachgeschäfte, in denen wir uns beraten lassen können. Dort können wir in aller Regel noch mit Bargeld zahlen, das im Gegensatz zu Kreditkarten oder digitalen Bezahlsystemen keine Spuren hinterlässt und uns daher Anonymität und Privatsphäre garantiert. Das macht uns weniger berechenbar für die Algorithmen und liefert keine Daten an Werbetreibende.

Wir können uns politisch und zivilgesellschaftlich für echte soziale Veränderung engagieren, etwa in NGOs, Parteien oder lokalen Aktionsgruppen. Likes auf Social Media verteilen oder Onlinepetitionen unterschreiben zählt nicht. Auch die Bürgerinitiative oder der Nachbarschaftstreff können sinnvolle Engagements sein. Biete deiner Gemeinschaft etwas an – etwa einen Sportkurs in deinem Wohnquartier oder eine regelmäßige Interessengruppe: Ihr könnt zum Beispiel zusammen Musik machen oder über Bücher sprechen, gemeinsam meditieren oder eine wöchentliche Diskussionsrunde über aktuelle Themen initiieren. Weil ihr euch gegenübersitzt, wird leidenschaftlich, aber sachlich debattiert, ohne die unnötige Aggression und Selbstgerechtigkeit, die in den sozialen Medien häufig anzutreffen sind. Auch bei unserem Unterhaltungsprogramm können wir auf eine selbstbestimmte Themenwahl setzen, anstatt uns bequem den Algorithmen der Streamingdienste zu ergeben.

Wir können unseren Körper im Alltag so viel bewegen wie möglich – indem wir gehen, wandern, joggen, Fahrrad fahren, Yoga im Park machen. Zwar verbringen die meisten von uns viel Zeit am Computer, aber wir sollten öfter mal wieder den eigenen Kopf benutzen, anstatt direkt Google zu befragen. Wir können ein Gedicht auswendig lernen, das uns inspiriert. Oder wir können etwas mit unseren Händen machen: eine Mahlzeit zubereiten. Ein Möbelstück selbst bauen. Einen Gegenstand reparieren. Das führt nicht nur zu mehr Selbstwirksamkeit, sondern auch zu einer tiefen Befriedigung. Digitale Tätigkeiten, mit denen viele von uns ihren Berufsalltag verbringen, fordern unsere Sinne, unseren Geist und unseren Körper nur sehr einseitig heraus. Daher sind analoge Tätigkeiten wichtig für die Balance in unserem Leben. Such dir ein analoges Hobby!

Wir können im Garten arbeiten. Gartenarbeit verbindet uns auf unnachahmliche Weise mit der Natur, dem Kosmos und unserem tieferen Selbst. Wer sich mit der Anzucht von Pflanzen und der Kompostierung von Abfällen befasst, sieht jeden Tag den Kreislauf von Werden und Vergehen aus nächster Nähe. Das führt zu innerer Ruhe und Gelassenheit. Wer hin und wieder mit den Händen in der Erde wühlt, ist mit großer Wahrscheinlichkeit ein zufriedener Mensch. Auch für Großstädter*innen gibt es viele Möglichkeiten zum Gärtnern: Parzellen und Felder in Mietgärten, urbane Community-Gärten oder auch die klassischen Klein- und Schrebergärten in entsprechenden Anlagen (sie sind günstiger, als man denkt, doch teilweise muss man recht lange darauf warten). Ideal ist natürlich ein Garten direkt an der Wohnung oder am Haus, im Notfall tut es aber auch eine Reihe von Balkonkästen und vielleicht ein kleines Hochbeet auf der Dachterrasse oder einem unbebauten Stück Land in der Nachbarschaft – einfach mal eine E-Mail ans zuständige Grünflächenamt schreiben und nach freien Flächen fragen, die man bewirtschaften könnte.

Wir können Theater, Konzerte und Ausstellungen besuchen, ohne dabei zu fotografieren oder zu filmen. So erleben wir die Schönheit des einzigartigen, nicht reproduzierbaren Moments. Wir sollten ein Handyverbot in solchen Kontexten nicht als Bevormundung verstehen. Es ermöglicht uns vielmehr eine gemeinschaftliche Erfahrung. Wenn man es schafft, dem Reiz des leuchtenden Bildschirms für die zwei Stunden einer Aufführung zu widerstehen, wird man mit einem reicheren Erlebnis belohnt. Ich kann nur dazu raten, diese Trennung der Dauerverbindung zur Welt als Übung in Achtsamkeit zu betrachten.

Wir können Papierbücher und Zeitungen lesen, am besten in der Bibliothek: Das ist gleichzeitig analog und nachhaltig. Lesen bildet nicht nur den Geist, sondern formt auch den Charakter – jedenfalls, wenn man die richtigen Bücher liest. Dazu ist es jedoch erforderlich, lange Texte zu lesen und nicht immer nur Zusammenfassungen, markige Überschriften und ironische 160-Zeichen-Updates. Kultiviere deine Aufmerksamkeitsspanne. Nimm dir ein gutes Buch, schalte dein Telefon aus und genieße die Zeit, die nur dir gehört. Sie wird niemals verschenkt gewesen sein.

Wir können Musik hören, ohne etwas anderes nebenbei zu machen. Die Musikerin und Meditationslehrerin Pauline Oliveros hat die Praxis des »Deep Listening« entwickelt. Spiele dazu ein inspirierendes Album oder eine Aufnahme ab und höre sie dir komplett von Anfang bis Ende an. Keine Hausarbeit nebenher, kein Scrollen auf Social Media, kein Gespräch mit der Mitbewohnerin. Einfach nur zuhören. Folge den Klängen und Melodiebogen. Spüre die

Harmonien. Interessiere dich für die Musik. Zwischen Hören und Zuhören besteht ein großer Unterschied. Deep Listening verbindet dich mit der Musik auf eine tiefe Weise, die wir gar nicht mehr gewohnt sind. Lass es dir zur Gewohnheit werden.

Wir können uns im Alltag analoge Inseln schaffen. Das können Cafés ohne WLAN sein, aber auch kleine Platten- oder Buchläden, Theater, Bibliotheken und Museen. Auch in der eigenen Wohnung sollten wir analoge Zonen einrichten. Am besten eignet sich dafür das Schlafzimmer. Besorge dir einen analogen Wecker. Verzichte auf »smarte« Einrichtungsgegenstände. Gestalte dein Wochenende analog: Kaufe die Wochenendausgabe deiner Lieblingszeitung aus Papier und lies sie nach dem Frühstück in Ruhe bei einer Kanne Tee. Gehe anschließend allein oder mit einer Freundin in den Park oder die Galerie. Oder erkläre gleich deinen ganzen Urlaub zum »Digital Detox«, komplett ohne Smartphone, Laptop, Social Media und Kreditkarte.

Ein analoges Leben in einer digitalen Welt ist möglich.

26

In Stille

Wenn wir damit beginnen, analog zu leben, stellen wir fest, dass vieles, womit wir uns im digitalen Zeitalter umgeben, nichts als überflüssiger Lärm ist. Zen Style ist ein Weg, ihn auszublenden.

Vor einigen Jahren bin ich mit dem Rucksack durch Japan gereist. Ich habe die alten Zentempel von Kyoto besichtigt und die beste Nudelsuppe von Osaka gekostet. Ich stand ehrfürchtig vor dem großen hölzernen Buddha in Fukuoka und setzte mit dem Schiff von Kagoshima zur Vulkaninsel Sakurajima über. Was mir neben diesen schönen Erinnerungen allerdings auch im Gedächtnis geblieben ist: der ohrenbetäubende, groteske Lärm. Sobald wir den Bahnhof Tokio-Shinjuku verlassen hatten, brüllten uns von den Wänden digitale Werbeanzeigen an. Das Grundrauschen aus Verkehrs- und Alltagsgeräuschen schwoll immer dann kaskadenartig an, wenn wir an einer der stets gut besuchten Pachinko-Spielotheken vorbeiliefen, aus denen ein Höllenlärm drang, sobald sich die automatischen Türen zur Straße hin öffneten.

Wir haben uns an solch übertriebenen Lärm inzwischen gewöhnt, wenn wir in einer Großstadt leben. Früher zog der Lärm mich sogar magisch an, und ich wollte einstimmen in sein manisches Geheul, doch inzwischen sehne ich mich immer häufiger nach absoluter Stille. Damals wollte ich Tag und Nacht diskutieren, mich austauschen, um Ansichten und Meinungen ringen – bis frühmorgens standen meine Freund*innen und ich in Bars und Clubs herum, redeten und tranken, inmitten von lauter Musik. Heute freue ich mich über jeden Moment der Ruhe, und ich meine damit nicht nur die Abwesenheit von Geräuschen, sondern auch von starren Vorstellungen, Ideen und Konzepten.

Der Komponist John Cage, einer der ersten Minimalisten der modernen Musikgeschichte, bezog die Wirkung der Stille in sein Werk mit ein. Das bereits erwähnte Stück »4'33« lässt die Pianistin schweigen. Die in der Stille entstehenden Geräusche gehören zum Werk. Eigentlich ist »4'33« eine Achtsamkeitsübung, die Cage zur Kunst erklärt hat. Cage war es auch, der gesagt hat, man solle Geräusche nicht diskriminieren – der harmonische Klang einer Geige sei nicht automatisch »besser« als der eines Presslufthammers. Auch diese Unterscheidung entstehe nur aufgrund von Bewertungen, die unserem Geist entspringen.

In seinem Buch *Savage Gods* beschreibt der britische Autor Paul Kingsnorth – wir haben ihn bereits in einem der vorigen Kapitel über die dunkle Ökologie kennengelernt –, wie er mit Anfang 40 vor dem in der Großstadt allgegenwärtigen Lärm aufs Land flüchtete, auf eine kleine Farm im dünn besiedelten Westen Irlands. Dort begann er mit Zenmeditation, die in ihm eine Abneigung gegen starke Meinungen und mit Bedeutung aufgeladene Wörter auslöste, was ihm das Schreiben zeitweise schwer machte.

Was Kingsnorth beschreibt, könnte man vordergründig als neue Form der Midlife-Crisis interpretieren. Früher kaufte man sich einen Sportwagen und begann eine Affäre, heute zieht man sich in eine Datsche auf dem Land zurück, beginnt zu meditieren und selbst Gemüse anzubauen. Die Uckermark steckt voller ehemaliger Medienarbeiter*innen, die in ihren Dreißigern plötzlich ihr Interesse für die Landwirtschaft entdeckt haben.

Doch was, wenn es sich dabei gar nicht um eine Midlife-Crisis handelt, also um ein psychologisches Problem, das es zu lösen gilt, sondern um eine ganz normale und logische Entwicklung im Leben? Kingsnorth zitiert Colin Campbell, einen traditionellen Heiler aus Botswana, der in einer Lektion über die Elemente Feuer und Wasser spricht, mit denen man das menschliche Leben beschreiben könne: In der ersten Hälfte des Lebens, der Feuerhälfte, reißen wir uns los von der Erde, unseren Familien und den uns zugeteilten Rollen sowie von Strukturen, Regeln und Orten. Was uns dabei antreibt, sind Ambition, Leidenschaft und Gier. Diese erste Lebenshälfte wird vom Feuer versinnbildlicht, während die zweite Lebenshälfte für das Wasser steht. In dieser Hälfte fallen wir zurück auf die Erde, gründen Familien, zerstören unsere Illusionen über uns selbst (was nicht nur positiv, sondern auch schmerzhaft sein kann) und kehren zurück nach Hause, nicht nur metaphorisch, sondern auch ganz real. Wir suchen nach einem Ort, um uns niederzulassen und seßhaft zu werden.[83]

Natürlich erkenne ich mich selbst wieder in dieser Beschreibung. Ich erkenne, wie ich mich in meiner ersten Lebenshälfte nach Aufregung, Ablenkung und Lärm verzehrte, während sich mir in der zweiten Lebenshälfte der Reiz von Stille, Ruhe und Abgeschiedenheit offenbarte. Auf einmal stieg der Wunsch in mir auf, als Mönch in ein Kloster zu gehen oder mich als Einsiedler in die Berge zurückzuziehen. Auch wenn diese radikalen Ideen wahrscheinlich nicht zu meinem Weg gehören, sehne ich mich nach einem Ende des ewigen Strebens, Wollens und Wünschens. Ich bin schon an den äußersten Stadtrand gezogen, weil ich mich immer noch nicht ganz von den Möglichkeiten der Großstadt abtrennen wollte. Aber viel häufiger als den Trubel der Innenstadt suche ich die Stille im nahe gelegenen Wald, am See oder auf den Feldern Brandenburgs.

Die alten Zenmeister sagten: Sei still, sofern du nichts sagen kannst, was wertvoller ist als die Stille. Nach dieser Maßgabe ist jeglicher Small Talk vollkommen überflüssig. Die abendlichen Talkshows, in denen nur noch eine Vorstellung von Politik aufgeführt wird – unnötig. All die Influencer*innen, die uns in den sozialen Medien mit ihrem vermeintlich perfekten Leben und ganz viel versteckter Werbung beschallen – egal. Die ganzen technischen Gadgets in unseren Wohnungen, die ständig irgendwelche Geräusche erzeugen; die Voice-Speaker und internetfähigen Kühlschränke; die ständigen Nachrichten und Benachrichtigungen, Likes und Dislikes – alles im Grunde vollkommen gleichgültig. Und wenn wir beginnen, das zu erkennen, dann sehnen wir uns immer mehr nach der Stille, nach ihrer Heiligkeit und ihrer Magie. Doch absolute Stille ist schwer bis unmöglich zu finden. Selbst in einem absolut schalldichten Raum hören wir unser zentrales Nervensystem sowie unser eigenes Blut zirkulieren.

In Japan habe ich verstanden, dass ich beides will und brauche: den ohrenbetäubenden Lärm der Straßen von Tokio, aber auch die erhabene Ruhe in einem der alten Zengärten von Kyoto. Im Laufe des Lebens verschiebt sich lediglich der Fokus. Stille wird wichtiger, und das ist ein Zeichen dafür, dass wir unsere Heimat und unsere innere Mitte zu finden beginnen. Wir kehren in den Schoß der Erde zurück. Ich finde, dass wir uns diesen Wunsch eingestehen dürfen. Wie sehr habe ich es stets genossen, wenn ich nach einer langen, lauten Clubnacht durch die Stille im Morgengrauen nach Hause laufen oder mit dem Fahrrad die menschenleeren Straßen herunterfahren konnte? Das Feuerwerk, das wir in unseren Zwanzigern und vielleicht auch noch in unseren frühen Dreißigern abfeuern, ist notwendig und reizvoll. Doch irgendwann erkennen wir, dass alles, was uns künftig glücklich machen wird, woanders zu finden ist.

Natürlich wird unser Geist niemals ganz aufhören, geschwätzig zu sein; genauso wenig wie uns der Reiz des Nachtlebens nicht sofort verlassen wird oder der Wunsch, starke Meinungen und Konzepte zu entwickeln und diese mit anderen Menschen lautstark zu diskutieren. Doch wenn Paul Kingsnorth beschreibt, wie er mit Anfang 40 plötzlich aufhörte, sich selbst, seine Ideen und Vorstellungen so unglaublich wichtig zu nehmen, dann erkenne ich einen Prozess, den ich auch selbst durchgemacht habe. Auf einmal begann ich daran zu zweifeln, ob ein Leben in den Diskursen, die ausschließlich in meinem Kopf stattfanden, wirklich das wahre Leben war. Plötzlich standen da viel mehr Fragezeichen als Ausrufezeichen.

Viele von uns lernen von ihren Kindern und Haustieren, dass es auch noch eine andere Sicht auf die Welt gibt, die wir spätestens mit dem Eintritt ins Erwachsenenalter abgelegt haben. Wahrscheinlich helfen uns der Sportwagen und die Affäre mit dem jungen Kollegen nicht dabei, unsere verlorene Kindheit und Jugend zurückzugewinnen und wieder ins Paradies einzutreten. Vielleicht gibt es aber einen anderen Weg, mit dem Leben und der Natur etwas mehr in Einklang und Frieden zu kommen – du kannst es dir schon denken: Ich nenne diesen Weg den Zen Style. Und er geht mit einer permanenten Suche nach der Stille einher. Sowohl in der Stoa als auch im Buddhismus spielt ihre heilende Kraft eine zentrale Rolle.

Auch deshalb ist es so wichtig, dass wir uns abschotten von dem ewigen Strom von Nachrichten, die auf uns einprasseln; dass wir uns von Fernsehen und sozialen Medien unabhängig machen; dass wir nicht versuchen, jeden Moment der Ruhe und der Einkehr mit Aktivität und Ablenkung zu füllen. Im Zen Style zu leben kann bedeuten, die Wochenenden im Kleingarten zu verbringen und dort von der hektischen Arbeitswoche abzuschalten. Das Mobiltelefon zu Hause zu lassen, wenn du in deiner Nachbarschaft spazieren gehst. Dich von Erwartungen und Anforderungen freizumachen und dich hin und wieder temporär aus der Gesellschaft zurückzuziehen. Nicht jeden Gedanken sofort ins Internet hinauszuposaunen. Bevor du sprichst, dich einmal kurz zu fragen: Ist das, was ich gerade sagen möchte, wirklich wertvoller als die Stille, die ich damit zerstöre?

Wie man komplett verschwindet

Ich vermute, du hast längst verstanden: All die klugen Menschen, die ich in diesem Buch zitiere, sagen letztlich ähnliche Dinge. Wenn wir unserer Umwelt und unserer eigenen Existenz mit Achtsamkeit begegnen, verstummt das Ego, und das Bedürfnis nach Bestätigung von außen sinkt. Wir finden Glück und Lebensfreude tief in uns selbst, befreien uns vom Ballast der Dinge und entziehen uns der Geschwätzigkeit der Gesellschaft, ihren permanenten Forderungen und dem ständigen Erfolgsdruck. Stattdessen lernen wir, mit bescheidenen Mitteln im Überfluss zu leben, im Einklang mit unseren Beziehungen zu anderen Menschen, unserer Umwelt und uns selbst – ohne unsere persönliche Marke zu pflegen, nach Anerkennung zu betteln und das Ego zu füttern.

Die Welt ist ohnehin schon so voll. Von allem gibt es doch längst zu viel: zu viele Produkte, zu viel Lärm, zu viel Information, zu viele Texte, zu viele Songs, zu viele Bücher. Was liegt da näher, als sich in die Anonymität zurückzuziehen und das eigene Verschwinden zu inszenieren? Gerade Künstler*innen und Schriftsteller*innen wählen manchmal einen derart zurückgezogenen Lebensstil, dass er dem Verschwinden gleichkommt – auch wenn oder gerade weil es ein öffentliches Interesse an ihrer Person gibt. Meist sind es introvertierte Menschen, die ihr Werk in den Mittelpunkt stellen, ihr Privatleben aber bis zur Unkenntlichkeit verschleiern.

Botho Strauß schreibt seit 25 Jahren aus dem Exil in der Uckermark gegen den Verlust der Hochkultur an. Seit 1993 lebt der Autor in einem Haus in der winzigen Gemeinde Oberuckersee. Die Gegend ist einsam und von der rauhen Schönheit von Endmoränen geprägt. Viel verändert sich dort nicht im Laufe der Jahrhunderte. Strauß besitzt auch eine Wohnung in Berlin-Charlottenburg, doch die meiste Zeit verbringt er am Oberuckersee, weltabgewandt und umringt von den Klassikern und Romantikern, die ihn inspirieren. Schon 1993 schrieb er in seinem umstrittenen kulturkritischen Essay *Anschwellender Bocksgesang*, er wolle die Vermittlungsstränge zur Massenkultur am liebsten vollständig kappen. Man darf das elitär und borniert finden; man fragt sich aber auch beim Lesen, was ein Mann, den offenbar schon das Fernsehprogramm von 1993 zu solchen Tiraden veranlasste, wohl über die sozialen Medien der Jetztzeit zu sagen hätte.

In seinem neueren Essay *Der Plurimi-Faktor* ergreift Strauß Partei für die Außenseiter in Gesellschaft und Literatur. Im Widerstand zur ständigen Verbundenheit der sozialen Medien entwirft er den Idioten (im antiken Wortsinne: »Unverbundener, Privatperson«), einen »Abgesonderten« jenseits des Konsenses der Massen. Im Internet könne niemand für sich sein; dem digitalen Diktat der Transparenz stellt Strauß die berechtigte Forderung entgegen, zur Diskretion zurückzukehren.[84] Jonathan Franzen hatte in seinem Essay *Rie-*

senschlafzimmer polemisch dargelegt, dass in diesen Zeiten eigentlich nicht die Privatsphäre, sondern die öffentliche Sphäre bedroht sei. Die Verletzung des öffentlichen Raums durch die Entblößung privater Details nehme in den letzten Jahrzehnten immer weiter zu, so Franzen. Die Folge sei eine Schamlosigkeit und Indiskretion, die Zurückhaltung zu einer »veralteten Tugend« degradiere. Ich glaube, Strauß würde ihm da zustimmen.

Nun hat Strauß auch viele gefährliche neoromantische und erzkonservative Texte geschrieben, aber seiner kultur- und medienkritischen Haltung kann ich durchaus etwas abgewinnen. Auch ich glaube, dass es uns besser geht, wenn wir ein zurückgezogenes Leben anstreben, das die neuen Formen der Öffentlichkeit – vom Fernsehen bis hin zu den sozialen Medien – so weit wie möglich ignoriert. Ich bin überzeugt, dass im Zen Style es unser Anspruch sein sollte, sehr weitgehend zu *verschwinden*, wie ich es nenne.

Ein fiktives, radikales Beispiel für diesen Lebensstil liefert Herbert Rosendorfers Roman *Ein Liebhaber ungerader Zahlen*. Die Hauptfigur ist der Schriftsteller Florious Fenix, der zurückgezogen in Tivoli bei Rom lebt, ausschließlich über die Postanschrift eines Klosters korrespondiert und fremde Visitenkarten sammelt, um sie bei Gelegenheit als seine eigenen zu verteilen. Einmal spricht Fenix darüber, dass er ein Buch in der Absicht geschrieben habe, es niemals zu veröffentlichen. Jeder Schriftsteller werde durch Gedanken an sein Lesepublikum korrumpiert, selbst wenn er nur Tagebuch schreibe. Um ein vollkommen »reines« Buch zu schreiben, habe Fenix diesen Weg gewählt.[85]

Rosendorfer orientierte sich beim Entwurf seiner Romanfigur ganz offensichtlich an den Legenden über J. D.

Salinger. Der hatte 1951 seinen Debütroman *Der Fänger im Roggen* veröffentlicht. Das Buch über einen jungen Mann, der gegen die Konventionen der bürgerlichen Erwachsenenwelt rebelliert, machte ihn auf einen Schlag berühmt und verkaufte sich weltweit 65 Millionen Mal. Zum Veröffentlichungszeitpunkt war Salinger 32 Jahre alt. Es sollte sein einziger Roman bleiben. Bis 1965 veröffentlichte er noch einige Kurzgeschichten und Novellen, danach verstummte er – bis zu seinem Tod im Jahr 2010.

Salinger hatte kein Interesse daran, ein öffentlicher Schriftsteller zu sein. Schon 1953 war er von New York in das 2000-Einwohner-Dorf Cornish in New Hampshire gezogen. Dort zog er sich immer mehr zurück. Er hatte angefangen, sich mit Zenbuddhismus, Meditation, indischer Philosophie und Yoga zu beschäftigen. Um sein abgeschiedenes Leben zu beschützen, betrieb Salinger einigen Aufwand. Journalisten, die sich für ihn interessierten, verjagte er von seinem Grundstück. Diejenigen, die trotzdem über ihn schrieben, verklagte er. In einem seltenen Interview mit dem *New Yorker* sagte er 1974, dass er nur liebe zu schreiben, nicht aber zu veröffentlichen: »Nicht zu veröffentlichen gibt unglaublichen Frieden. Zu veröffentlichen ist ein schreckliches Eindringen in meine Privatsphäre. (...) Ich schreibe nur für mich und mein eigenes Vergnügen.«[86] Als er 2010 starb, hinterließ er unveröffentlichte Manuskripte aus 45 Jahren Arbeit.

Salingers Haltung erinnert an ein Zitat der ebenfalls sehr zurückgezogen lebenden amerikanischen Singer-Songwriterin Liz Harris, die unter dem Künstlernamen Grouper auftritt. Sie sagte einmal, ein neues Album zu veröffentlichen, sei für sie »wie heimlich ein schweres Objekt in einem

See zu versenken – eine ruhige Ecke zu finden, es vorsichtig unter die Oberfläche gleiten zu lassen, für einen Moment die kleinen Wellen zu beobachten und sich dann davonzustehlen.«[87]

Auch von dem Schriftsteller Thomas Pynchon findet man im Internet nur ein einziges Foto von 1955, das einen jungen Mann in Marineuniform zeigt. Jahrzehntelang führte der Autor die Öffentlichkeit an der Nase herum und schaffte es, den Großteil seiner Biografie wie auch seinen Aufenthaltsort zu verbergen, obwohl er mit den Romanen *V.* und *Die Enden der Parabel* moderne Klassiker schuf. Lange hielten sich sogar Gerüchte, es gebe Pynchon gar nicht, sondern er sei ein Pseudonym eines anderen Autors, etwa J. D. Salinger.

Pynchon wurde 1937 geboren, diente bei der Marine und studierte Physik und englische Literatur an der Cornell-Universität in Upstate New York. In der Einleitung zu seinem Kurzgeschichtenband *Slow Learner* berichtet er, dass er als »Post-Beatnik« in seinen frühen Zwanzigern häufig die New Yorker Jazzclubs frequentiert habe.[88] Nach der Uni nahm er einen Job als technischer Redakteur bei Boeing in Seattle an. Als 25-Jähriger veröffentlichte er seinen Debütroman *V.* Das Buch hatte das Potenzial, ihn ähnlich wie Salinger schlagartig berühmt zu machen, wenn er dies zugelassen hätte.

Doch Pynchon verweigerte sich. Er gab keine Interviews und trat nirgends in Erscheinung. Nicht einmal seinem Verlag erlaubte er, ein Autorenfoto in der Buchklappe abzudrucken; sein Verleger sollte ihn erst 17 Jahre nach dem Erscheinen von *V.* zum ersten Mal persönlich treffen. Als Pynchon einen wichtigen Buchpreis für *Die Enden der Parabel* erhalten sollte, schickte er zur Verleihung an seiner Stelle einen Komiker. Und so blieben seine Bücher seine einzigen Lebenszeichen. In den 1970er-Jahren soll er in Manhattan Beach, einem Strandvorort von Los Angeles, und zeitweilig auch in Mexiko-Stadt gelebt haben.

Als er 1996 von einer Reporterin aufgespürt wurde, lebte Pynchon mit seiner Familie in einer ganz normalen Nachbarschaft in der Upper West Side von Manhattan. Ihm schien es offenbar logischer, sich in einer rastlosen, lauten Acht-Millionen-Metropole zu verstecken als in einer einsamen Hütte auf dem Land. Der Schriftsteller Andrew Solomon verweist hier auf ein altes russisches Sprichwort: »Wenn du dich vor der Obrigkeit verstecken willst, stell dich unter die hellste Laterne, gleich neben der Polizeistation.«[89]

Tatsächlich soll Pynchon in New York ein reiches soziales Leben geführt, sich mit anderen Schriftsteller*innen im Café getroffen und im Biomarkt um die Ecke eingekauft haben. Allerdings hatte er Freund*innen und Geschäftspartner*innen eindringlich gebeten, mit niemandem über ihn zu sprechen. Die meisten hielten sich daran.

Und so rankten sich die merkwürdigsten Geschichten um ihn. Ein Literaturprofessor will etwa im Jahr 1975 einmal mit ihm Bridge gespielt haben. Er habe damals im Telefonbuch der San Francisco Bay Area nach den Hauptfiguren aus Pynchons Roman *Die Enden der Parabel* gesucht und sei über einen Eintrag für einen gewissen Tyrone Slothrop gestolpert. Unter der vermerkten Adresse in Berkeley habe er einen versteckten, heruntergekommen Bungalow gefunden und dort einen seltsamen, wortkargen Grasdealer getroffen, einen ganzen Nachmittag mit ihm Karten gespielt und über Literatur diskutiert.

Salinger und Pynchon sind nur die Spitze des Eisbergs. Man kann leicht weitere Beispiele finden: von Patrick Süskind, der mit seinem ersten Roman *Das Parfum* einen Welterfolg landete und fortan nie wieder in der Öffentlichkeit auftrat, über die Hollywood-Diva Greta Garbo, die sich nach dem Ende ihrer Karriere in die Einsamkeit ihres New Yorker Apartments zurückzog und täglich lange Spaziergänge durch Manhattan unternahm; bis hin zu Will Bevan alias Burial, dem britischen Musikproduzenten, der nach zwei Alben in absoluter Anonymität schließlich doch ein Foto von sich veröffentlichte, nur um den absurden Spekulationen der Regenbogenpresse den Wind aus den Segeln zu nehmen.

Diese Verhaltensweisen erscheinen seltsam eigenbrötlerisch in einer Zeit, in der so viele Menschen in den sozialen Medien verzweifelt um Aufmerksamkeit buhlen. Fast jede*r Jugendliche scheint heutzutage den Traum zu hegen, berühmt und erfolgreich zu werden. Adrian »Tricky« Thaws kann das in keiner Weise nachvollziehen. Der Musiker schreibt in seiner Autobiografie *Hell Is Round The Corner*, dass er eigentlich immer nur Musik machen wollte. Leider sei in der heutigen Massenkultur, berühmt zu sein, zum Teil des Jobs geworden. Er selbst habe diesen Aspekt seines Berufs immer verabscheut.[90]

Als junger Erwachsener war Tricky von seiner Heimatstadt Bristol nach London gezogen, obwohl er dort kaum jemanden kannte. Dort nahm er sein Debütalbum auf und widmete es seiner Mutter, die gestorben war, als er noch ein Kind war. Das zwischen Melancholie und Misanthropie pendelnde *Maxinquaye* erschien 1995 und machte den DIY-Musiker über Nacht zum Superstar der Pop-Avantgarde. Die Musikpresse erfand für den Sound, den der Musiker aus den Einflüssen seiner Jugend collagiert hatte, sogar eine eigene Genrebezeichnung: TripHop.

Und was tat Tricky? Er zog sich in die USA zurück, wo ihn noch keiner kannte. Er kaufte ein Haus in New Jersey und ging anonym in den Underground-Clubs von Manhattan feiern. Von dort ging es weiter nach Los Angeles, Paris und Berlin. Mal wohnte er in möblierten Luxusapartments für 5000 Dollar im Monat, mal kam er bei einer Freundin in einer kleinen Sozialwohnung unter. Stets lebte er wie ein Nomade aus dem Koffer, immer auf dem Sprung, ausgerüstet nur mit dem Allernötigsten: ein kleines Keyboard, ein paar Platten, etwas Kleidung. Er machte nie Anstalten, sich irgendwo häuslich einzurichten. Inzwischen lebt Tricky in einem laut Selbstauskunft schönen, aber weitgehend leeren Apartment in Berlin.

Auch der verstorbene Sänger und Songwriter Mark Hollis zog sich nach dem Ende seiner Karriere mit der Band Talk Talk komplett aus der Öffentlichkeit zurück. In einem Interview, das ein Journalist 1998 mit ihm in einem Pub nahe seiner Wohnung führte, heißt es, dass Hollis mit seiner Frau, einer Lehrerin, und zwei Kindern extrem zurückgezogen im Stadtteil Wimbledon lebe. »Ich habe genug Geld zum Leben, was großartig ist«, beschreibt Hollis den ultimativen »Zen Style«-Luxus, »daher fühle ich mich ein bisschen wie ein Student, dem es ein Stipendium erlaubt, seine Zeit kreativ zu verbringen – mit Lesen, Musik hören und machen und ein bisschen Sport. Ja, es ist ein gutes Leben.«[91]

28
Social Distancing

Nachdem ich mit dem Schreiben dieses Buches begonnen hatte, brach eine Pandemie über die Welt herein. Unser Leben veränderte sich fundamental. Seit März 2020 arbeite ich im Homeoffice. Die Arbeit an diesem Buch hat mir dabei geholfen, mich auf die Gegebenheiten einzulassen, sie nicht mehr permanent zu bewerten und mir nicht ständig zu wünschen, es wäre anders. Die immer gleichen abendlichen Spaziergänge durch die Nachbarschaft erschienen mir nicht langweilig – schließlich gab es immer etwas Neues zu erfahren. Alltägliche Ereignisse wie die Kirschblüte im April wurden zu echten Sensationen. Wir verreisten nicht mehr, dafür begegneten wir unserer direkten Umgebung mit neuer Achtsamkeit.

In Zeiten der Pandemie galt auf einmal das Gebot der sozialen Distanzierung. Einen ohnehin schon introvertierten Digitalarbeiter wie mich traf dieses Gebot naturgemäß nicht ganz so schwer wie andere. Social Distancing, so dachte ich in dieser Zeit immer wieder, war doch ohnehin eine treffende Beschreibung für meinen Lebensstil der letzten Jahre, den Zen Style. Die neue Normalität schien für mich ein bisschen wie die alte Normalität, nur leider ohne Kultur. Am meisten vermisste ich es, Ausstellungen und Konzerte zu besuchen.

Ich verbrachte nun also noch mehr Zeit zu Hause. Die Geschäfte wurden ohnehin längst digital erledigt. Jetzt zeigte sich deutlich, dass nur wenige Besprechungen wirklich notwendig waren. Themen, für die sonst langwierige Meetings anberaumt wurden, klärten sich virtuell. Und: Das lästige Pendeln fiel weg. Gefühlt hatte ich noch weniger Termindruck und dadurch mehr Zeit für sinnvolle Tätigkeiten, zum Beispiel eben zu schreiben, zu lesen, spazieren zu gehen oder in Stille zu sitzen.

Ein guter Freund schrieb mir irgendwann in der Hochphase der Pandemie, er versuche, sich bei Bewusstsein über den Ernst der Lage auch eine Prise Optimismus zu bewahren: Immerhin werde die Umwelt durch die zwangsweise reduzierte Mobilität geschont. Durch das Social Distancing mache sich auch bei ihm ein heilsames Empfinden von Ruhe und Entschleunigung breit. Die berüchtigte »Fear of missing out« sei beinahe verschwunden. Er sehe die gegenwärtige Krise als Gelegenheit, um sich zu sammeln und auf das Elementare zu konzentrieren.

Ein anderer Bekannter, der ebenfalls seit Jahren einen eher einzelgängerischen Lebensstil pflegt, beschrieb mir seinen Lockdown-Tagesablauf per E-Mail folgendermaßen: morgens bei Sonnenaufgang eine Runde laufen gehen, später Gitarre und Klavier üben, endlich Marcuse und Luhmann lesen, dazwischen etwas im Homeoffice arbeiten. Ein schlimmeres Leben war für uns beide durchaus vorstellbar.

Es ist kein Widerspruch: Man konnte die Pandemie durchaus ernst nehmen und die neue Situation trotzdem nicht ausschließlich negativ bewerten. Für mein Vertiefungsjahr kam der verordnete Hausarrest gar nicht mal so ungelegen. Ich las vor allem Bücher aus unserer Bibliothek, kochte aus Vorräten, hörte sehr viel Musik und harrte der Dinge, die da kommen sollten. Ich ging morgens im Wald laufen und nachmittags im Garten arbeiten. Ich gewöhnte mir verschiedene Routinen an, die im hektischen Pendelberufsalltag schwerer umzusetzen gewesen wären.

Ich glaube, dass wir durch die Pandemie in eine Zwangspause geschickt wurden. Einige haben sich vielleicht noch dringlicher als vorher gefragt, warum sie bloß in diesem verdammten Rattenrennen feststecken und womit sie ihre Lebenszeit eigentlich verbringen wollen. Als Hobby- und Teilzeit-Kollapsologe war ich natürlich ohnehin der Überzeugung, dass diese Pandemie nur ein Anzeichen eines größeren Systemversagens war, das sich über einen längeren Zeitraum hinziehen wird. Seuchen zählen für alle ernst zu nehmenden Kollapsforscher zu den sogenannten apokalyptischen Reitern und damit zu den Frühwarnzeichen, die den Zusammenbruch von Zivilisationen einläuten.

Manche Kollapsblogger rieten dazu, sich jetzt schon einmal umzuschauen, wenn man in Zukunft nicht hungern wolle – nach einem Stück Land, auf dem man Nutzpflanzen anbauen und ein paar Hühner halten könne. Die Pandemie komme insofern genau zum richtigen Zeitpunkt, nämlich zu Beginn der Anbausaison. Ich möchte nicht so zynisch klingen, obwohl ich das Ausmaß dieser Seuche niemals unterschätzt habe. Noch nie hatte ich einen so kleinen Lebensradius: Jahrzehntelang war ich beruflich wie privat durch die Weltgeschichte geflogen oder mit dem Zug gereist, plötzlich war der Ausflug in den nächsten Stadtteil schon etwas Besonderes.

Doch früher oder später haben wir alle eingesehen, dass sich unser Leben nicht einfach so weiterführen ließ wie bisher – der eine aus freien Stücken, der andere wurde zur Einsicht gezwungen. Im Gespräch mit dem *Tagesspiegel* diagnostizierte der Soziologe Hartmut Rosa unserer Gesellschaft in der Pandemie »kollektive Defizit- und Entfremdungserfahrungen«[92]. Diese resultieren seiner Meinung nach aus einem Mangel an sozialem, physischem Kontakt. So sinnvoll Videokonferenzen und soziale Medien scheinen, so wenig können sie ihm zufolge den analogen menschlichen Kontakt auf Dauer ersetzen. Sie hätten einfach nicht die gleiche Qualität und Nachhaltigkeit, daher sei unsere Beziehung zur Welt im Lockdown gestört.

Allerdings äußert Rosa sehr vorsichtig, dass er im Umgang mit der Pandemie nicht nur Probleme, sondern auch Hoffnungen sieht. Mehrfach fallen die Begriffe der »Entschleunigung« und des »Innehaltens« – das Coronavirus nennt Rosa sogar den »radikalsten Entschleuniger unserer Zeit«[93]. Viele seiner Thesen über Beschleunigung und Entfremdung, die er in den letzten Jahrzehnten in seinen Büchern und Vorträgen ausformuliert hat, scheinen sich in der Krise zu bestätigen.

Wenn Rosa das Coronavirus als »Entschleuniger« bezeichnet, äußert er damit auch eine implizite Hoffnung: Wenn die Menschen schon nicht freiwillig zur Einkehr finden, führt dann vielleicht ein erzwungener Tritt auf die Bremse zur Einsicht? Wie wir mit der Krise umgehen, sagt viel darüber aus, wie unser Leben danach weitergehen wird. Rosa beschreibt zwei Handlungsmuster. Die eine Option wäre, dass wir unseren gewohnten Modus Operandi der Beschleunigung einfach nur ins Digitale verlagern: »Alles wieder in Kontrolle bringen, in alle sozialen Medien flüchten. Hier was posten und dort was posten. Das ist das, was wir normalerweise tun: kontrollieren, verfügen, optimieren.«[94]

Rosa hofft trotzdem auf die zweite Option: ein breites, kollektives Umdenken, raus aus dem »Hamsterradmodus« und dem ewigen Druck der To-do-Listen. Was könnte jedoch an die Stelle des Glücksversprechens durch Arbeit und Konsum treten? Wir könnten anfangen, wieder auf uns und die Welt zu hören. Wie ein Achtsamkeitslehrer hört Rosa sich an, wenn er sagt, dass man in diesen Zeiten aus dem Fenster schaut und die ersten Frühlingsblüten wahrnimmt – oder mal wieder in Ruhe mit den Nachbar*innen spricht. Er nennt das nicht Achtsamkeit, sondern Resonanz. Wir könnten dadurch zurück in einen »Modus des Hörens und Antwortens«[95] finden.

Derzeit wirkt es trotzdem so, als würden wir das Coronavirus nur als vorübergehende Betriebsstörung verbuchen, als müssten wir bloß auf die Impfung warten, die Ärmel hochkrempeln, den Schutt zur Seite räumen und weitermachen wie bisher. Auch Rosa erwartet nach der Krise einen Wiederaufbau des Kreislaufs aus Produktion und Konsum – »zurück in die Beschleunigung«[96].

Vielleicht vergessen wir tatsächlich alles, was wir hätten lernen können, sofort wieder. Was aber, wenn wir doch auf breiter Ebene innehalten und umdenken? Wenn wir merken, dass uns all die materiellen Güter, die wir stetig produzieren und kaufen, nicht glücklich machen, sondern nur immer weiter im Hamsterrad strampeln lassen werden? Dass wir auch dann etwas wert sind, wenn wir uns nicht gerade nützlich machen? Dass ohnehin fast keiner unserer Jobs »systemrelevant« ist? Was, wenn wir tiefe Zufriedenheit in uns selbst entdecken, jenseits unserer Funktion und Rolle, aber bei klarem Bewusstsein über unsere Vergänglichkeit?

Der berühmte Designer und Hobby-DJ Virgil Abloh äußerste mitten in der Coronapandemie auf seinem Instagram-Account einen interessanten Standpunkt: »Boring doesn't mean bad.« Ein Satz, der für mich ganz eindeutig nach Zen Style klingt.

Menschen haben heute Angst vor der Langeweile und vermeiden sie um jeden Preis. Die alten Zenmeister fanden sie hingegen ganz wunderbar. Zazen zum Beispiel, die Meditationspraxis im Zenbuddhismus, ist eine furchtbar langweilige Tätigkeit. Man sitzt einfach nur da und wird sich seines Atems und seiner Existenz ganz gewahr. Man muss nicht produktiv sein und nichts schaffen. Man bewegt sich nicht und erreicht nichts. Es gibt keine Belohnung dafür, außer vielleicht eine unbestimmte innere Ruhe, die sich irgendwann unmerklich einstellt. Ich lernte diese Praxis, die ich am Anfang dieses Buches beschrieben habe, in mehreren Retreats bei verschiedenen Zenmeister*innen.

Doch auch wenn man keine buddhistische Meditationspraxis ausübt, kann Langeweile viele positive Aspekte haben. Studien haben gezeigt, dass Kinder ausgiebige Phasen von ihr zur persönlichen und kreativen Entwicklung brauchen. Daher raten Psychologen jungen Eltern, nicht immer sofort dafür zu sorgen, dass ihr Kind beschäftigt ist, sobald es auch nur einen Anflug von Langeweile empfindet.

Etwas Ähnliches versucht, uns auch Virgil Abloh zu sagen, wenn auch mit etwas anderen Worten: Warum sollte Langeweile etwas Schlimmes sein? Wir werden in nächster

Zeit in keinen Club gehen können, also lasst uns das Beste daraus machen und die Langeweile zu Hause erfahren und erforschen, ja vielleicht sogar genießen.

Auch ich habe mich während der Lockdowns hin und wieder gelangweilt – nicht oft, aber es kam durchaus vor. Allerdings versuchte ich, die Langeweile nicht direkt mit meiner negativen Bewertung zu etikettieren, sie also nicht als einen Zustand zu betrachten, der möglichst schnell vorübergehen soll. Stattdessen ließ ich mich auf diese Empfindung ein: Wie fühlt sich das eigentlich genau an? Und was macht das konkret mir mir?

An ihrem Beispiel können wir sehr gut erfahren, wie unsere Bewertungen und Konzepte uns leiden lassen. Denn die Langeweile ist zunächst einmal gar nicht vorhanden – sie kommt immer dann auf, wenn wir gerade nichts tun und unser Gehirn keinen Input bekommt. Dass wir dieses Gefühl als unwohl, unangenehm, monoton oder unterfordernd empfinden, ist eine Bewertung, die unserem Geist entstammt.

Die Langeweile existiert also nicht wirklich, trotzdem spüren wir sie. Aber wir können unsere Einstellung ihr gegenüber ändern, sie nicht als negative Störung des Status quo zu sehen. Müssen wir uns eigentlich permanent ablenken? Sind wir unzufrieden? Fürchten wir uns vor dem Unbekannten? Oder warum schaffen wir es nicht, uns einfach mal auf den Moment einzulassen, ohne ihn ändern zu wollen?

Die Langeweile birgt großes Potenzial. Sie ist ein Zustand, in dem wir zu uns selbst zurückfinden können. Es geht darum, sich selbst und die eigenen Handlungs- und Denkmuster achtsam zu betrachten: Wann bleibe ich im

Moment, wann lenke ich mich ab? Warum bewerte ich dieses Gefühl negativ, jenes aber positiv? Was bedeuten diese Bewertungen überhaupt, und wozu führen sie? Muss ich sie zwingend so vornehmen? Was passiert, wenn ich diese Bewertung vornehme? Wie fühlen sich mein Körper und mein Geist dabei an? Muss ich überhaupt alles bewerten?

In Virgil Ablohs Satz »Boring doesn't mean bad« steckt viel Weisheit. Ich weiß nicht, ob Abloh Zenbuddhismus praktiziert. Vielleicht ist er auch einfach nur ein sehr kluger Mann.

29

Meine Geschichte

In diesem Buch habe ich dir von meinen Recherchen darüber erzählt, wie man eigentlich ein gutes Leben führt. Ich habe ganz unterschiedliche Quellen befragt: von antiken Philosophen bis zu zeitgenössischen Blogger*innen. Und ich habe einen genügsamen, spirituellen, analogen Lebensstil ausgemacht, der in seinen Grundsätzen immer wieder propagiert wurde, zu den unterschiedlichsten Zeiten und an den unterschiedlichsten Orten auf dieser Erde. Ich nenne ihn den Zen Style – und es ist heute genauso wie vor 2000 Jahren möglich, im Einklang mit ihm zu leben.

Die offensichtliche Frage eines*r aufmerksamen Lesenden dürfte am Ende dieses Buches nun lauten: »Und, bist du jetzt glücklich?« Ich möchte im Zen Style antworten: »Ja und nein.« Denn dass ich diesen Weg entdeckt habe, bedeutet natürlich nicht, dass ich nicht mehr regelmäßig durch kleinere und größere Krisen gehe. Denn diese gehören zur menschlichen Existenz. Aber sie werfen mich in aller Regel nicht mehr derart aus der Bahn, dass ich alles infrage stelle. Ich kann inzwischen akzeptieren, dass es keine Sicherheit gibt. Und mir ist bewusst, dass der Schlüssel zum Glück in mir selbst liegt. Ich habe es am eigenen Leib erfahren.

Während meiner Recherchen war mein eigenes Leben mein bestes Übungsfeld. Ich habe mir Regeln auferlegt und sie wieder gebrochen, habe mit Geboten und Verboten experimentiert. Über den Verlauf der letzten zehn Jahre habe ich viele konkrete Veränderungen vorgenommen, die mein Leben enorm vereinfacht und verbessert haben. Manche habe ich beibehalten, andere wieder verworfen. Das ist Teil dessen, was ich am Anfang des Buches die »Kuration des Alltags« genannt habe.

Im Folgenden möchte ich diese konkreten Veränderungen einmal im Detail auflisten und beschreiben. Diese Liste soll dich nicht einschüchtern oder beeindrucken, sondern inspirieren und motivieren. Es ist nur meine ganz individuelle Lebensgeschichte – nicht mehr, nicht weniger. Die Entscheidungen habe ich auf der Basis meiner eigenen Werte und Ziele gefällt. Vielleicht sehen deine Werte und Ziele ganz anders aus. Wichtig ist nur, dass du herausfindest, welche es sind, um dein Leben und deinen Alltag damit in Übereinstimmung zu bringen.

Was bedeutet also ein Leben im Einklang mit dem Zen Style für mich ganz konkret? Was mache ich heute anders als vor zehn Jahren?

1. **Ich meditiere**: Ich würde behaupten, dass die Aufnahme einer Meditationspraxis für mein Leben die wichtigste Veränderung darstellte. Auch in diesem Buch ging es immer wieder um die Kraft der Meditation. Seit ich häufig meditiere, sagen mir Menschen immer wieder, wie ausgeglichen und friedlich ich auf sie wirke. Mir selbst fällt das

gar nicht mehr auf – aber die Verwandlung muss durchaus beeindruckend sein, so oft wie ich derartige Komplimente höre.

Meine tägliche Routine besteht aus einer buddhistisch geprägten Achtsamkeitsmeditation von etwa 20 bis 30 Minuten, oft am Morgen. Zusätzlich gibt es immer wieder Gelegenheiten für mich, auch im Alltag achtsam zu sein, sei es beim Spaziergang, auf dem Arbeitsweg oder beim Mittagessen. Einmal im Jahr gehe ich in ein längeres Retreat mit anderen Praktizierenden. Und in unregelmäßigen Abständen besuche ich Kurse und Vorträge, zum Beispiel in buddhistischen Zentren.

2. **Ich stehe früh auf:** Früher war ich ein notorischer Langschläfer. Mein Biorhythmus verlief antizyklisch zum Rest der Gesellschaft: Vor 10 Uhr überhaupt nur aufzustehen, war mir ein absoluter Gräuel, vor dem Mittag war ohnehin absolut nichts mit mir los. Zu Hochtouren lief ich erst am frühen Abend auf, sodass ich mir oft genug die halbe Nacht am Rechner oder im Club um die Ohren schlug. Heute gehe ich früh ins Bett, oft schon zwischen 22 und 23 Uhr, und stehe genau so früh auf, meist zwischen 6 und 7 Uhr.

Ich bin kein buddhistischer Mönch, der mitten in der Nacht mit seinen Routinen beginnt. Aber ich brauche zum Beispiel schon lange keinen Wecker mehr, weil ich ohnehin zur »richtigen« Zeit aufwache. Es gibt wenig Schöneres als die Gewissheit, dass man morgens nicht mit Hektik in den Tag startet, sondern genug Zeit für seine positiven Routinen hat – in meinem Fall etwa ein oder zwei Tassen Landkaffee, eine Morgenmeditation, etwas Lektüre und eine kurze Laufrunde von einigen Kilometern. Wenn ich mit der Arbeit beginne, habe ich schon ein bis zwei Stunden

Gutes für mich getan – ein ermächtigendes Gefühl, das den ganzen Tag erhalten bleibt.

3. **Ich gehe nicht mehr aus:** Zyniker würden jetzt entgegnen, ich sei ohnehin zu alt dafür geworden. Aber ich arbeite seit gut 20 Jahren in der Musik- und Medienindustrie, einer Branche, der man nachsagt, dass darin alles inklusive Vergaben von Jobs und Projekten ausschließlich über »Vitamin B« läuft. Daher habe ich früher jeden Anlass zum Netzwerken genutzt und bin abends auf alle möglichen Veranstaltungen gerannt. Eigentlich bin ich aber ein introvertierter Mensch, der Menschenaufläufe am liebsten meidet und sich nichts Schöneres vorstellen kann, als seinen Feierabend mit einem guten Buch zu Hause zu verbringen. Und letztlich braucht niemand Hunderte von oberflächlichen Bekanntschaften, sondern lediglich eine Handvoll wirklich guter, gesunder Beziehungen.

Meine Lösung: Heute treffe ich meine Kontakte lieber allein zum Spaziergang als auf Empfängen und Feiern mit langer Gästeliste. Auf diese Weise werden die Kontakte tatsächlich auch tiefer und intensiver. Es braucht einiges an Planung, um alle wichtigen Menschen halbwegs regelmäßig zu sehen. Manche von ihnen spreche ich mehrfach im Monat, manche vielleicht nur einmal im Jahr. Trotzdem sind sie mir wichtig, und ich erkundige mich immer mal wieder nach ihrem Befinden – per E-Mail oder Sprachnachricht in einem verschlüsselten Kurznachrichtendienst.

Auf Partys und Empfängen, in Clubs oder Bars findet man mich heute nicht mehr. In den letzten Jahren habe ich zu derartigen Einladungen so oft Nein gesagt, dass heute niemand mehr damit rechnet, dass ich irgendwo tatsächlich auftauchen könnte. Und sollte ich mich doch mal dazu entschließen, eine Veranstaltung zu besuchen, dann sind die Überraschung und die Freude über die Ausnahme vielleicht ja um so größer.

4. **Ich nehme keine Drogen mehr:** Der britische Sänger Richard Ashcroft brachte es in den drogenvernebelten 1990er-Jahren auf den Punkt: »The drugs don't work.« Wie viele Samstage und Sonntage habe ich im Bett verbracht, mit dickem Kopf und latenter Übelkeit, unfähig, irgendetwas zu tun, außer Netflixserien zu bingen und Fast Food zu bestellen? Die immer gleichen Feiernächte führten zur immer gleichen Reue am nächsten Tag. Alkohol und Marihuana haben meinem Leben jedoch langfristig keinen Wert hinzugefügt, sondern langsam, aber sicher damit begonnen, meinen Körper und Geist zu zerstören. Zum Glück habe ich das halbwegs rechtzeitig erkannt.

Seit ich überhaupt keinen Alkohol mehr trinke und auch nicht mehr rauche – inzwischen sind viele Jahre vergangen –, verbringe ich die Wochenenden mit Spaziergängen, Gartenarbeit, Ausstellungen, Musik, guten Büchern und den Menschen, die mir wichtig sind. Und am Sonntagabend habe ich in aller Regel das Gefühl, eine wirklich bereichernde Zeit verbracht zu haben.

Zuletzt habe ich sogar den Kaffee aufgegeben. Über Jahre hatte ich mir eingeredet, dass ich alles aufgeben könnte, nicht aber den Kaffee am Morgen. Die Wahrheit ist, dass es mir leichter fiel als gedacht. Zwei bis drei Tage dauerte der Koffeinentzug, der sich vor allem durch Kopfschmerzen und ständige Müdigkeit bemerkbar machte. Seitdem geht es mir ausgezeichnet, und ich vermisse rein gar nichts. Ich behaupte nicht, dass wir auf jegliche Genussmittel verzichten sollten. Ich sage nur, dass wir vielleicht einmal überprüfen sollten, ob die Geschichten, die wir mit ihnen verbinden, tatsächlich noch aktuell sind.

5. **Ich esse gesund:** Je gestresster ich früher war, desto mehr habe ich von Take-away- und Tiefkühlkost gelebt. Heute ernähre ich mich deutlich besser – fettiges Fast Food und abgepackte Riegel voller Zucker und künstlicher Aromen erspare ich mir. Vor allem nehme ich mir zum Essen die notwendige Zeit und stille achtsam meinen Hunger: Die hastigen Sandwich-Lunches vor dem Bildschirm gehören der Vergangenheit an, die Krümel in der Laptoptastatur auch. Ich esse seit Jahren kein Fleisch mehr.

Meine Frau und ich kochen jeden Tag aus frischem Gemüse, von dem wir vieles selbst im Garten anbauen. Wir praktizieren intermittierendes Fasten nach der 16:8-Methode: Wir nehmen sämtliche Nahrung in einem festen Essensfenster von acht Stunden zu uns, meistens ungefähr zwischen 10 und 18 Uhr. Die übrigen 16 Stunden des Tages fasten wir, nehmen also ausschließlich kalorienlose Flüssigkeit wie Wasser, ungesüßte Kräutertees und Landkaffee zu uns. Dank dieser Methode fühle ich mich gesünder und leichter als je zuvor. Ich habe gelernt, dass ich nicht jedes vermeintliche Hungergefühl sofort mit einem Nahrungsnachschub bekämpfen muss – genau wie ich nicht mehr jede Regung meines Geistes automatisch als relevant betrachte.

Scott Nearing schrieb einmal, dass nicht zu essen genauso reizvoll sein könne wie zu essen. Damit beschrieb er keine psychologische Essstörung, sondern den Umstand, dass es durchaus positiv sein kann, nicht jedem Impuls sofort nachzugeben. Es kann ein ermächtigendes Gefühl sein, auch mal eine Zeit lang ohne Essen auszukommen und seinen Gelüsten nicht vollkommen ausgeliefert zu sein. Wenn ich etwas länger warte, bis ich wieder etwas zu mir nehme, fällt die Befriedigung umso größer aus.

6. **Ich bewege mich mehr:** In der ländlichen Gegend, wo ich aufgewachsen bin, erwirbt man mit 16 die Mofa-Fahrerlaubnis und fängt schon mit 17 an, die ersten Fahrstunden für den »richtigen« Führerschein zu nehmen. Wenn man volljährig wird, bekommt man in aller Regel einen alten Gebrauchtwagen aus der Familie überlassen. Obwohl ich als Jugendlicher unzählige Kilometer mit meinem Fahrrad zurückgelegt habe, bin ich als Erwachsener nur noch Auto gefahren: zur Uni, zur Arbeit, zum Einkaufen, in den Urlaub.

Seit einigen Jahren verzichte ich auf ein eigenes Auto. Bis zum Beginn der Pandemie fuhr ich jeden Tag – wenn es nicht gerade in Strömen regnete – mit dem Fahrrad zum Büro. Die meisten Strecken in der Stadt lege ich zu Fuß, mit Bus und Bahn oder dem Fahrrad zurück. Auch wenn wir gereist sind, haben wir ausschließlich öffentliche Verkehrsmittel genutzt. So kam ich zu einem ordentlichen Zusatzpensum an Bewegung. Inzwischen arbeite ich die meiste Zeit im Homeoffice, bemühe mich aber darum, meine tägliche Bewegung anderweitig zu bekommen – durch Laufen, Krafttraining im Freien und achtsame Körperübungen aus dem Hatha-Yoga oder dem Tai-Chi.

7. **Ich habe 20 Kilo Gewicht verloren**: Eine logische Konsequenz aus den letzten paar Punkten. Gesunde Ernährung und mehr Bewegung haben mich zwar nicht zum schlanken Athleten gemacht, aber darum geht es mir auch nicht. Ich gehöre nun einmal zum kräftigeren Ayurveda-Typ des Kapha, der zu Trägheit und Übergewicht neigt und sehr

leicht Fett ansetzt. Und ich habe nach wie vor eine Schwäche für kohlenhydratreiches Essen und süße Nachspeisen. Trotzdem bin ich heute viel dichter an meinem Idealgewicht, als ich es in meinen Zwanzigern oder Dreißigern jemals war, und fühle mich fitter als je zuvor.

Durch mehr Achtsamkeit habe ich meine Essens- und Belohnungsmuster grundsätzlich verstanden. Inzwischen hat sich mein Körpergefühl komplett verändert, meine Beweglichkeit, Kondition und meine Blutwerte haben sich deutlich verbessert. Stell dir 20 Kilo Fleisch auf einem Haufen vor – diese Masse habe ich früher zusätzlich mit mir herumgeschleppt, ohne dass es einen objektiven Nutzen hatte. Mittlerweile konnte ich dieses Übergepäck endlich abgeben.

8. **Ich habe mein Leben ausgemistet:** Neben den überflüssigen Kilos habe ich auch sonst jede Menge Ballast abgeworfen. Nach einer schweren Trennung saß ich vor einigen Jahren in einer vollgestopften Altbauwohnung in Berlin-Neukölln und fing nach einigen Wochen voller Trauer, Lethargie und Krankheit damit an, Zimmer für Zimmer zu entrümpeln. Von dem konkreten Prozess habe ich dir in diesem Buch bereits erzählt.

Heute besitze ich nur noch sehr wenige persönliche Gegenstände. Ich bin keiner dieser Minimalisten, die ein akkurates Spreadsheet mit all ihren Besitztümern pflegen (auch wenn ich ein solches lange Zeit hatte). Inzwischen weiß ich ungefähr, was ich besitze und wann mal wieder Zeit zum Ausmisten ist. Ich besitze nicht mehr als 50 Kleidungsstücke und vielleicht noch einmal 50 persönliche Gegenstände, vermutlich weniger. Trotzdem haben wir alles, was wir brauchen.

Ich versuche, eine Balance zwischen Minimalismus und Nachhaltigkeit zu finden. Ich liebe es, neue Verwendungen für gebrauchte Gegenstände zu finden, und ich liebe die selbst gebauten Holzmöbel meiner Frau. Unsere Wohnung ist mit Sicherheit keine sterile weiße Landschaft mit wenigen Designermöbeln, wie Minimalist*innen sie gern auf Instagram ausstellen. Sie sieht auch nicht aus wie die Musterzimmer im Einrichtungshaus. Unsere Wohnung ist vielmehr ein Atelier, in dem wir leben und arbeiten – alle Gegenstände tragen eine gewisse kulturelle Strahlung in sich, und wir fühlen uns inmitten dieses kreativen Chaos sehr wohl.

9. **Ich kaufe nichts mehr:** Achtsamkeit ließ mich eins meiner typischen Handlungsmuster erkennen – wenn ich in meinem Leben einen Mangel empfand, zog dies einen Kaufimpuls nach sich. Doch der Konsum führte nicht etwa dazu, dass der empfundene Mangel aus meinem Leben verschwand. Ein Beispiel: Wenn mir das Wandern fehlte, dann half es nicht, ein neues Paar schicke Wanderstiefel im Internet zu bestellen. Abhilfe schaffte vielmehr stets nur: Urlaub einreichen, den nächsten Wandertrip planen, wandern.

Konsum kann immer nur ein Trostpflaster sein, da wir mit ihm versuchen, das Gefühl der allgemeinen Entfremdung zu kompensieren: Wir haben keine Zeit zu lesen, kaufen aber immer mehr Bücher. Wir treiben zu selten Sport, kaufen aber ständig neue Laufschuhe. Die Bedürfnisbefriedigung per Warenkorb lässt uns unser Leid nur für eine Sekunde vergessen. Wir entfremden uns von unseren Handlungen und uns selbst. Der Konsum steht zwischen uns und der Möglichkeit eines guten, glücklichen Lebens.

Deswegen kaufe ich nichts mehr. Ich habe ohnehin alles. Hin und wieder erneuere ich ein paar Kleidungsstücke, die verschlissen sind. Konzerne geben Milliarden für Werbung aus, um in uns das Gefühl zu verstärken, dass wir bestimmte Dinge benötigen. Doch was brauche ich wirklich? Wenn du einmal für mehrere Wochen mit einem Rucksack durchs Gebirge wanderst, wirst du feststellen: weniger, als du denkst.

10. **Ich folge keinen Trends:** Mein Kleiderschrank ist überschaubar, sein Inhalt schlicht, funktional, leicht, hochwertig und unauffällig. Meine Kleidung weist mich nicht unbedingt als Angehörigen einer Subkultur aus, auch wenn mein Geschmack sicherlich durch meine langjährige Zugehörigkeit zu einer solchen geprägt wurde – so mag ich meine Outdoorbekleidung immer noch etwas zu weit, und ich trage auch jenseits der 40 nach wie vor gern Kapuzenpullover, Beanies und Cargohosen. Weil ich allerdings keine Fast Fashion mehr kaufe, halten meine Kleidungsstücke stets mehrere Jahre. Andere mögen das langweilig finden – mich erfüllt es mit großer Freude, wenn ich morgens in den Kleiderschrank greife und immer dieselben bequemen Lieblingsteile in der Hand habe.

Vorbei sind die Zeiten, in denen ich den ästhetischen Vorstellungen anderer Menschen entsprechen wollte. Alle Kleidungsstücke, die mir nicht mehr perfekt passen oder die ich nicht gern trage, habe ich gespendet. Stattdessen besitze ich manche meiner Lieblingsteile sogar in doppelter Ausführung, damit ich sie auch dann tragen kann, wenn sich ein Exemplar gerade in der Wäsche befindet. Ein Bügelbrett habe ich hingegen nicht mehr.

11. **Ich investiere in meine finanzielle Unabhängigkeit:** Früher gab ich jeden Cent, den ich verdiente, umgehend aus. Ich

kannte es nicht anders. Als Student und Freelancer verdiente ich nur das Lebensnotwendige, sodass an einen großspurigen Lebensstil nicht zu denken war. Irgendwann ging es jedoch finanziell bergauf, also wollte ich mich für die mageren Zeiten rückwirkend entschädigen: Für eine Weile verbrauchte ich mein komplettes Gehalt für teure Markenkleidung, unnötige Städtetrips, Restaurant- und Clubbesuche.

Erst spät eignete ich mir die Grundbegriffe des Finanzwesens und der Investition an. Da ich gelernt hatte, mit wenig zufrieden zu sein, fiel es mir nicht schwer, jeden Monat mehr als 50 Prozent meines Gehalts zurückzulegen. So baute ich mir schnell einen Emergency Fund von sechs Netto-Monatsgehältern auf, der mir Sicherheit vor unerwarteten Ausgaben oder Arbeitslosigkeit verschaffte. Anschließend begann ich, mein Geld in sinnvolle Anlagen wie nachhaltige ETF-Aktien zu investieren. Mein wirtschaftliches Ziel ist, finanziell unabhängig zu werden, sodass die Erträge meiner Investitionen meine monatlichen Ausgaben vollständig decken. Das heißt nicht, dass ich in diesem Moment aufhören werde zu arbeiten. Vielmehr bedeutet es, dass ich die Kuration meines Alltags im Zen Style noch konsequenter durchsetzen kann.

12. **Ich sehe nicht mehr fern:** Der Fernseher hat mir viele Stunden meines Lebens gestohlen, ohne dass er mir im Gegenzug etwas Wertvolles zurückgegeben hätte. Als ich meinen verkaufte, stand er bereits einige Monate in einer Ecke der Wohnung, ohne überhaupt angeschlossen zu sein. Plötzlich hatte ich abends so unglaublich viel Zeit, um spannende und interessante Dinge zu tun, und ich kann mir überhaupt nicht mehr vorstellen, wie ich so viel Zeit da-

mit verbringen konnte, von einem Kanal zum anderen zu springen.

Ich schaue übrigens immer noch gern Filme und Serien – aber ich unterwerfe mich nicht mehr dem Diktat eines linearen Programms. Und vor allem ignoriere ich die irrelevanten Untiefen der Celebrity-Kultur und der Dokusoaps: Formate, die ausschließlich dafür konzipiert wurden, um die niedrigsten Instinkte im Menschen anzusprechen, ihre Aufmerksamkeit zu kidnappen und ihnen Werbung zu präsentieren.

Ich kann es nicht oft genug betonen: Werde deinen Fernseher los, und du wirst glücklicher sein. Ich garantiere es dir. Ich habe inzwischen seit fünf Jahren keinen Fernseher mehr und vermisse ihn niemals.

13. **Ich habe meine »Social Media«-Accounts gelöscht:** Viele Jahre haben die sozialen Medien meinen Alltag geprägt. Doch irgendwann hielt ich mich nicht mehr gern in ihnen auf. Im Oktober 2018 habe ich nicht nur die Apps von meinem Smartphone entfernt, sondern tatsächlich alle Konten gelöscht: Facebook, Instagram, Twitter, Pinterest, Snapchat und all die anderen Plattformen haben in meinem Leben keinen Platz mehr. Und ich habe dadurch viel Zeit gewonnen, nämlich laut einer Timetracking-App gute 45 Minuten pro Tag, die ich weniger in mein Mobiltelefon starre.

Wenn ich jemanden treffe, möchte ich mich vollständig auf das Gespräch einlassen. Mein Telefon lasse ich deshalb meistens in der Tasche und manchmal sogar ganz zu Hause. Da ich keine sozialen Medien mehr nutze, fällt mir das leicht. Wenn ich allerdings merke, dass mein Gegenüber während des Treffens ständig auf sein Telefon schaut, werde ich es bald beenden. Ich möchte mein Leben nicht mit Menschen teilen, die die Benachrichtigungen auf ihrem Smartphone für spannender halten als unser Gespräch. Der allgegenwärtige Second Screen führt zu einer minderen Qualität unserer Begegnungen und Erlebnisse. Ich möchte im Moment leben – dazu ist es erforderlich, ihn mit allen Sinnen aufmerksam wahrzunehmen. Mit einem Auge auf dem Smartphone ist das leider unmöglich.

14. **Ich bin schwer erreichbar:** Permanent erreichbar zu sein ist einer der größten Stressfaktoren unserer Zeit. Deswegen tue ich einiges dafür, es nicht zu sein. Zum Beispiel gehe ich in der Regel nicht spontan ans Telefon. Meine Mailbox habe ich abgeschaltet. Falls jemand mit mir sprechen möchte, können wir einen Termin oder ein Treffen vereinbaren – aber nach meinen Konditionen und nur, wenn ich das wirklich möchte. Das nennt man Zeitsouveränität.

Leider ist es im Arbeitsleben üblich geworden, dass man sich zu jeder erdenklichen Tages- und Nachtzeit Nachrichten schickt. Ich antworte aber am Sonntagmorgen oder kurz nach Mitternacht nicht mehr auf arbeitsbezogene Nachrichten, sondern habe gelernt, sie zu ignorieren. Gleichzeitig verhalte ich mich während der Arbeitszeit besonders responsiv und kommunikativ, weil das für meine Tätigkeit unerlässlich ist.

Natürlich gibt es nicht nur unerbetene Kommunikation. Für Freund*innen und Familie gibt es E-Mails und verschlüsselte Messengerdienste, über die man mich natürlich sehr wohl erreichen kann. Ich liebe es, über kleine private Chatgruppen am Leben meiner engsten Freund*innen teilzuhaben, auch wenn wir uns vielleicht mal eine Zeit lang nicht sehen können. Sie sind für mich zurzeit der sinnvollste »Social Media«-Ersatz.

15. **Ich nehme mir Zeit:** Hektik und Geschäftigkeit gelten in unserer Gesellschaft immer noch als Bestandteile eines erstrebenswerten Lebensstils. Klar, man kann den kompletten Tag in handliche 30-Minuten-Slots schneiden, dann von Meeting zu Meeting sprinten und unterwegs noch auf E-Mails antworten. Ich glaube nur nicht daran, dass solch ein Verhalten produktiv oder gesund ist. Daher wähle ich genau aus, welche Termine wirklich wichtig sind, und plane genug Zeit ein, auch für eventuelle Fahrtwege. Wenn ich einen Termin nicht für relevant genug halte, sage ich ihn lieber ganz ab. Viele Meetings können tatsächlich besser durch eine E-Mail geklärt werden. Generell versuche ich, sinnlose Zusammenkünfte zu vermeiden.

    Bei Treffen mit Freund*innen möchte ich am liebsten ein Open End haben und frei entscheiden können, wie lange ich es ausdehne. Nicht zuletzt vereinbare ich am Wochenende und an den Abenden nur sehr selten irgendwelche Termine. Am liebsten möchte ich spontan entscheiden, wonach mir ist – im Zweifel nach Kopfhörern und meiner Musik- und Leseecke im Schlafzimmer.

16. **Ich will niemandem mehr etwas beweisen:** Im Berufsleben war ich früher sehr leistungsorientiert. Meine Jobs sah ich nie als bloßen Dienst nach Vorschrift. Auch heute gebe ich noch vollen Einsatz, aber nicht mehr, um andere Menschen zu beeindrucken. Mir geht es nicht mehr um einen steilen Aufstieg auf der Karriereleiter, einen eindrucksvollen Titel auf der Visitenkarte, die nächsten fünf Prozent Gehaltserhöhung oder überhaupt darum, es anderen recht zu machen. Anerkennung von Kolleg*innen ist wunderbar, aber ich führe dafür keinen Stepptanz mehr auf. Meinen

Selbstwert ziehe ich nicht aus einer Berufsbezeichnung oder einer Zahl auf meinem Kontoauszug.

Ich bin überzeugt, dass wir durch eine gleichmütige Einstellung im Arbeitsleben nicht weniger leistungsfähig werden, sondern im Gegenteil: Wenn wir nicht alles, was uns im Büroalltag passiert, emotional an uns heranlassen, werden wir resilienter und vielleicht langfristig sogar effizienter. Statt der im Medienbetrieb oft fälschlicherweise glorifizierten Leidenschaft halte ich mich inzwischen lieber an eine Maxime, die man im Englischen so wunderbar mit dem Wort *kindness* umschreiben kann. Ich glaube fest daran, dass gelebte Freundlichkeit, Güte und Herzlichkeit alle beruflichen Beziehungen verbessern. Deshalb bemühe ich mich, allen Menschen höflich zu begegnen, ihnen aktiv zuzuhören, sie stets ausreden zu lassen und Kolleg*innen bei Gelegenheit ernst gemeinte, authentische Komplimente zu machen.

17. **Ich grübele nicht mehr über Dinge, die ich nicht ändern kann:** Die Stoiker erkannten schon vor 2000 Jahren, dass es wenig Sinn ergibt, stundenlang über Dinge nachzudenken, die mich zwar möglicherweise in meinem Leben und meinem Alltag betreffen, deren Fortgang ich aber nicht beeinflussen kann. Das Gegenmittel lautet Akzeptanz oder, wie die Buddhisten sagen, Einverstandensein. Anstatt über Unveränderliches zu jammern, kanalisiere ich heute all meine Energie in die Themen, die ich ändern kann. Mit dem Rest werde ich leben müssen.

Das bedeutet im Umkehrschluss nicht, dass ich in Lethargie und Apathie verfalle und mich nicht mehr für meine Mitmenschen oder die Gesellschaft interessiere. Im Gegenteil: Indem ich mich auf das Kehren vor meiner eigenen

Haustür beschränke, verbessere ich die Welt jeden Tag ein ganz kleines bisschen, anstatt vor der Fülle an Ungerechtigkeit, Hass und Gewalt in der Welt stumm zu kapitulieren.

18. **Ich versuche nicht mehr, sozialen Erwartungen zu entsprechen:** Wie schon gesagt, bin ich ein introvertierter Mensch. Die Anwältin und Autorin Susan Cain schreibt, dass Introvertierte weniger Kontakt mit anderen Menschen als Extrovertierte und mehr Zeit für sich selbst brauchen.[97] Ich umgebe mich primär mit Menschen, die mich verstehen und akzeptieren – und wissen, wann ich Zeit für mich brauche. Trotzdem treffe ich mich mit ihnen sehr gern in ruhiger Umgebung zum ausführlichen 1:1-Austausch. Nur eben nicht jeden Tag. Es kann sein, dass ich deine Anrufe wochenlang ignoriere. Das heißt nicht, dass ich dich nicht mehr leiden kann. Es heißt einfach nur, dass ich gerade in einer Phase stecke, in der ich mit mir selbst schon genug beschäftigt bin.

   Ich habe akzeptiert, wie ich ticke. Früher wollte ich lieber sein wie andere: geselliger, offener, umtriebiger, unterhaltsamer. Auch hatte ich oft Gewissensbisse gegenüber Freund*innen und Familie, weil ich mich zu selten melde, Einladungen nicht annehme oder Kontaktangebote nicht erwidere. Heute weiß ich genau, was mir guttut und was ich brauche. Und ich bin absolut nicht mehr bereit, mich dafür zu schämen. Wenn du damit nicht leben kannst, dann tut es mir leid, aber dann passen wir nicht mehr zusammen.

19. **Ich habe Ruhe inmitten der Unruhe gefunden:** Ich kann heute akzeptieren, dass es im Leben keine Kontrolle und keine Sicherheit geben kann. Ich begegne anderen Menschen offen, interessiert und mitfühlend. Das Chaos des

Universums beunruhigt mich nicht mehr, sondern ich sehe seine Schönheit. Ich möchte ein gutes Leben leben, bis ich sterbe – so wie Rammellzee.

Die alten Zenmeister waren weise Menschen. Sie wussten, dass wir uns an nichts auf dieser Erde klammern sollten. Anhaftung bedeutet Schmerz. Doch im Garten sehe ich jeden Tag, was mit Materie passiert: Sie wächst und gedeiht, dann vergeht sie und wird zu Erde. Am Ende fressen auch uns die Würmer. Man kann das ganze Spiel als sinnlos empfinden und darüber verzweifeln, oder man sieht es als Teil eines großen schöpferischen Plans. Das ist der Unterschied zwischen Nichtglauben und Glauben. Ich bin immer noch skeptisch gegenüber organisierter Religion, weil die Geschichte gezeigt hat, dass sie immer wieder missbraucht wird und ins Verderben führen kann. Ich verehre keinen Guru und bete zu keinem Gott. Doch ich halte mich inzwischen durchaus für so etwas wie einen Gläubigen, denn ich habe inmitten des permanenten Chaos und der stetigen Unruhe meinen Halt gefunden.

20. **Ich habe dieses Buch geschrieben:** Früher habe ich mir selbst immer wieder die Geschichte erzählt, dass ich wohl einfach nicht die Art von Autor bin, die Bücher schreibt. Und so musste ich erst 20 Jahre als Kulturjournalist arbeiten, bevor ich auf die Idee kam, mein erstes Buch zu verfassen. Jetzt ist es da – du hältst es gerade in den Händen.

Ich hoffe, dass ich dir ein paar Anregungen für weitergehende eigene Forschungen geben konnte. Ich hoffe auch, dass ich dich inspiriert habe, dich mit bestimmten Themen auseinanderzusetzen. Vielleicht konntest du sogar deine unnötige Angst und Skepsis vor spirituellen Themen ablegen, die uns gerade in der westlichen Hemisphäre, speziell in den Großstädten und den Medienberufen, oft davon abhält, unser Glück jenseits von Kapital und Konsum zu suchen. Vor allem jedoch hoffe ich, dass du das Gefühl hast, die Zeit, die du mit diesem Buch verbracht hast, war gut investiert.

Ich freue mich, wenn du es in den nächsten Monaten und Jahren immer wieder mal in die Hand nimmst, um darin zu stöbern oder etwas nachzulesen. Ich freue mich aber auch, wenn du es verschenkst oder verleihst, um guten Freund*innen einen Impuls zu geben. Ich hätte mir ein ähnliches Werk vor zehn Jahren gewünscht, als ich anfing, an allem zu zweifeln. Deshalb habe ich es für dich geschrieben – und für alle anderen, die auf demselben Weg sind wie du und ich.

Irgendwann wird auch dieses Buch verrotten, und in der daraus entstehenden Erde wird ein neuer Baum wachsen, aus dem neue Menschen neues Papier für ein neues Buch herstellen.

Klingt nach Zen Style.

Anhang

Dank

Ich möchte ein paar Menschen danken, ohne die dieses Buch niemals Realität geworden wäre.

Meine Frau Claudia Kunze stand mir während des gesamten Schreibprozesses mit Liebe, Wissen und Mitgefühl zur Seite.

Mein Agent Oliver Brauer hat immer an dieses Buch geglaubt. Genau wie Caroline Colsman und Franziska Mohrfeldt von Arkana, als sie das Manuskript auf den Tisch bekamen. Mi Yong Neumann und Malte Weber für die Pressearbeit. Meinem Lektor Pascal Frank.

Wichtige Inspiration lieferten Gespräche mit Dr. Marc Dietrich, Jan »Kabuki« Hennig, Davide Bortot, Manuela Wurm, Jan Wehn, Elvir Omerbegovic, Götz Gottschalk, Nina Rabe-Cairns, Roberto Perian, Tamara Güclü und Jens Nave.

Danke an Michael »Curse« Kurth für Inspiration und Unterstützung.

Dank gebührt auch all meinen buddhistischen Lehrer*innen, ganz besonders Dr. Alexander Poraj vom Benediktushof, Alexander Vogt, Zenmeisterin Gisela Drescher und Dr. Wilfried Reuter vom Lotos-Vihara Berlin sowie meiner MBSR-Lehrerin Frauke Reese.

Nicht zuletzt möchte ich all den Lehrer*innen danken, die ich nie persönlich getroffen, aber die mich durch ihre Schriften und ihr Wirken beeinflusst haben: Ajahn Brahm, Pema Chödrön, Bhante Henepola Gunarantana, Jon Kabat-Zinn, Jack Kornfield, Shunmyō Masuno, Koshi Uchiyama Roshi, Sharon Salzberg, Shunryu Suzuki, Eckhart Tolle.

Ich widme dieses Buch meinen Eltern. Ich liebe euch.

Namasté
Stephan

Literaturverzeichnis

Mark Aurel, *Meditationen. Selbstbetrachtungen, in der Übersetzung von F.C. Schneider*, Hofenberg Digital, Berlin 2016.

Jem Bendell, »Deep Adaptation. A Map for Navigating Climate Tragedy«, ders., Rupert Read (Hg.), *Deep Adaptation. Navigating the Realities of Climate Chaos*, Polity Press, Cambridge u.a. 2021.

Ajahn Brahm, *Die Kuh, die weinte. Buddhistische Geschichten über den Weg zum Glück*, Lotos, München 2009.

Susan Cain, *Still. Die Bedeutung von Introvertierten in einer lauten Welt*, Riemann, München 2011 [TB *Still. Die Kraft der Introvertierten*, Goldmann, München 2013].

Bruce Chatwin, *Was mache ich hier*, S. Fischer, Frankfurt a. M. 1993.

Pema Chödrön, *Wenn alles zusammenbricht. Hilfestellung für schwierige Zeiten*, Goldmann, München 2001.

Jason Cowley, »Out of Time: Mark Hollis«, THE TIMES, 13. Februar 1998, siehe unter: https://www.jasoncowley.net/profiles/Out-of-Time-Mark-Hollis [Stand: 02.07.2021].

Jared Diamond, *Kollaps. Warum Gesellschaften überleben oder untergehen*, S. Fischer, Frankfurt a. M. 2011.

Michael Diamond, Adam Horovitz, *Beastie Boys Book*, Heyne, München 2018.

Duane Elgin, *Voluntary Simplicity*, William Morrow, New York 2010.

Ralph Waldo Emerson, *Natur. Ein Essay*, Reclam, Stuttgart 2019.

Hans Magnus Enzensberger, »Wehrt Euch! Enzensbergers Regeln für die digitale Welt«, *FRANKFURTER ALLGEMEINE ZEITUNG*, 28. Februar 2014, siehe unter: https://www.faz.net/aktuell/feuilleton/debatten/enzensbergers-regeln-fuer-die-digitale-welt-wehrt-euch-12826195.html [Stand: 01.07.2021].

Epiktet, *Handbüchlein der Moral und Unterredungen*, Kröner, Stuttgart 1984.

Theo Fischer, *Wu wei. Die Lebenskunst des Tao*, Rowohlt, Reinbek 2005.

Urs Peter Flückiger, *Wie viel Haus? Thoreau, Le Corbusier und die Sustainable Cabin*, Birkhäuser, Basel 2016.

Lacey Fosburgh, »J. D. Salinger Speaks About His Silence«, *THE NEW YORK TIMES*, 3. November 1974, siehe unter: https://www.nytimes.com/1974/11/03/archives/j-d-salinger-speaks-about-j-d-salinger-speaks-about-his-silence-as.html [Stand: 02.07.2021].

Jonathan Franzen, *Anleitung zum Alleinsein. Essays*, Rowohlt, Reinbek 2007.

Ders., »What If We Stopped Pretending? The Climate Apocalypse Is Coming. To Prepare For It, We Need to Admit That We Can't Prevent it«, *THE NEW YORKER*, 8. September 2019 [dt. *Wann hören wir auf, uns etwas vorzumachen? Gestehen wir uns ein, dass wir die Klimakatastrophe nicht verhindern können*, Rowohlt, Hamburg 2020].

Max Frisch, *Mein Name sei Gantenbein. Roman*, Frankfurt a. M. 1975.

Ders., *Stiller. Roman*, Suhrkamp, Frankfurt a. M. 1973.

Erich Fromm, *Haben oder sein. Die seelischen Grundlagen einer neuen Gesellschaft,* dtv, München 2005.

Masanobu Fokuoka, *Der große Weg hat kein Tor. Nahrung, Anbau, Leben,* Pala, Darmstadt 2007.

Laurence Gonzales, *Deep Survival. Who Lives, Who Dies, and Why,* W. W. Norton, New York/London 2017.

David Graeber, *Bullshit Jobs. Vom wahren Sinn der Arbeit,* Klett-Cotta, Stuttgart 2019.

John Michael Greer, *The Long Descent. A User's Guide to the End of the Industrial Age. Tenth Anniversary Edition,* Founders House, Milford 2019 [Erstausgabe: 2008].

Bhante Henepola Gunarantana, *Mindfulness in Plain English,* Wisdom, Somerville 2011 [dt. *Die vier Säulen der Achtsamkeit. Philosophie & Praxis für das tägliche Leben,* Scorpio, München 2014].

Amelia Hall, »Why is Cottage Core Booming? Because Being Outside is Now the Ultimate Rebellion«, THE GUARDIAN, 15. April 2018, siehe unter: https://www.theguardian.com/commentisfree/2020/apr/15/why-is-cottagecore-booming-because-being-outside-is-now-the-ultimate-taboo [Stand: 02.07.2021].

Yuval Noah Harari, *21 Lessons for the 21st Century,* Vintage, New York 2018 [dt. *21 Lektionen für das 21. Jahrhundert,* C. H. Beck, München 2020].

Philip Harnden, *Journeys of Simplicity. Traveling Light with Thomas Merton, Bashō, Edward Abbey, Annie Dillard & Others,* SkyLight Paths, Nashville 2007.

Dan Harris, *10% Happier. How I Tamed the Voice in My Head, Reduced Stress Without Losing My Edge, and Found Self-Help That Actually Works – A True Story*, It Books, New York 2014 [dt. *Wie ich die entscheidenden 10% glück-*

licher wurde. Meditation für Skeptiker, dtv, München 2016].

Wolfgang M. Heckl, *Die Kultur der Reparatur,* Goldmann, München 2015.

Werner Herzog, *Gasherbrum. Der leuchtende Berg,* TV-Dokumentation, 1985.

Gary Hustwit, *Rams,* Dokumentarfilm 2018.

Aldous Huxley, *Die ewige Philosophie – Philosophia perennis. Eine Anthologie und Interpretation großer mystischer Texte aus drei Jahrtausenden,* Hans-Nietsch-Verlag, Roßdorf 2008.

William B. Irvine, *Eine Anleitung zum guten Leben. Wie Sie die alte Kunst des Stoizismus für Ihr Leben nutzen,* Finanz-Buch, München 2020.

Steve Jobs, »Focusing Is About Saying No«, Keynote Speech, World Wide Developers Conference, 12.–16.5.1997, San Jose, siehe unter: https://www.youtube.com/watch?v=H8eP99neOVs [Stand: 15.07.2021].

Jon Kabat-Zinn, *Wherever You Go, There You Are. Mindfulness meditation for everyday life,* Piatkus, London 2004 [dt. *Im Alltag Ruhe finden. Meditationen für ein gelassenes Leben,* Knaur, München 2010].

Erling Kagge, *Gehen. Weiter gehen. Eine Anleitung,* Insel, Berlin 2018.

Ders., *Stille. Ein Wegweiser,* Insel, Berlin 2017.

Cresson H. Kearny, *Nuclear War Survival Skills. Lifesaving Nuclear Facts and Self-Help Instructions,* Skyhorse, New York 2016.

Jack Kerouac, *The Dharma Bums,* Penguin Books, London 2000.

Paul Kingsnorth, *Savage Gods,* Two Dollar Radio, Columbus 2019.

Ders., »Dark Ecology. Searching for Truth in a Post-Green World«, *ORION MAGAZINE* 32 (2013), siehe auch unter: https://orionmagazine.org/article/dark-ecology/ [Stand: 01.07.2021].

Ders., Dougald Hine: *Dark Mountain Manifesto,* 2009, siehe unter: https://dark-mountain.net/about/manifesto/ [Stand: 01.07.2021].

Marie Kondo, *The Life-Changing Magic of Tidying Up. The Japanese Art of Decluttering and Organizing,* Ten Speed Press, New York 2014 [dt. *Magic Cleaning. Wie richtiges Aufräumen Ihr Leben verändert,* Rowohlt, Reinbek ^{45}2013]

Michael Kopatz, Ökoroutine. Damit wir tun, was wir für richtig halten, oekom, München 2018.

Jack Kornfield, *Das weise Herz. Die universellen Prinzipien buddhistischer Psychologie,* Arkana, München 2008.

Jon Krakauer, *Into Thin Air. A Personal Account of the Mt. Everest Disaster,* Villard, New York 1999 [dt. *In eisige Höhen. Das Drama am Mount Everest,* Piper, München 2000].

Ders., *Into the Wild,* Anchor Books, New York 1997 [dt. *In die Wildnis. Allein nach Alaska,* Malik, München 1998, TB-Ausgabe: Piper ^{27}2007].

James Howard Kunstler, *The Long Emergency. Surviving the End of Oil, Climate Change, and Other Converging Catastrophes of the Twenty-First Century*, Atlantic Monthly Press, New York 2005.

Jaron Lanier, *Zehn Gründe, warum du deine Social Media Accounts sofort löschen musst,* Hoffmann und Campe, Hamburg 2018.

Laotse, *Tao-Te-King*, Severus, Hamburg 2016.

Kay Larsen, *Where the Heart Beats. John Cage, Zen Buddhism, and the Inner Life of Artists,* Penguin, New York 2013.

Ursula K. Le Guin, *Keine Zeit verlieren. Über Alter, Kunst, Kultur und Katzen,* Golkonda, München/Berlin 2018.

Van Bo Le-Mentzel & the Crowd, *Hartz IV Möbel.com. Build More Buy Less! Konstruieren statt konsumieren!,* Hatje Cantz, Hamburg 2012.

Sascha Lobo, Holm Friebe, *Wir nennen es Arbeit. Die digitale Bohème oder Intelligentes Leben jenseits der Festanstellung,* Heyne, München 2006.

J. J. Luna, *How to Be Invisible. Protect Your Home, Your Children, Your Assets, and Your Life,* Thomas Dunne Books, New York 2012.

Shunmyō Masuno, *Zen your life. Kleine Veränderungen mit großer Wirkung,* Fischer, Frankfurt a. M. ^{2}2019.

Peter Matthiessen, *The Snow Leopard,* Vintage, London 1998 [dt. *Der Schneeleopard,* Matthes & Seitz, Berlin 2021].

Adam Minter, *Junkyard Planet. Travels in the Billion-Dollar Trash Trade,* Bloomsbury Press, u. a. New York/London 2014.

George Monbiot, »The Earth Is In a Death Spiral. It Will Take Radical Action to Save Us«, *THE GUARDIAN*, 14. November 2018, siehe unter: https://www.theguardian.com/commentisfree/2018/nov/14/earth-death-spiral-radical-action-climate-breakdown comment-122502985 [Stand: 15.07.2021].

Ian Morris, *Wer regiert die Welt? Warum Zivilisationen herrschen oder beherrscht werden,* Campus, Frankfurt a. M. 2011.

Helen Nearing, Scott Nearing, *Ein gutes Leben leben. Inspiration für Menschen auf der Suche,* pala, Darmstadt 2007.

Dies., *Fortführung des guten Lebens. Die nächsten Jahre in Maine 1952–79*, pala, Darmstadt 1997.

Cal Newport, *Digital Minimalism. Choosing a Focused Life in a Noisy World*, Portfolio, New York 2019 [dt. *Digitaler Minimalismus. Besser leben mit weniger Technologie*, Redline, München 2019].

Ders., *Deep Work. Rules For Focused Success in a Distracted World*, Grand Central, New York 2016 [dt. *Konzentriert arbeiten. Regeln für eine Welt voller Ablenkungen*, Redline, München 2017].

Jenny Odell, *How to Do Nothing. Resisting the Attention Economy*, Melville House, New York 2019 [dt. *Nichts tun. Die Kunst, sich der Aufmerksamkeitsökonomie zu entziehen*, C. H. Beck, München 2021].

Pauline Oliveros, *Deep Listening. A Composer's Sound Practice*, iUniverse, u. a. New York/Lincoln 2005.

Dmitry Orlov, *Reinventing Collapse. The Soviet Experience and American Prospects*, New Society, Gabriola 2008.

Niko Paech, *Befreiung vom Überfluss. Auf dem Weg in eine Postwachstumsökonomie*, oekom, München 2012.

Neil Postman, *Wir amüsieren uns zu Tode. Urteilsbildung im Zeitalter der Unterhaltungsindustrie*, Fischer, Frankfurt a. M. [21]1998.

Marcel Proust, *Auf der Suche nach der verlorenen Zeit. Sieben Bände in einem eBook*, Suhrkamp, Berlin 2010.

Thomas Pynchon, *Slow Learner. Early Stories*, Vintage, London 1995 [dt. *Spätzünder. Frühe Erzählungen*, Rowohlt, Reinbek [5]1994].

Dieter Rams, »Zehn Thesen für gutes Design«, o. J., siehe unter: https://www.vitsoe.com/de/ueber-vitsoe/gutes-design [Stand: 15.07.2021].

Hartmut Rosa, *Beschleunigung und Entfremdung. Entwurf einer kritischen Theorie spätmoderner Zeitlichkeit*, Suhrkamp, Frankfurt a. M. ^{7}2013.

Ders., *Unverfügbarkeit*, Residenz, Salzburg ^{2}2018.

Ders., »Das Virus ist der radikalste Entschleuniger unserer Zeit«, *DER TAGESSPIEGEL*, 24. März 2020, siehe unter: https://www.tagesspiegel.de/politik/soziologe-hartmut-rosa-ueber-covid-19-das-virus-ist-der-radikalste-entschleuniger-unserer-zeit/25672128.html [Stand: 01.07.2021].

Herbert Rosendorfer, *Ein Liebhaber ungerader Zahlen. Eine Zeitspanne*, Kiepenheuer & Witsch, Köln 2018.

Kosho Uchiyama Roshi, *Zen für Küche und Leben*, Angkor, Frankfurt a. M. 2007.

Denis de Rougemont, *Tagebuch eines arbeitslosen Intellektuellen*, Hain, Frankfurt a. M. 1991.

Howard J. Ruff, *How To Prosper During the Coming Bad Years. A Crash Course in Personal and Financial Survival*, Berkley Books, New York 2008.

Bertrand Russell, *Lob des Müßiggangs*, dtv, München 2019 [Erstausgabe: 1932].

Marshall Sahlins, »La première société d'abondance«, *LES TEMPS MODERNES* 268 (1968), 641–80.

J. D. Salinger, *Franny und Zooey*, Rowohlt, Reinbek ^{3}2008.

Nancy Jo Sales, »Meet Your Neighbor, Thomas Pynchon«, *NEW YORK MAGAZINE* 29 (1996), 60–64, siehe unter: https://nymag.com/arts/books/features/48268/ [Stand: 02.07.2021].

Ruth Saxelby, »Grouper interview: ›Nihilism isn't sustainable‹«, *DUMMY*, 30. Januar 2013, siehe unter: https://www.dummymag.com/features/grouper-interview-nihilism-isn-t-sustainable/ [Stand: 02.07.2021].

Barry Schwarz, *The Paradox of Choice. Why More Is Less*, Ecco, New York 2004 [dt. *Anleitung zur Unzufriedenheit. Warum weniger glücklich macht*, Econ, Berlin 2004].

Seneca, *Vom glückseligen Leben*, Kröner, Stuttgart ^{14}1978.

Ders., *Von der Kürze des Lebens*, dtv, München 2005.

John Seymour, *The New Complete Book of Self-Sufficiency. The Classic Guide for Realists and Dreamers. New Edition*, DK, London 2019 [Erstausgabe 1976].

Joel M. Skousen, *10 Packs For Survival*, Swift, London 1998.

Ders., *Strategic Relocation. North American Guide to Safe Places*, Swift, London 2006.

Ders., Andrew L. Sousen, *The Secure Home. Architectural Design, Construction and Remodeling of Self-Sufficient Residences and High Security Retreats*, Swift, London ^{3}1999.

Gary Snyder, *Lektionen der Wildnis*, Matthes & Seitz, Berlin ^{2}2011.

Rebecca Solnit, *Wanderlust. Eine Geschichte des Gehens*, Matthes & Seitz, Berlin 2019.

Die Sterne: »Du musst gar nix«, in: *Die Sterne*, 2020.

Botho Strauß, »Anschwellender Bocksgesang«, ders., *Die Expedition zu den Wächtern und Sprengmeistern. Kritische Prosa*, Rowohlt, Hamburg 2020, 225–244.

Ders., »Der Plurimi-Faktor. Anmerkungen zum Außenseiter«, *DER SPIEGEL* 31 (2013), 108–112.

Philip Toshio Sudo, *Zen 24/7. All Zen, All the Time*, HarperOne, San Francisco 2005.

Daisetz Teitaro Suzuki, *Die große Befreiung. Einführung in den Zen-Buddhismus*, O. W. Barth, München 2010.

Shunryu Suzuki, *Zen-Geist, Anfänger-Geist. Unterweisungen in Zen-Meditation*, Theseus, Bielefeld 2016.

Mel Tappan, *Tappan on Survival*, Paladin Press, Boulder 2006.

Henry David Thoreau, *Walden oder Leben in den Wäldern*, Seedbox Press, New York 2013.

Ders., *Vom Spazieren. Ein Essay*, Diogenes, Zürich 2004.

Eckhart Tolle, *Jetzt! Die Kraft der Gegenwart. Ein Leitfaden zum spirituellen Erwachen*, Kamphausen, Bielefeld 2000.

Ders., *Eine neue Erde, Bewusstseinssprung anstelle von Selbstzerstörung*, Arkana, München 2005.

Lew N. Tolstoj, *Wieviel Erde braucht der Mensch? Erzählungen und Legenden*, Insel, Berlin 1989.

Tricky, *Hell Is Round The Corner*, Blink, London 2019.

William Ury, *The Power of a Positive No. How to Say No and Still Get to Yes*, Bantam, New York 2007.

Alan Watts, *Der Lauf des Wassers. Die Lebensweisheit des Taoismus*, Insel, Frankfurt a. M. 2003.

Ders., *Zen-Buddhismus. Tradition und lebendige Gegenwart*, Rowohlt, Hamburg 1961.

Harald Welzer, *Alles könnte anders sein. Eine Gesellschaftsutopie für freie Menschen*, S. Fischer, Frankfurt a. M. 2019.

Ernst Wiechert, *Das einfache Leben. Roman*, Ullstein, Berlin 2000.

Andre Wilkens, *Analog ist das neue Bio. Ein Plädoyer für eine menschliche digitale Welt*, Metrolit, Berlin 2015.

Tom Wolfe, *A Man in Full*, Vintage, London 2011.

Quellenverzeichnis

1. Masuno 2019.
2. Vgl. Watts 1961.
3. Vgl. Die Sterne 2020.
4. Vgl. Russell 2019.
5. Vgl. Brahm 2006.
6. Seneca 2005.
7. Proust 2010.
8. Jobs 1997.
9. Frisch 1964.
10. Frisch 1954.
11. Le Guin 2018.
12. Suzuki 2010.
13. Harnden 2007.
14. Diamond/Horovitz 2018.
15. Rams o.J.
16. Hustwit 2018.
17. Vgl. Monbiot 2018.
18. Vgl. Graeber 2019.
19. Suzuki 2016.
20. Laotse 2016.
21. Vgl. Watts 2003.
22. Vgl. Kornfield 2008.
23. Wiechert 2000.
24. Ebd.
25. Ebd.

26 Vgl. Fromm 2005.
27 Vgl. ebd.
28 Huxley 2008.
29 Vgl. ebd.
30 Seneca 1978.
31 Mark Aurel 2016.
32 Ebd.
33 Epiktet 1984.
34 Emerson 2019.
35 Ebd.
36 Nearing/Nearing 2007.
37 Ebd.
38 Watts 2003.
39 Thoreau 2004.
40 Kagge 2018.
41 Vgl. Thoreau 2004.
42 Ebd.
43 Kagge 2017.
44 Thoreau 2004.
45 Herzog 1985.
46 Chatwin 1993.
47 Snyder 2011.
48 Ebd.
49 Thoreau 2013.
50 Ebd.
51 Ebd.
52 Kornfield 2008.
53 Newport 2006.
54 Harari 2020.
55 Enzensberger 2014.
56 Ebd.

57 Orlov 2008.
58 Vgl. ebd.
59 Vgl. Greer 2019.
60 Bendell 2021.
61 Ebd.
62 Vgl. Franzen 2019.
63 Vgl. Sahlins 1968.
64 Ebd.
65 Vgl. Morris 2011.
66 Kingsnorth/Hine 2009.
67 Vgl. Kingsnorth 2013.
68 Vgl. ebd.
69 Vgl. ebd.
70 Vgl. Tappan 2006.
71 Vgl. Ruff 2008.
72 Vgl. Welzer 2019.
73 Ebd.
74 Vgl. Kopatz 2018.
75 Ebd.
76 Vgl. Wilkens 2015.
77 Vgl. ebd.
78 Siehe unter: www.raptitude.com/2019/11/five-old-school-things-to-consider-doing-again/ [Stand: 01.07.2021].
79 Siehe unter: www.treehugger.com/old-fashioned-habits-i-stubbornly-cling-4853260 [Stand: 01.07.2021].
80 Hall 2020.
81 Vgl. Seymour 2019.
82 Vgl. Franzen 2007.
83 Vgl. Kingsnorth 2019.
84 Vgl. Strauß 2013.
85 Vgl. Rosendorfer 2018.

86 Fosburgh 1974.
87 Saxelby 2013.
88 Vgl. Pynchon 1995.
89 Jo Sales 1996.
90 Vgl. Tricky 2019.
91 Cowley 1998.
92 Rosa 2020.
93 Ebd.
94 Ebd.
95 Ebd.
96 Ebd.
97 Vgl. Cain 2011.